LENA WENDT

Danke, Afrika!

LENA WENDT

Danke, Afrika!

Was ich zwischen Dschibuti und Marokko
fürs Leben lernte

COPRESS

MIX
Papier aus verantwortungsvollen Quellen
FSC® C084279

Covergestaltung: Birgit Kohlhaas, Egling
Lektorat: Swantje Steinbrink, Berlin
Layout und Satz: Danai Afrati
Gesamtherstellung: Stiebner Verlag, Grünwald
Fotos: Lena Wendt

Gedruckt bei PrintConsult GmbH, München

Bibliografische Information der Deutschen Nationalbibliothek:
Die Deutsche Nationalbibliothek verzeichnet diese Publikation in der Deutschen Nationalbibliografie; detaillierte bibliografische Daten sind im Internet über http://dnb.dnb.de abrufbar.

ISBN 978-3-7679-1286-1

www.stiebner.com

»Wo kommst du her?«

»Von überall.«

»Nein, ich meine aus welchem Land?«

»Land? Ich komme von nah, ich komme von fern. Meine Mutter ist die Erde, mein Vater das Universum, meine Großmutter der Ozean. Meine Brüder und Schwestern sind die Tiere, meine Tanten und Onkel die Sterne, ihre Kinder alle Pflanzen, Blumen und Blätter sind meine Cousins und Cousinen.«

»Aber, wenn du von überall kommst, wie kann ich dich dann einordnen?«

»Als ein winziger Teil von allem, als ein winziger Teil auch von dir.«

Bonoua, Elfenbeinküste, am 28. Dezember 2018

INHALTSVERZEICHNIS

Intro

AOURIR[1]

Geduld ist nicht meine Stärke, aber am Meer zu sein hilft ungemein.

---

1 Der Ort mit der gleichnamigen ländlichen Provinz liegt an der marokkanischen Atlantikküste, rund zwölf Kilometer von der Hafenstadt Agadir entfernt, und wird von den Einheimischen auch Banana Village genannt.

Jetzt sind es bereits 93 Tage. Die längste Zeit meines Lebens, in der ich nicht frei machen kann, was ich will. Draußen patrouillieren wechselweise Polizisten auf Pferden, der Spitzel des Kaids[2] oder der Kaid selbst mitsamt seinen Soldaten. In den letzten Wochen habe ich ansatzweise ein Gefühl dafür bekommen, was es bedeuten muss, in einem Land zu leben, in dem dein Herz und dein Kopf etwas ganz anderes sagen als das Gesetz und die Regeln der Gesellschaft. Und was es heißt, heimlich Nischen finden zu müssen, in denen ich Freiheit ausleben kann. Und zwar ohne innerlich durchzudrehen, jemanden zu verletzen, in Schwierigkeiten zu bringen oder selbst im Gefängnis zu landen. Dabei habe ich die Erkenntnis gewonnen, dass es nicht das gleiche Gefühl von Freiheit ist, wenn ich sie in dem Wissen auslebe, gerade etwas Verbotenes zu machen – und sei es auch nur die eine Stunde am Tag, die ich mir nehme, um skateboarden zu gehen, obwohl in Marokko gerade jeglicher Ausgang ohne triftigen Grund verboten ist.

Doch in diesem Moment höre ich nur die jubilierenden Vögel, die Palmenblätter, die knisternd vom Wind hin und her bewegt werden, die Straßenhunde, die jedes vorbeifahrende Mofa aufgeregt anbellen, sowie das ewige beruhigende Rauschen des Meeres. Schon krass, wie sehr alles eine Frage der Perspektive ist, eine Frage meines Fokus, und wie ich, ganz egal, woher ich komme und wo ich lebe, zu jeder Zeit selbst entscheide, was ich sehe und höre, was ich weiterverbreite, was ich erlebe, was ich denke und somit auch was ich fühle. Die Frage ist nur: Bin ich mir dessen in jedem Augenblick bewusst?

»Willst du nicht zurück nach Deutschland kommen?«, haben meine Familie und Freunde daheim zu Beginn des Lockdowns immer wieder gefragt. »Du hast ja keine Ahnung, was da in Marokko noch passieren wird. Es ist immerhin Afrika.« »Was, wenn die das nicht in den Griff kriegen?« »Das Gesundheitssystem dort kannst du völlig vergessen.« »Wer weiß, für wie lange du dann dableiben musst.«

2 Provinzvorsteher; er entscheidet unter anderem über regionale Projekte und kümmert sich bei Streitigkeiten.

Witzigerweise habe ich nie darüber nachgedacht, nach Europa zurückzugehen, mir stattdessen zig Gedanken gemacht, wie ich es anstellen kann zu bleiben. Und jeder, der mich kennt, wird meine Antwort bereits geahnt haben, weil ich diesem Teil der Erde nicht eine Sekunde länger fern sein kann als nötig. Auch wenn es manchmal nicht leicht ist und neben all den großartigen Dingen immer wieder etwas passiert, das mich zutiefst verstört: In den Ländern Afrikas bekomme ich, was ich nirgendwo anders finde. Eine Magie, von der ich einfach nicht genug kriegen kann.

1 Magisch
SÜDAFRIKA (2008)

Kartentricks lassen sich überall üben.

Heiß, heißer, Mawonga mit Wollmütze

Dreharbeiten mit den Jungs in Khayelitsha

Yanga tippt zweimal mit seinem Zauberstab auf den alten Zylinder, und zack – guckt ein weißes Kaninchen aus dem Hut. Ein Raunen geht durch die Menge. Erneut tippt er zweimal auf die schwarze Krempe, das Tier verschwindet. Er schnippt, und der Zylinder landet wie von Zauberhand wieder auf seinem Kopf. Applaus und Gejohle aus der ersten Reihe, Sprachlosigkeit und Lacher von rechts und links neben mir.

Ich bin völlig reizüberflutet und kann gerade überhaupt nicht fassen, dass ich hier sitze und weißen Kaninchen beim Verschwinden zuschaue. Es ist noch früh am Morgen, und ich bin fix und fertig, gleichzeitig jedoch wahnsinnig gespannt und aufgeregt. Erst gestern bin ich in Südafrika gelandet. Mein erstes Mal auf dem afrikanischen Kontinent, von dem ich von klein auf geträumt habe. Und jetzt sitze ich hier auf diesem schwarzen Klappstuhl, umgeben von Zauberstäben, Zauberhüten, kleinen Zauberern und Hexen. Ich kneife mich in den Arm. Autsch. Kein Traum. Und zum Glück ist der Plastikstuhl unbequem genug, um nicht wegzunicken und womöglich selbst weiß und wuschelig in irgendeinem Hut aufzuwachen. Vor mir wird gerade ein Schüler zersägt. Mit weiten Gesten schiebt Yanga zunächst die Beine seines Freundes beiseite, dann den Kopf. What the … Wie macht er das? Mein Mund steht offen. Hoffentlich kriegt er seinen Kumpel auch wieder zusammengebastelt, denke ich, als ich David Gores Blick auf mir spüre.

Der große schlanke Schulleiter, der im etwas zerknitterten Frack zwischen Vorhang und Bühne steht, könnte ebenso gut eine Eule auf der Schulter tragen und würde kaum skurriler aussehen. Aber hier in dieser knurrigen alten Villa, die Draculas Architekt vor mindestens zweihundert Jahren entworfen haben muss, wirkt er wie ein Teil der Inneneinrichtung. Stolz grinst er zu mir herüber, dann zuckt er mit der rechten Schulter und zwinkert mir zu. »You see«, sagt sein Blick, »unglaublich, diese Kinder.« Ich habe eine Gänsehaut, während meine Dankbarkeit mit meiner Ungläubigkeit um die Wette rennt. Bis vor sechs Monaten wusste ich noch nicht einmal, dass es diesen Ort gibt …

»Eine Zauberschule in einem Vorort von Kapstadt!«, rufe ich durch die dunklen Flure der Fachhochschule. Es ist fast zwei Uhr nachts, und meine Freundin Lilli und ich sind mal wieder die Letzten auf dem ehemaligen Expo-Gelände in Hannover. Beide studieren wir Journalistik, weil wir Geschichten erzählen wollen, die etwas bewegen, sowohl im Leben der Menschen, die sie sehen, hören oder lesen, als auch im Leben der Menschen, um die es geht.

»Lenchen«, Lilli kommt angehastet, schaut erst über meine Schulter auf den grellen Computerbildschirm, dann auf mich. »Wahnsinn, genau das richtige Thema für deinen Abschlussfilm.«

Ihre dunkelbraunen Augen leuchten vor Aufregung. Sie selbst geht in den sechs Monaten Praxissemester nach Guinea, um dort einen Radiosender aufzubauen. Ich bin so stolz auf sie.

»Schreib die Schule sofort an!« Lilli legt mir eine Hand auf die Schulter.

»Auf jeden Fall.«

Bei meinem ersten Versuch, über einen Schüleraustausch nach Südafrika zu kommen, war ich 15 und schwer essgestört. Möglicherweise wäre eine solche Reise die beste Medizin gewesen. Oder genau das Gegenteil. Doch anstatt in Kapstadt landete ich für ein Dreivierteljahr im Krankenhaus. Jetzt, acht Jahre später, ist dies meine Chance.

»Und weißt du was, Lilli?«, sage ich. »Diesmal klappt's! Diesmal gehe ich nach Südafrika, komme, was wolle!«

Ach, Lilli. Ich sehe ihr Gesicht vor mir und frage mich, wie es ihr wohl gerade in Guinea geht, während ich versuche, den gelben Plastikteller nicht fallen zu lassen. Die Meute feuert mich an. Bei all dem, was die Kinder fliegen lassen können, wäre es ziemlich peinlich, wenn ich es nicht einmal schaffte, einen Teller auf einem langen Stock in der Luft zu halten.

»Lena, come, come!« Mawonga zieht mich an der Hand. Der Teller, der eh nur halbherzig in der Luft herumeiert, rutscht endgültig zur Seite und fällt auf den Boden. Doch die Kids um mich herum freuen sich, dass ich alles mit ihnen ausprobiere. »Take this«, Mawonga drückt mir links und rechts eine Keule in die Hand. »It's easy«, sagt er, als er meinen zweifelnden Blick sieht. »Look«, und schon wirft er selbst zwei dieser Dinger über sich in die Luft. Sein Zaubermantel weht imposant im Wind, als Yanga ihm drei weitere Keulen reicht, die er, als wäre es das Einfachste der Welt, in einem Kreis vor sich herjongliert.

»Was könnt ihr eigentlich nicht?«, frage ich schwer beeindruckt. Er lacht, und ich spüre, wie stolz er auf dieses Kompliment ist.

»Now you«, flüstert Yanga, der neben mir steht und mich erwartungsvoll anschaut. Er ist das komplette Gegenteil des extrovertierten, lustigen Mawonga. Ohne Bühne und Zylinder, wo er so selbstsicher war, kaum wiederzuerkennen. Ich werfe die beiden Keulen gleichzeitig in die Luft und erschlage damit beinahe zwei Hexen beim Gummitwist. Vor Lachen brechen wir fast zusammen. Nein, Jonglieren kommt definitiv nicht auf meine Talenteliste.

Yanga und Mawonga zeigen mir die unzähligen Räume der Schule, die aus etlichen Zimmern mit kleinen und großen Bühnen sowie simplen Übungsräumen besteht. Hinter der einen Tür entdecke ich Zauberequipment wie Kartenspiele, Zerstückelungsboxen und Zauberstäbe, hinter der nächsten Glaskugeln, Zylinder und vieles mehr. Unterwegs werde ich jedem vorgestellt, der uns begegnet. Die kleinen Zauberer und Hexen finden mich und meine Kameraausrüstung offenbar ziemlich spannend. Und ich freue mich, als ich merke, dass ich dazu beitrage, den Coolness-Faktor meiner beiden Begleiter zu steigern. Yanga und Mawonga sind beste Freunde und zu Hause Nachbarn. Zu Hause heißt in dem Fall Khayelitsha, eines der größten Townships in Südafrika. Kaum hatte ich David Gore geschrieben, dass ich neben dem Praktikum bei einem Reisemagazin in Kapstadt gerne meinen Abschlussfilm über seine Schule machen will, da hatte ich auch schon die Zusage im Posteingang. »Wir freuen uns auf dich, du kommst genau richtig zu den Vorbereitungen unseres jährlichen Zauberwettbewerbs. Und ich habe auch schon zwei Kids im Kopf, die du begleiten könntest.« Eine bessere Wahl hätte er nicht treffen können.

Mawonga ist 15 und hat den Wettbewerb der Schule im vergangenen Jahr gewonnen. Ein buntes Spektakel in der Aula, auf dem vor Hunderten Zuschauern und einer Jury vorgezaubert wird. Der Gewinner darf nach Las Vegas fliegen und dort einmal auftreten. In meinem Kopf erzeugt allein die Vorstellung, dass ein Kind, das zwischen Armut und Gewalt aufwächst, plötzlich im glitzernden Las Vegas auf der Bühne steht, einen Kurzschluss. Was wird das dann wohl mit dem Kind machen? Hat nicht ebendiese Erfahrung Mawonga sein selbstbewusstes Auftreten gegeben, so hat sie bestimmt einiges dazu beigetragen.

Das von Siegfried und Roy[3] geförderte *College of Magic* wirkt so unwirklich. Der urige Baum vor der Tür, das schmiedeeiserne Tor. Ich frage mich, ob andere die Schule auch sehen können, und halte permanent Ausschau nach Fledermäusen, die hier ein und aus fliegen, um sich dann in Zauberer zu verwandeln. Diese Schule könnte überall auf der Welt sein. Und überall wäre sie genau richtig. Neben Kindern aus armen Familien lernen auch Kinder aus den höheren sozialen Schichten hier zaubern. Weiß, Coloured, Schwarz ... Das scheint hier kein Thema zu sein. Es werden keine Unterschiede gemacht. Außer dass die Eltern der einen Schüler Geld dafür bezahlen und den anderen Schülern dadurch die Ausbildung ermöglichen.

»Egal, ob du mal Straßenfeger wirst oder Arzt«, sagt David Gore, der plötzlich – Hokuspokus – neben mir auftaucht, »was du hier lernst, das prägt dich fürs Leben. Gibt dir Selbstbewusstsein, einen Selbstwert, ein Standing, das du nie wieder vergisst.«

Ich nicke und beobachte dabei den noch etwas tapsigen Yanga beim Üben. Höchst konzentriert trainiert er mit Profi Mawonga für seinen Auftritt: Er steht hinter einem Tresen mit schwarzem Samtüberwurf und versucht, mit seinem Zauberstab Wasser in einem Glas zu halten, während er es auf den Kopf dreht. Prompt läuft ihm der Inhalt über die Füße. Yanga lächelt beschämt und schaut auf die Pfütze. Mawonga

---

3 Siegfried Fischbach (1939–2021) und Roy Horn (1944–2020) waren Zauberkünstler und Dompteure, deren Las-Vegas-Show *Siegfried & Roy* legendär wurde.

grinst, klopft ihm auf die Schulter, gemeinsam wischen sie das Wasser auf und beginnen von vorn.

»Yanga ist erst elf und doch unser großer Favorit für den diesjährigen Wettbewerb«, murmelt Gore, um die beiden nicht zu stören. »Seine Eltern sind tot. Er wohnt mit seinem großen Bruder Sunny zusammen, der ebenfalls bei uns zur Schule gegangen ist. Die Nachbarin schaut nach den beiden und kocht ab und zu für sie. Sie hat jedoch selbst sechs Kinder und deshalb auch nur begrenzt Möglichkeiten, sich noch um diese zwei zu kümmern. Sunny ist nach dem Schulabschluss leider auf die schiefe Bahn geraten und handelt jetzt mit Drogen.«

Die Stimmung zwischen den Kindern ist so voller Freude und Leichtigkeit, dass es mir schwerfällt, mir vorzustellen, in welcher Welt die meisten von ihnen außerhalb des Schulgebäudes leben. In einer Welt, die wenig mit Zauberei und stattdessen sehr viel mit Überlebenskunst zu tun hat.

»Wirst du uns auch zu Hause besuchen?«, fragt Mawonga lachend. Ich habe gar nicht bemerkt, dass die beiden fertig sind und uns nun erwartungsvoll ansehen. So sehr berührt mich Yangas Geschichte. Und es ist nur eine von vielen Geschichten der angehenden Zauberer. Nur eine von vielen Geschichten südafrikanischer Kinder und aller Kinder auf der Welt.

Ich beobachte, wie Yanga den Zauberkoffer mit den Utensilien für seine Show sorgsam einräumt, und frage mich, was dieses enge Gefühl in meinem Bauch bedeutet. Mitleid? Nein, Mitleid habe ich nicht mit ihm. Es ist eine Mischung aus Mitgefühl und tiefem Respekt. Respekt davor, so ein Schicksal zu haben und so ein toller Mensch mit so einem schönen Herzen zu sein.

»Was ist denn nun, kommst du uns zu Hause besuchen oder nicht?« Mawonga schaut mich breit grinsend an.

»Klar. Super gern!«

»Jetzt solltest du aber lieber gehen, Lena«, mahnt David Gore, »damit du zu Hause bist, bevor es dunkel wird.« Ein Satz, den meine Oma hätte sagen können und der bei mir daheim zum einen Ohr rein- und zum anderen wieder rausgeht. Aber wir sind hier nicht in Deutschland ... Die untergehende Sonne lässt das Zugabteil, in dem alle dicht an dicht stehen, orange leuchten. Als der Zug in die Kurve geht, versuche ich krampfhaft, niemanden mit meinem Stativ umzuhauen. Es riecht nach Schweiß und Staub. Und es ist neu für mich, die einzige Weiße zu sein. Ich fühle mich nicht unwohl, und doch wäre ich, hätte ich gerade die Wahl, lieber Schwarz. Einfach, um nicht so herauszustechen, um dazuzugehören. Aber würde eine andere Hautfarbe allein ausreichen? Ist das nicht nur in meinem Kopf? Die Apartheid in Südafrika ist seit 1994 offiziell vorbei. Seit nicht einmal 15 Jahren. Aber ist sie inoffiziell auch vorbei? Fraglos liegt ein Stempel auf meiner Hautfarbe. Und der wird nicht morgen weg sein, nur, weil ich mir das wünsche. Aber ich bin ja hier, um dazuzulernen. Und wodurch könnte das schneller gehen als dadurch, »die andere« und manchmal eben auch »die Einzige« zu sein? Vielleicht kann ich zumindest eine sein, die ein wenig dazu beiträgt, bei den Menschen, die mir begegnen, das eine oder andere Vorurteil abzubauen.

Das Mädchen vor mir mustert mich mit einem fragenden Gesichtsausdruck. Offen lächele ich sie an.

»Hast du dir bewusst ein Ticket für die dritte Klasse gekauft?«, fragt sie.

»Klar, das war das billigste!«

»Na ja, normalerweise fahren Weiße nicht dritte Klasse ... Aber schön, dass dir das egal ist.« Sie zuckt mit den Schultern, gefolgt von einem charmanten Lächeln. »Ich bin übrigens Maria.«

»Und ich bin Lena.« Was für eine wunderbare Begegnung, denke ich.

Der Zug bremst. Die Masse Mensch wird weiter komprimiert und schwingt dann beim Anfahren wieder auseinander. Luft zum Atmen hat niemand so richtig.

»Die paar Leute in der ersten Klasse hätten jetzt bestimmt gerne einen weichen Sitznachbarn, gegen den sie fliegen können«, sage ich.

Bei der Vorstellung müssen Maria und ich lachen.

Kapstadt Hauptbahnhof. Endstation. Ich winke Maria zum Abschied, so gut das eben geht mit zusammengedrückten Ellenbogen. Sie winkt zurück, während wir mit dem sich in Bewegung setzenden Menschenfluss in verschiedene Richtungen getrieben werden.

Weiße fahren normalerweise nicht dritte Klasse, hallt es in meinem Kopf nach. Ich sollte doch zaubern lernen. Dann mache ich uns einfach alle farbenblind. Aber wie arm wären wir, wenn wir all die Schönheit dieser Vielfalt, die unsere Welt ausmacht, nicht mehr sehen könnten?

2

AOURIR

Gekommen, um zu bleiben

Zuhause

Medial geht Corona komplett an mir vorbei. Nicht aus Ignoranz, sondern weil ich gern in meinem eigenen Gefühl bleiben will. Ich habe schon vor Jahren aufgehört, Nachrichten zu konsumieren. Vielleicht bin ich die einzige ehemalige TV-Journalistin ohne Fernseher. Hätte mir einer der Dozenten im Studium erzählt, dass es bei den meisten Medien weniger um die Inhalte als ums Geldmachen geht, hätte ich wahrscheinlich ernüchtert abgebrochen und doch Tiermedizin studiert. Corona macht mir noch einmal mehr deutlich: Warum soll ich mir eine subjektive Auswahl an Weltelend quotengerecht aufbereitet servieren lassen, um danach nichts weiter damit zu machen, als traurig, wütend oder ängstlich zu werden. Meine Idee von »mich informieren«: Dort, wo ich gerade bin, viele Fragen stellen. Versuchen, einen möglichst umfassenden Eindruck von dem zu bekommen, was die Menschen vor Ort beschäftigt. Zuhören, beobachten und nachspüren, was das mit mir macht. Und wenn ich dann dazu beitragen kann, etwas zum Besseren zu verändern, frage ich, ob es gewünscht ist, und lege gegebenenfalls los.

Große Themen erreichen mittlerweile Menschen in der abgelegensten Hütte in den Bergen von Lesotho[4]. Insofern mache ich mir wahrlich keine Sorgen, etwas wirklich Relevantes zu verpassen. Heute ist es Mehdi, der mir aufgeregt von dem Mord an einem Schwarzen US-Amerikaner erzählt und von der weltweiten Bewegung, die sich daraus zu entwickeln scheint. Seit Wochen treffen wir uns heimlich. Mehdi, sein Bruder Youssef und ich. Mehdi und Youssef haben Muscheln getaucht, die wir, frisch gekocht, verputzen. Sie riskieren jedes Mal Ärger. Denn niemand darf ins, aufs oder auch nur ans Meer.

»Die Polizei hat uns schon wieder rauspfeifen wollen«, erzählt Mehdi wütend. »Die spinnen! Wovon sollen wir uns denn ernähren, wenn hier alles stillsteht und keiner mehr Arbeit hat?«

Die meisten Marokkaner sind selbstständig. Viele leben mehr oder weniger von der Hand in den Mund. Von meinen Freunden rund um

4 Von Südafrika umschlossener Binnenstaat

Agadir arbeitet die Mehrzahl im Surftourismus. Doch damit ist es jetzt auf unbestimmte Zeit vorbei. Keiner von ihnen verdient noch Geld. Kaum ein Arbeitgeber kommt für seine Angestellten auf, nur wenige sind offiziell angemeldet und können auf staatliche Unterstützung hoffen. Ersparnisse hat so gut wie keiner, wie auch, wenn es immer jemanden in der Familie gibt, der gerade finanzielle Unterstützung braucht. Obwohl ich Respekt davor habe, wie schnell und radikal die marokkanische Regierung handelt, begreife ich nicht, weshalb Fischen nicht möglich sein soll, um sich in einer so schwierigen Zeit zumindest selbst zu versorgen. Doch die Einheimischen bleiben weitestgehend ruhig. Wenn in Marokko eines gilt, dann »Inschallah«[5].

»Wir haben doch alles, was wir brauchen«, sagt Youssef zufrieden. Er ist 23 und damit acht Jahre jünger als Mehdi, aber so ausgeglichen, als wäre er fünfzig Jahre älter. »Das Meer gibt es uns. Notfalls fischen wir halt nachts. Und unser Garten versorgt uns mit dem Rest. Ich muss nie einkaufen.«

»Außer Zigaretten«, stichele ich.

»Im Zweifel verkaufe ich mein Auto«, womit er den jahrzehntealten Renault mit den platten Reifen meint, der langsam aus allen rostigen Nähten bricht. Ein verschmitztes Lächeln erscheint auf Youssefs hübschem Gesicht und entblößt dabei einen gammeligen schwarzen Zahn. Rauchen und Zucker, denke ich unwillkürlich und frage mich, was ich tun würde, wenn meine Zähne anfingen zu gammeln und ich mir den Zahnarzt nicht leisten könnte. »Wenn wir den Schmerz nicht mit Heilkräutern in den Griff kriegen, gehen wir zu einem Zahntechniker«, hat mir Mehdi erklärt. »Der behandelt dich je nach Problem für 120 bis 400 DH[6]. Nicht immer gut, aber ein richtiger Zahnarzt kostet fast dreimal so viel.«

»Iss noch!« Mehdi zeigt auf den Teller mit den leckeren Muscheln.

Um auch etwas beizusteuern, habe ich Salat und Chilisoße gemacht.

---

5 Arabische Redewendung, die »So Gott will« bedeutet

6 1 marokkanischer Dirham (DH) = 0,09 Euro (Stand: 21. Oktober 2021)

Der Salat besteht vor allem aus lokalen Kräutern, die mir meine neue Freundin Anke gezeigt hat. Sie wohnt in der Wohnung nebenan und hat eine Philosophie: »Wenn wir wieder das essen würden, was um uns herum wächst, aufhören würden, alle den gleichen Kram zu kultivieren, zu spritzen und Monokultur zu betreiben, gäbe es keinen Hunger mehr auf der Welt.« Youssef findet es sichtlich seltsam, seine Hecke zu essen. Trotz der herzlichen Einladung fühle ich mich unwohl, weil ich weiß, wie hart die Jungs für ihr Essen gearbeitet haben, und keinem von ihnen etwas wegessen will. »Hast du schon mal irgendwo in Marokko jemanden aufessen sehen?«, geht mir Felix' Frage durch den Kopf. Felix, noch so ein wunderbarer Mensch, der ohne Corona sicher nie Teil meines Lebens geworden wäre. Ich habe ihn auf einem Festival in Deutschland kennengelernt und dann zufällig hier wiedergetroffen. Als der Lockdown kam, war er gerade in der Nähe von Marrakesch, genoss sein Leben und das Wasserskifahren. Innerhalb von Stunden kippte die Situation, und es war klar, dass die Regierung in Kürze jeglichen Verkehr zwischen den Städten untersagen wird. Rasch zog Felix mit seinem Bulli auf den nächsten Strandparkplatz bei mir um die Ecke, und wir beschlossen, die Zeit des Lockdowns gemeinsam durchzustehen. Einer für alle, alle für einen. »Bei mir um die Ecke« heißt übrigens fünf Minuten vom Haus meiner englischen Freunde Karen und Graham entfernt.

Ich beobachte die beiden Brüder, die entspannt auf ihren weißen Plastikstühlen sitzen. Sie sind fertig mit dem Essen. Dabei ist der Teller mit Muscheln in der Tischmitte noch halb voll. Nein, ich habe in ganz Marokko tatsächlich noch nie jemanden etwas aufessen sehen und auch noch nie erlebt, dass jemand sein Essen nicht teilt.

»Ich bringe einfach Felix den Rest«, schlage ich spontan vor und ernte ein doppeltes Kopfnicken.

»Auf jeden Fall, das muss er probieren«, sagt Mehdi und fügt voller Stolz auf seinen kleinen Bruder hinzu: »Youssef ist der beste Koch weit und breit!«

Plötzlich ist der Abendhimmel voller Flamingos, sicher fünfzig dieser Paradiesvögel fliegen übers Meer in Richtung untergehende Sonne.

Manchmal weiß ich nicht, ob ich träume, so schön kann es hier sein. Ein tiefes Glücksgefühl durchströmt mich. Ich sehe meine Freunde an. Den dünnen Mehdi mit seinen fast schwarzen Augen und dem strengen Gesicht, der hinter all seiner Freundlichkeit einen schmerzhaften Schatten auf dem Herzen zu haben scheint. Youssef mit dem schüchternen Grinsen und seiner verspielten Art. Eine blonde Locke fällt ihm ins Gesicht. Hell und lang. Er hat den gleichen Friseur wie die meisten Surfer hier: Salon *Sonne und Salzwasser*.

Diese herzliche, ehrliche Selbstverständlichkeit, mit der wir hier gemeinsam sitzen. Momente, die ich in dieser Form in meiner Heimat, seit ich »erwachsen« bin, nur selten erlebt habe. Natürlich esse ich in Deutschland auch zusammen mit Freunden. Aber das ist anders. Gut geplant und von vornherein zeitlich begrenzt, um überhaupt mal zueinanderzufinden bei all den verschiedenen Leben und Verpflichtungen, die jeder so hat. Obwohl ich hier die Fremde bin, fühle ich mich in diesem Augenblick zugehörig. Vielleicht weil es erwartungsfrei und unbefristet ist. Inschallah halt.

Youssef schenkt mir Tee nach. Ausnahmsweise ohne Zucker, er weiß, dass ich ihn so lieber mag. Zucker und Tee gehören in Marokko zusammen wie für meine Großeltern Brot und Butter ... Ich stelle meine Füße auf mein Skateboard unter dem Stuhl und muss schmunzeln, sehe mich bei meiner Schwester in Hannover (Ist das wirklich schon sieben Monate her?), wie ich das Skateboard herauskrame, das mir ein Freund geschenkt hat und das ich aus Mangel an einem Zuhause bei ihr gelagert habe. Ich habe es bereits seit acht Jahren, aber so gut wie nie benutzt; dabei wollte ich es damals unbedingt haben. »Wie alt willst du noch werden, bis du endlich anfängst zu skaten?«, hat mein bester Freund Martin am Telefon gestichelt. »Keine Sekunde älter«, habe ich geantwortet und bin im Nu auf der Straße. Es ist ein kalter deutscher Herbstabend und niemand da, der den Spaß mit mir teilt. Hier in Marokko werde ich ständig von Leuten auf der Straße gefragt, ob sie mein Board, das ich seitdem immer dabeihabe, kurz mal ausprobieren könnten. Sei es der Gemüseverkäufer vor seinem Stand, der heimliche Angler auf dem Weg zum Meer oder die Nachbarin mit den Einkaufstüten in der Hand. Auch Youssef habe ich im wahrsten Sinne des Wortes spielend kennengelernt. Wir sind uns am Strand begegnet. Ohne lange nachzudenken, hat er einen Handstand gemacht, ich dann etwas Handstandähnliches, wir haben gelacht, Räder geschlagen, mit den Strandhunden getollt und sind hinterher zusammen ins Meer gesprungen, um die letzten Wellen der Saison mit dem Körper zu reiten. Dass wir im nächsten Moment verhaftet werden könnten, war uns egal.

Ich rolle mein Board mit den Füßen von rechts nach links und weiß: Da, wo ich bin, bin ich genau richtig. Die Berge hinter Youssefs Hütte leuchten ockerfarben. Darauf verstreut dunkelgrüne Büsche. Die Schattierungen Marokkos.

In dieser Nacht kann ich nicht schlafen, so viel geht mir durch den Kopf. So viele Realitäten und alle in einer Welt. Wenn ich in Deutschland bin, fühle ich mich oft, als wären wir es, die in großer Armut geboren wurden. In einer Art Gesellschaftsarmut, in der jeder für sich manchmal ziemlich allein ist. In der Teilen am besten vorher angekündigt wird, damit auch ja genug für den Teilenden bleibt. In der viel geträumt und wenig gelebt wird. Wegen all der »Abers«, die in unserem Kopf existieren und uns blockieren. Trotz, womöglich aber auch wegen all der Freiheiten und Möglichkeiten, die wir unserer Herkunft zu verdanken haben. »Ich möchte frei sein, aber ...«

Weiß sein. Privilegiert sein. Deutsche sein. Erst fernab von Deutschland habe ich zum ersten Mal gespürt, was das überhaupt heißt. Und immer wieder lerne ich es aufs Neue zu sehen und zu schätzen. Wie jetzt. Daheim nehme ich vieles als ganz selbstverständlich hin, weil es nie nicht da war. Dinge wie zum Zahnarzt zu gehen und dort bestmöglich behandelt zu werden. Als Kind habe ich Armut an Krieg und Krisen festgemacht. Daran, nicht genug zu essen zu haben und nicht zur Schule gehen zu können. Meine Oma hat in Armut gelebt. Meine Mama schon nicht mehr wirklich. Ich nie. Ich hatte mehr als genug, weil meine Familie hart dafür gearbeitet hat. Ich erinnere mich an TV-Kampagnen für »arme Schwarze Kinder«, deren Eltern sicher auch hart arbeiteten, bei denen es jedoch nicht mal für das Nötigste reichte. Ich war voller Schuld und Scham und entwickelte das dringende Bedürfnis zu helfen. Aus meiner kindlichen Perspektive heraus war völlig klar: Jedes afrikanische Land braucht Hilfe. Ich muss helfen. Zum Glück habe ich dieses naive, ja fast schon übergriffige Denken im Laufe der Jahre gegen Neugier, Offenheit und Nachfragen getauscht. Hoffe ich zumindest. Was für ein uferloses Thema. Privilegien, Gleichheit, Macht, Rechte, Freiheit ... Das Thema der Menschheit? Habe ich es mir deshalb bislang immer nur kurz angeschaut? Weil es mich erschlägt, wenn ich diese Tür aufmache? Nicht hinzugucken ist aber auch keine Lösung. Ich will wissen, was gerade in den USA los ist, und beginne zu recherchieren. Das Erste, was mir begegnet: #blacklivesmatter. Diverse Storys und Posts von weißen Influencer*innen, die Posts von farbigen Influencer*innen teilen. Ich komme schon mit dem Hashtagtitel nicht klar. Wie kann es sein, dass wir in einer Welt leben, in der es offenbar immer noch Menschen gibt, die das anders sehen? Eine Welle fremder Emotionen überrollt mich. Das Internet brennt. Herzen brennen. Ich bin erschrocken, verwirrt, gelähmt, überfordert und mutlos, als der Muezzin zum Morgengebet ruft:

Allah ist der Allergrößte. Ich bezeuge, dass es keinen Gott außer Allah gibt. Ich bezeuge, dass Mohammed der Gesandte Allahs ist. Kommt her zum Gebet. Kommt her zum Heil. Allah ist der Allergrößte. Es gibt keinen Gott außer Allah.

Die Straßenhunde stimmen wie üblich in seinen Gesang ein. Und ich bin traurig. Wie sehr wünschte ich, dass wir weiter wären. Ich spüre sowohl den Schmerz und Zorn der einen als auch die Schuldgefühle der anderen. Dass diese Sintflut der Emotionen immer wieder die gleichen Themen bedient, ohne dass wir spürbar daran wachsen, macht mir Angst. Und wenn ich den Fokus wieder und wieder auf den Unterschied von Hautfarben lege, betone ich diesen doch nur umso mehr, statt ihn einzuschmelzen und endlich aus unseren Köpfen auszuradieren, oder? Eine Frage, die mich einfach nicht loslässt.

3 Brüder

SÜDAFRIKA (2008)

Definitiv eine der schönstgelegenen Städte der Welt

Kapstadt am Morgen

»›Genozid in Südafrika‹ ... Die Medien übertreiben mal wieder«, sagt Peter und schließt die Online-Meldung auf seinem Computer. Der Deutsche und seine österreichische Freundin Doris betreiben ein Reisemagazin in Kapstadt, bei dem ich sechs Monate lang mein Praktikum machen darf. Die beiden sind unglaublich herzlich und lustig. Vor allem Peter ist herrlich unbeschwert. Mit Mitte zwanzig ist er nach Südafrika gekommen und hier hängen geblieben. Das dürfte vor etwa dreißig Jahren gewesen sein.

»Ja und nein«, sage ich. »Bei mir im Hostel wohnt auch eine Familie aus Simbabwe. Ein Mann, eine Frau und ihre vier Kinder. Die gehen nicht mehr vor die Tür. Der Vater nur nachts, um Geld zu verdienen. Sie haben Angst, zusammengeschlagen zu werden oder noch Schlimmeres.«

»Wirklich?« Peter ist sichtlich betroffen.

»Ja, das Hostel lässt sie vorerst kostenlos wohnen und hat ihnen Kleidung geschenkt, weil ihre Wohnung angezündet wurde.« Jetzt, da ich darüber rede, merke ich erst, wie sehr mich das Schicksal der Familie schockiert und berührt. »Vor meiner Abreise aus Deutschland habe ich gehört, dass der Hass in Südafrika gegen Arbeiter aus Sambia und Simbabwe gerade zunimmt. Jetzt mit Menschen unter einem Dach zu schlafen, die diesen Hass am eigenen Leib erfahren und voller Angst sind, ist heftig. Sie trauen sich nur noch nachts auf die Straße, während andere um sie herum ihr ganz normales Leben führen. Und was macht so etwas mit den Kindern?«

»Hier kriegen wir davon gar nichts mit«, sagt Doris.

Das glaube ich sofort. Der Radius, in dem ich mich bewege, formt mein Bild. Wenn ich in der City von Kapstadt lebe oder direkt am Tafelberg, ist meine Welt eine andere als fünf Kilometer weiter und erst recht anders als im Township. Und wenn ich kaum oder nie mit Menschen aus einem anderen Kreis zu tun habe, woher soll ich von ihren Sorgen und Nöten, von ihren Freuden und Träumen wissen? Wie oft vergesse ich, dass da mehr ist als das, was ich denke und sehe. Jeder von uns lebt in seiner persönlichen Blase, die für ihn die »Wahrheit« und »Realität« ist. In Südafrika sind diese Lebenskreise, so mein erster Eindruck, sehr oft von der Hautfarbe geprägt. Und in Deutschland? Als Kinder trennte uns irgendwann das Schulsystem. Und später umgeben wir uns meist mit den Menschen, die uns ähnlich sind, die ähnliche Interessen und Einstellungen haben.

Mittags bin ich mit Yanga und Mawonga verabredet. Sie sind schon ein bisschen wie kleine Brüder für mich, denn aufgrund des Filmprojekts verbringen wir viel Zeit miteinander. Ich bin so dankbar, dass ich mehr über ihr Leben erfahren darf. Heute sogar, wo sie zu Hause sind.

Die beiden holen mich in der Redaktion ab, um mich nach Khayelitsha zu begleiten. Allein soll ich nicht fahren. »Zu gefährlich«, sagt Mawonga. Na, wenn er meint, denke ich mit einer Mischung aus enttäuschtem Abenteuerdrang und leichtem Unglauben angesichts der vielen großartigen Begegnungen, die ich in dieser Stadt bisher hatte. Aber eine goldene Regel habe ich für meine ziemlich planlose Art zu reisen: Frag immer die Locals! Die wissen am besten, was geht und was nicht. (Manchmal frage ich auch drei, vier Leute mehr, wenn mir die erste Antwort nicht gefällt. Sicher ist sicher. 😅)

Wir stehen an der Straße, als der nächste pickepackevolle Minibus angerauscht kommt. Mawonga hält eine Hand raus. Prompt klopft der aus der halb geöffneten Schiebetür hängende Beifahrer aufs Dach der Blechkarosse, der Fahrer geht in die Eisen, und der Minibus kommt direkt neben uns zum Stehen. Punktlandung. Doch wo darin noch drei Plätze für uns sein sollen, kann ich nicht erkennen. Wir zwängen uns trotzdem durch die Tür und finden irgendwo eine Ritze. Ich zwischen einem spindeldürren, etwa achtzigjährigen Mann und einer Mama, die ungefähr dreimal meinen Umfang hat und nun zwei ihrer Kinder netterweise zwischen ihren Bauch und den Vordersitz schiebt, damit ich »Platz« habe. Ihr Baby drückt sie mir kurzerhand auf den Schoß.

»Hi«, ruft sie mit einem breiten Grinsen über die laute Musik hinweg, die durch den Bus dröhnt. Die beiden Kids mustern mich schüchtern.

»Hi«, rufe ich fröhlich zurück und dann noch einmal in die Runde der Mitinsassen, die flüchtig von dem Musikvideo auf dem Bildschirm aufschauen, der eine oder die andere kurz lächelnd. Sanft streichele ich dem süßen Baby auf meinen Knien über den Lockenkopf, was die Geschwister offenbar vertrauenserweckend finden, zumindest fangen sie an, mir lustig zuzuzwinkern. Yanga sitzt direkt hinter mir. Ich spüre seine Knie durch den durchgesessenen Sitz in meinem Rücken. Um nicht komplett von dem breitschultrigen Mann neben ihm zerquetscht zu werden oder das bunte, prachtvoll gewickelte Kopftuch seiner Sitznachbarin zu verrücken, hat er sich so weit wie möglich zu mir nach vorne gebeugt. In einer Hühnermastanlage ist mehr Raum, denke ich. Und gleichzeitig feiere ich es, mit allen um mich herum in Kontakt zu sein. Auch wenn wir nachher bestimmt allesamt gleich riechen.

»Super, oder?«, brüllt Yanga mir ins Ohr. »Wenn wir Südafrikaner irgendwohin wollen, dann wollen wir da jetzt hin und nicht irgendwann. Wir haben keine Lust zu warten, und die Minibusse fahren den ganzen Tag die Straße rauf und runter. Du kannst ein- und aussteigen, wo du willst. Der Betrag für jede Strecke ist immer derselbe.«

Ich bin begeistert. Ob sich dieses System auch in Deutschland durchsetzen könnte? In dem Musikvideo zerfällt das Bild gerade in drei Teile, bevor es sich im Schambereich der Sängerin, die in einem parkähnlichen Garten steht, wieder vereint. Wir fahren an Villen und Pools vorbei, an Restaurants, Bars, Kirchen, einem Theater und an Zeitungsverkäufern, die an jeder Kreuzung versuchen, im stockenden Verkehr noch ein paar Pennys zu verdienen. Ich habe den Gedanken, wie wir dem Fahrer über gut zwanzig Personen und den Lärm hinweg Bescheid geben sollen, wo wir aussteigen wollen, noch nicht zu Ende gedacht, da kümmert sich Mawonga auch schon. Er pfeift einmal laut, worauf der wieder aus dem Bus hängende Beifahrer von dem ihm am nächsten Sitzenden angetippt wird. Der Beifahrer haut aufs Blechdach, der Fahrer lenkt ein und legt eine Vollbremsung hin. Was für eine grandiose Kettenreaktion. Während ich mein Leihbaby zurückgebe, mich aus dem Auto schiebe und dabei von allen verabschiede, gleichzeitig dafür entschuldigend, dass ich ihnen gerade auf die Füße oder ihre Einkäufe getreten bin, drücke ich Mawonga ein paar Münzen in die Hand, die er dem Beifahrer reicht.

Mehrmals müssen wir ein- und aussteigen. Mit zunehmender Entfernung zur Stadt werden die Häuser zu Hütten, die Hütten zu zusammengehämmertem Wellblech, das Leben staubiger, trubeliger und noch bunter.

Dann sind wir da. Khayelitsha.

»Bleib am besten immer bei einem von uns«, sagt Mawonga nachdrücklich. »Ich werde bei jeder Kreuzung vorgehen und die Lage checken. Wenn eine Gang aufkreuzt und die Typen schlechte Laune haben, kann ich aber eh nichts machen ...«, und schon läuft er vor, um hinter den ersten Wohnblock zu blicken. Yanga und ich warten neben einem Laden, von dem nur noch die Wand und ein halb abgerissenes Waschbecken übrig sind.

»Vorgestern hat eine Bande hier alles ausgeräumt und kaputt geschlagen«, murmelt Yanga. »Der Ladenbesitzer war echt nett, wir durften sogar anschreiben lassen. Jetzt ist seine Existenz futsch, und alle müssen zum Einkaufen ziemlich weit fahren.«

»Etwas kaputt schlagen, worunter hinterher alle inklusive mir selbst leiden ... Wie bescheuert ist das denn?«, wundere ich mich laut.

Yanga zuckt traurig mit den Schultern. »Das ist das Problem mit den Drogen und der Perspektivlosigkeit. Viele Jugendliche sind einfach frustriert und wissen mit ihrer Wut und Enttäuschung nicht wohin. Und im Rausch ist dann alles scheißegal. Deshalb sind die auch so gefährlich«, erklärt er. »Du glaubst nicht, wie viele meiner ehemaligen Freunde ich mittlerweile zwischen den Gangmitgliedern wiedersehe.«

Ich beobachte Yanga von der Seite. Sein Blick ist auf den Boden gerichtet. Auf den Stein, den er mit seiner Fußspitze weiter in den rötlichen staubigen Boden dreht. Mein kleiner Bruder klärt mich über die knallharte Realität seiner Umgebung auf. Und ich habe nichts anzubieten, was es besser machen könnte. Ich komme mir vor wie vom Planeten Seifenblase.

»Die Luft ist rein«, Mawonga kommt angejoggt. »Let's go!«

Wir gehen um ein paar Ecken. Zwischen eng an eng stehenden Häusern hindurch, Innenhöfe kreuzend, lange Leinen passierend, an denen farbenfrohe Kleider und Tücher in der heißen Luft trocknen. Die Häuser in dieser Gegend sehen alle ähnlich aus. Braun und schlicht. Pflanzen suche ich vergeblich. Dafür sind einige Tore und Fensterläden bunt angemalt. Aus jedem Hof grüßen die Mamas freundlich, winken die Kinder fröhlich, nicken die alten Männer etwas verdutzt, als wir zu dritt an ihnen vorbeiziehen.

»Da sind wir!«, ruft Mawonga und zieht ein großes rotes Tor auf. Schweiß strömt unter seiner Norwegermütze hervor und wird von den Ohrenklappen wieder aufgesogen. Offenbar geht Style vor Hitzekoller. Beim Eintreten in den etwa drei mal drei Meter großen kahlen Innenhof wird mir klar: Ich hatte keine Vorstellung davon, was mich erwartet, wenn ich die beiden zu Hause besuche. »Hier wohnen meine Schwester, ihre Familie und ich«, erzählt Mawonga stolz. »Komm rein.« Im Entenmarsch betreten wir das Haus. Mit zwei Zimmern ist es sehr übersichtlich. Das eine ist das Schlafzimmer, das andere das Wohnzimmer, in dem offensichtlich ebenfalls geschlafen wird. In einer winzigen Küche stehen ein weißer Plastiktisch, ein Stuhl, ein klappriger Kühlschrank, eine Spüle, ein Herd mit zwei Kochplatten und ein Toaster. Um dort wieder herauszukommen, müssen Yanga und Mawonga rückwärtsgehen. Im Wohnzimmer läuft der Fernseher, Fußball, davor auf dem Sofa ein Teenager in einem FC-Barcelona-Trikot mit UNICEF-Logo am Kragen.

»Das ist mein großer Bruder«, sagt Yanga. Ich bin immer wieder erstaunt, wie viele das Zuhause ihrer Freunde und Nachbarn zu nutzen scheinen, als wäre es ihr eigenes.

»Hi, welcome, ich heiße Sunny«, sagt der Barca-Fan und steht auf, um mir die Hand zu drücken. Ich mag ihn sofort. Sunny ist höchstens 16, doch sein Gesichtsausdruck ist der eines Vaters, der sich sorgt, wie er seinen Sohn durchbringen soll.

Der Tag vergeht wie im Flug. Ich führe Interviews mit den dreien, lasse mir von ihrem Leben erzählen, von der Zauberschule, ihren Träumen, sie zeigen mir ihre Nachbarschaft, ich drehe Bilder.

Sunny scheint in Bezug auf sein eigenes Leben bereits resigniert zu haben. Dabei geht es in dem Alter doch erst so richtig los, oder nicht?

»Weißt du«, sagt er, »ich freue mich, dass Yanga die Zauberschule so ein Spaß macht, und ich sehe, wie viel Selbstvertrauen er dadurch bekommt. Und natürlich wünsche ich mir, dass er den Wettbewerb gewinnt. Aber ich will auch, dass er sich nichts vormacht. Ich war ebenfalls auf dieser Schule, und was hat es mir gebracht? Ich bin trotzdem arbeitslos. Wie so viele in Khayelitsha.« Sunny schaut Yanga und Mawonga hinterher, die schon zur Nachbarin laufen. »Kartentricks helfen mir da auch nicht weiter ... Hier«, er lässt mich in den nächsten Innenhof vorgehen, »hier können wir seit dem Tod unserer Eltern immer wieder auftauchen.«

Eine kräftige Frau in rosafarbenem Top und mit einem wild gemusterten Tuch um die Hüfte füttert gerade zwei Hühner. Als sie mich sieht, kommt sie mit einem Lächeln auf mich zu und nimmt mich in ihre kräftigen Arme. Es fühlt sich schön an, so herzlich umarmt zu werden, und ich merke, wie sehr ich die Selbstverständlichkeit genieße, mit der ich hier berührt werde.

»Hi, my daughter, Yanga hat mir schon von dir erzählt«, sagt sie mit angenehm tiefer Stimme. »Ich war die beste Freundin von Sunnys und Yangas Mutter. Ich würde wirklich gern mehr für die beiden machen, aber wie soll ich? Ich bin ja froh, wenn ich alle meine Kinder durch das Gröbste kriege.« Plötzlich ist da eine sorgenvolle Schwere hinter dem Lächeln dieser auffallend aufrecht stehenden Frau. Ich habe einen ungeheuren Respekt vor dem Leben hier. Vor der Härte, mit der die Menschen von klein auf konfrontiert sind. Und vor ihrer Liebe zum Leben und zum Lachen.

Als die Jungs und ich gegen Abend wieder auf der Straße stehen, sagt Sunny: »Ich bete jeden Tag, dass Yanga es besser macht als ich.«

Wie gerne würde ich noch den ganzen Abend mit den Jungs verbringen. Aber im Dunkeln, so lautet die ungeschriebene Regel, sei lieber zu Hause. Die drei setzen mich in den nächsten Minibus.

»Du hast doch noch alle Chancen, Sunny«, sage ich zum Abschied.

Er lacht. Es ist ein bitteres Lachen.

Aus dem Busfenster beobachte ich den näher kommenden Tafelberg, um dessen flachen Gipfel sich dunkle Nebelschwaden wie Fäden winden. »Es heißt, dass dort eine Hexe lebt, die abends ihre Suppe kocht«, hat Peter erzählt. Während ich in die Nebelschwadensuppe starre, wünsche ich mir ganz fest, dass die Hexe eine gute Zukunftssuppe für meine neuen Brüder und all die Kinder und Jugendlichen aus Khayelitsha kocht.

4

AOURIR

In Stille beobachten

»Du isst seit einer Woche nur Kokosnüsse?« Ich bin sprachlos, und alle Energie scheint aus mir heraus in den Boden zu sacken. »Warum sagst du das erst jetzt?«, frage ich Tomar. Wir haben schon länger nicht miteinander telefoniert. Mal war Stromausfall und sein Handyakku leer, mal der Empfang so schlecht, dass Telefonieren einfach nur genervt hat.

»Du hast gesagt, dass du nicht für mein Leben verantwortlich bist«, antwortet er leise.

»Stimmt, das habe ich gesagt, aber gerade ist Ausnahmezustand. Die ganze Welt steht kopf. Und da ist doch mehr denn je klar, dass jeder jedem hilft, wie er eben kann, oder nicht?« Schockiert stelle ich fest, wie viel Macht meine Worte offenbar auf ihn ausüben. Gleich zu Anfang unserer Beziehung haben wir uns darüber ausgetauscht, wie wir trotz unserer unterschiedlichen Welten auf Augenhöhe miteinander umgehen können. Für mich einer der wichtigsten Punkte, wenn nicht sogar der wichtigste: Jeder ist selbst für sein Leben verantwortlich. Tomars wichtigster Punkt: sich darauf verlassen zu können, dass ich immer zu ihm zurückkomme, egal, wie oft und wie lange ich weggehe. Wenn ich darüber nachdenke, waren er und ich aber nie wirklich auf Augenhöhe, weil ich allein durch meine Herkunft am längeren Hebel sitze. Und weil immer ich es sein werde, die entscheidet, wann ich zurückkomme und wie lange ich bleibe. Oder ob ich überhaupt zurückkomme.

Jetzt würde ich gern bei ihm sein und kann es nicht. Aber stimmt das überhaupt? Will ich denn wirklich bei ihm sein? Als die Welt sich auf den Kopf gestellt hat, habe ich mich entschieden, in Marokko zu bleiben. Warum habe ich nicht eine Sekunde lang darüber nachgedacht, noch schnell in die Elfenbeinküste zurückzufliegen? Wäre es nicht gerade während des weltweiten Lockdowns wichtig, zusammen zu sein? Oder ist es womöglich noch wichtiger, dass jeder von uns in dieser Zeit auf sich allein gestellt ist? Ich atme tief durch. Meine Intuition hat mich nicht zu Tomar gehen lassen. Und nun hat er sich nicht getraut, mir zu sagen, wie es ihm wirklich geht. Er hat sich nicht getraut, mir zu sagen, dass er, zum ersten Mal in den vier Jahren, Geld braucht. Das macht mich traurig, wütend, ich bin enttäuscht und habe Schuldgefühle. In mir schreien alle alten Glaubenssätze durcheinander: Du bist ein schlechter Mensch, du bist egoistisch, du bist rücksichtlos, du und deine Werte, du hast wieder alles falsch gemacht, du bist so verantwortungslos, du hast gut reden mit deinen ganzen Privilegien, das gibt es ja nicht, jetzt erzählt er dir von sich und seinem Leiden, und du hockst hier wie das Opfer und hast mal wieder keinen Blick dafür, was mit ihm ist. Mir ist schlecht, und ich kann kaum noch klar denken. Ja, ich will die Verbindung zu ihm, aber zu meinen Bedingungen. Ich habe Angst vor meiner Macht, denn sie bürdet mir eine Verantwortung auf, die mich zu erdrücken droht.

Ich merke, wie müde ich bin. Jahrelang habe ich daran gearbeitet, uns als gleichberechtigte Partner zu sehen. Aber Fakt ist: Ich habe Ersparnisse, er nicht, ich habe einen Reisepass, er nicht, ich komme aus einem Sozialstaat, er nicht, ich habe eine Schulausbildung, er nicht, ich kann lesen und schreiben, er nicht ... Er kann im Busch überleben, ich nicht, er kann aus vermeintlich nichts ein Haus oder Werkzeuge bauen, ich nicht, er kann Krankheiten, sogar Malaria mit Pflanzen vorbeugen und therapieren, kann Schnittwunden und Infektionen mit Palmenblättern und Asche verarzten, ich nicht ... Er und ich haben viel gemeinsam. Unsere Liebe zum Surfen, zu Kindern, zu Tieren, aber leider auch unsere ausgeprägte Opferhaltung. Ankes wie immer direkten Worte kommen mir in den Sinn: »Lena, du vergeudest deine und meine Energie damit, ständig Probleme zu wälzen. Fokussiere dich auf das, was du willst, und nicht, was du nicht willst.«

»Was würde dir denn helfen?« Ich sehe Tomar vor mir, wie er in der Hütte sitzt, die wir vor zwei Monaten gemeinsam am Hang hinter dem Strand gebaut haben, auf der Matratze am Boden, neben sich Marley, seinen Hundewelpen und besten Freund. Unser Deal: Ich stecke meine Ersparnisse in das Grundstück und in alles, was darauf gebaut wird, und seine Währung ist seine Arbeitskraft. Innerhalb von vierzehn Tagen haben wir erst das riesige Grundstück mit der Machete abgemäht – eine arge Schinderei, aber zusammen mit Freunden auch eine großartige Erfahrung – und dann die Hütte draufgesetzt. Damit Tomar, bevor ich weiterreise, einen eigenen Ort zum Leben hat, fernab seiner Familie, nur für sich. Hier wollen wir eines Tages unser gemeinsames Zuhause errichten. Die jetzige Hütte in eine Bar umwandeln und ein Umwelt- und Surfprojekt starten ... Plötzlich kann ich spüren, wie viel Überwindung es ihn gekostet haben muss, mir ehrlich zu sagen, was Sache ist.

»Ich brauche etwas zu essen für Marley und mich. Den letzten Sack Reis habe ich meiner Mutter gegeben, weil sie wegen ihrer Gürtelrose nicht aufs Feld kann und auch nichts zu essen hat. Ich habe den Shop-Besitzer gebeten, mir einen Sack Reis vorzustrecken. Aber der will, dass du dafür bürgst.«

»Bin ich dein Vormund oder was?«

Ich fasse es nicht. Wie respektlos ... Immerhin ist Tomar dort aufgewachsen, alle kennen ihn, und jetzt soll ich, die Fremde, für ihn bürgen?

Tomar schweigt. Offensichtlich habe ich ihm mit meinen Worten wehgetan.

»Entschuldigung«, stottere ich, »ich bin einfach so sauer. Was soll denn das, die kennen dich doch.«

»Kannst du das trotzdem für mich tun?«, fragt er zaghaft.

»Na, klar. Mache ich sofort«, gebe ich nach. »Wenn dir das hilft.«

»Lena?«

»Ja?«

»Ich brauche auch Geld für Gas, damit ich den Reis kochen kann.«

»Warum nimmst du nicht einfach wieder einen Job auf den Plantagen an? Und was ist mit den Surftouristen? Die Saison geht doch jetzt los.« Ich will auf Teufel komm raus, dass er sich selbst versorgt. Wenn ich ihm Geld schicke, macht das was mit unserer Beziehung, da bin ich sicher.

»Das Reisen im Land ist untersagt. Die Plantagen sind geschlossen, die Surfer können nicht kommen. Die letzten zwei Tage haben wir zu dritt das Feld des Nachbarn umgegraben. Der einzige Job weit und breit. Am Ende gab es fünfzig Cent pro Person und Tag. Wie weit soll ich damit kommen, Lena?«

Ich seufze. Es tut mir weh zu hören, wie beschissen seine Situation ist. Da sind seine kranke Mutter, seine Schwester, die ihr letztes Geld in den Krankenhausaufenthalt und die Medikamente für die Mutter gesteckt hat, sein Onkel, der der Meinung ist, wer eine Weiße Freundin hat, ist versorgt. Und all die Leute im Dorf, die das offenbar ebenso sehen.

»Lena?«

»Ja?«

»Habe ich dich in den vergangenen vier Jahren jemals um Geld gebeten?«

»Nein.«

»Jetzt brauche ich Geld.«

»Wie viel?«

»22 Euro im Monat. Für vier Monate. Dann ist es hoffentlich vorbei, und die Leute dürfen wieder reisen. Davon kann ich Reis und Gas kaufen. Den Rest besorge ich mir schon irgendwie.«

5 Verantwortung

SÜDAFRIKA (2008)

Wenn du die Chance hast, verpasse niemals einen Sonnenuntergang.

Reva schaut mich an. »Würdest du denn das Gleiche für mich machen?«

Damit habe ich nicht gerechnet. Es ist erst ein paar Wochen her, dass wir uns beim Billardspielen kennengelernt haben. Mit seinem kleinen Bauch und dem etwas schielenden linken Auge war er nicht der schönste Mann im Hostel. Aber er hat eine Ausstrahlung, die jeden anderen Mann in den Schatten stellt. Als unsere Blicke sich das erste Mal begegneten, war es, als durchzuckte mich ein heißer Blitz. Und dasselbe Gefühl habe ich seitdem jedes Mal, wenn er mich ansieht. Auch jetzt.

»Nein, würde ich nicht«, antworte ich leise, aber bestimmt.

Revas Augen verengen sich kurz. Lang genug, um zu bemerken, wie es in ihm arbeitet. Sein Blick wandert von mir weg, erst zum Fenster, dann auf seine Hände.

Den Rest der Minibus-Fahrt zu Kapstadts Hauptbahnhof schweigen wir. Wir sind auf dem Weg nach Hermanus, in eine der hübschen kleinen Hafenstädte, weil ich noch eine Geschichte für die nächste Magazinausgabe brauche. Immer noch schweigend steigen wir aus, laufen nebeneinander die Treppe zum Bahnsteig hinunter und suchen uns einen Platz im Zug. Ich bin extrem angespannt, möchte Reva am liebsten umarmen. Die letzten Stunden mit ihm genießen.

Keine Ahnung, wie viele Stationen wir gefahren sind, als Reva plötzlich aufsteht und sagt: »Ich muss gehen.«

Der Zug hält, die Tür öffnet sich, und ehe ich etwas erwidern kann, ist er verschwunden. Der Zug fährt weiter, und ich setze den Ausflug ans Meer allein fort. Weinen kann ich nicht. Weil ich weiß, dass es besser so ist. Weil es richtig war, ehrlich zu sein. Weil es wichtig war, klar zu sein. Für uns beide. Ja, ich habe mich in ihn verliebt. Und doch kann und will ich nicht die Verantwortung dafür übernehmen, dass er sein Land und sein Leben hier hinter sich lässt. Ich will einfach nur verliebt sein und eine gute Zeit haben. Reva hingegen, der im Township geboren ist, hat jetzt die Möglichkeit seines Lebens, denn seine langjährige dänische Freundin will ihn heiraten. Das Visum für Dänemark kann er spätestens

Ende der Woche abholen. Und nur wenige Tage später geht sein Flieger. Wir haben beide nicht damit gerechnet, dass wir einander passieren. Aber Liebe kann vergehen. Die Chance deines Lebens sollte es nicht …

Vor einer Woche lag ich schon im Bett, als Charly anrief. Charly, dessen richtigen Namen ich nicht aussprechen kann, weil er zum Volk der Xhosa[7] gehört und sein Name deshalb zig Klicklaute enthält. Was dann irgendwie so gesprochen wird wie Mlklicklackallickcharly. Um nicht ständig jemanden mit Zungenbruch ins Krankenhaus bringen zu müssen, ist er für jeden Nicht-Xhosa einfach Charly. Ich habe ihn am selben Abend kennengelernt wie Reva und sofort gewusst: Wir werden dicke Freunde. Charly arbeitet bei Woolworth als Leiter der Lebensmittelabteilung. Einen passenderen Job hätte er nicht finden können, denn er liebt gutes Essen, ist vielleicht deshalb fast so breit wie lang, hat unfassbar viel Charme und ein hinreißendes Lachen.

»Lena, Tom und ich holen euch in fünf Minuten ab, wir gehen Shrimps essen und tanzen«, grölt er vergnügt durchs Telefon.

Sofort springe ich aus dem Bett auf den Holzboden der alten Villa, dessen Bretter knatschend nachgeben, und klopfe mit dem Besenstiel gegen die Decke. Keine zwei Minuten später steht Yeta in meinem Zimmer.

»Was ist? Was machen wir?«, gähnt sie.

»Zieh dich an, wir gehen aus!«, und weitere fünf Minuten später sitzen wir bei den Jungs im Auto.

Ich bin selig, so tolle Freunde gefunden zu haben.

»Hi, Mädels, alles fit?« Mit einem lustigen Augenzwinkern dreht Charly sich zu uns um.

»Sag mal, Yeta, ich dachte, du wolltest heute zum Friseur?« Tom schaut in den Rückspiegel.

»War ich auch. Volle acht Stunden.« Sie seufzt.

»Was genau hat der denn gemacht?«, frage ich verwundert.

---

7 Die gleichnamige Sprache ist die sogenannte Klicksprache.

Yeta ist halb Angolanerin, halb Deutsche, und wir haben uns in der Villa einer Weißen Südafrikanerin kennengelernt, die die vielen leeren Zimmer an Studierende aus den USA und Europa vermietet. Yeta ist zwar auch regelmäßig bei ihrer Mutter in Hannover, aber offenbar sollten wir uns hier begegnen.

»Na, die haben mir das alte Kunsthaar abgenommen und neues angeknüpft«, sagt sie und streicht sich dabei durch das glatte, kinnlange Haar.

»Du hast acht Stunden beim Friseur gesessen, um hinterher so auszusehen wie vorher?«, frage ich.

»Äh, ja?«, gluckst sie, und wir brechen alle in Lachen aus.

Während wir uns die Shrimps in unserer Lieblingsbar schmecken lassen, mache ich mir zum ersten Mal klar, dass Charly und Tom, der als Marketingleiter in einer Bierbrauerei arbeitet, zu einer neuen, langsam wachsenden Mittelschicht gehören.

Gut gesättigt stürzen wir uns auf die Tanzfläche der nahe gelegenen kleinen Bar mit Hip-Hop und Afrobeats. Charly und ich sind nicht zu bremsen. Wir tanzen, was das Zeug hält. Ich könnte vor Glück platzen, fühle mich in meinem Element und mit allem verbunden, wie immer, wenn ich tanze. Doch diesmal tanze ich in Südafrika. Die pulsierende Energie ist mitreißend, jede Bewegung selbstverständlich. Alles grooved, alles schwingt. Und im Nu bin ich Teil eines spontanen Tanzwettbewerbs, den ich in der Kategorie Arschwackeln gewinne.

Ich schmeiß mich weg. Charly schlägt stolz ein.

»Hast du gerade Ronaldo gesehen?«, fragt Yeta und zieht mich an der Hand. Sie muss aufs Klo.

»Wen?«

»Cristiano Ronaldo!« Yeta strahlt mich an.

Ich erkenne Promis nicht mal, wenn sie mir auf die Füße treten, ist aber auch egal, wenn sie in echt nicht mal halb so sexy sind wie im Fernsehen, denke ich und stiefele der zierlichen Yeta hinterher. Sie reicht mir bis zur Brust, und wenn sie wie jetzt vor mir durch eine Menschenmenge läuft, fühle ich mich wie ein Containerschiff, das von einem kleinen Schlepper gezogen wird.

Plötzlich steht Reva vor mir. Mein Herz rutscht in die Hose.

»Hi.« Er grinst verschmitzt. »Was machst du denn hier?«

»Ich bin mit Charly, Tom und, äh, Yet…«, setze ich an, doch Yeta weiß genau, was gerade passiert, und hat sich schon zwinkernd Richtung Klo verabschiedet. Tom und Charly signalisieren mir von der Bar aus, dass sie Yeta nach Hause fahren werden. Und so landen Reva und ich auf der Tanzfläche, wo wir uns den Beats hingeben. Zunächst mit einigem Abstand, doch wie von einem Magnet angezogen bin ich ihm auf einmal ganz nah. Und mein Körper reagiert sofort mit einer Gänsehaut, als er seine Hand auf meinen Rücken legt. Mein Becken sucht seines …

»Ich habe eine Freundin«, sagt er.

»Ich habe einen Freund«, sage ich. Und wir sehen uns tief in die Augen. *Now ain't sayin' she a gold digger. But she ain't messin' with no broke niggas*[8], singt Kanye West, während Reva mich sanft Richtung Ausgang schiebt …

Wusch. Überall Qualm. Yangas konzentriertes Gesicht ist das erste, das aus dem Nebel wieder auftaucht. Und da … Nein, das kann nicht sein … Aber doch … Vor ihm in der Luft schwebt seine Mitschülerin. Als hätte er nie etwas anderes gemacht, bewegt er den Zauberstab langsam im Kreis, und das schwebende Mädchen folgt. Die Zuschauer jubeln. Ich zoome auf die Juroren, auf ihre ernsten Gesichter. Kaum einer verzieht eine Miene, aber an ihren leuchtenden Augen ist zu erkennen, dass auch sie begeistert sind.

Yanga war so nervös vor seinem Auftritt, hat sein Equipment mindestens fünf Mal gecheckt. Gewinnt er, so eröffnen sich ihm wertvolle Möglichkeiten und Erfahrungen. Ich denke an meine eigenen Auftritte und Wettbewerbe als Kind zurück, beim Tanzen, Singen, Reiten, Fußball, im Akkordeon-Orchester. Wie aufgeregt auch ich jedes Mal war. Obwohl es im Vergleich zu hier um nichts ging.

---

8 Ich sag jetzt nicht, sie ist eine Goldgräberin. Aber sie macht nicht mit Niggas rum, die pleite sind.

Yanga reißt den Zauberstab wieder hoch, sein blauer Mantel weht imposant nach hinten, es raucht und knallt, er verbeugt sich im Nebel, der Vorhang fällt, Applaus braust auf. Ich blicke mich um. Die Plätze, die für seine Familie reserviert waren, sind leer. Weder die Nachbarin noch Sunny sind gekommen.

Ich renne schon den ganzen Tag wie verrückt mit der Kamera hin und her, um ja nichts zu verpassen. Soll ich jetzt nach Yanga schauen? Wie lange wird es dauern, bis die Juroren ihre Entscheidung bekannt geben? Halleluja, ich brauche einen Assistenten.

Ich will gerade Richtung Umkleideraum gehen, um Yanga wenigstens kurz zu sehen, da ist es schon so weit. Die Jury hat entschieden, und die acht besten Kids, unter ihnen Yanga, werden auf die Bühne gerufen. Ich bin so angespannt, dass ich kaum noch atme. Platz fünf, vier, drei, noch immer ist sein Name nicht gefallen. Yangas Gesicht ist abzulesen, dass auch er langsam realisiert, was hier gerade passiert. Platz zwei, Platz eins. Yanga! Mir kommen die Tränen. Mawonga stürzt sich auf seinen Freund, die beiden umarmen sich, springen glücklich auf und ab. Yanga sucht meinen Blick, entdeckt mich und kommt mit seinem Pokal unter dem Arm angelaufen. Ich drücke ihn, so fest ich nur kann.

»Lena, bist du stolz auf mich?«, fragt er.

Ich halte ihn in den Armen. »Machst du Witze? Ich war noch nie stolzer auf jemanden, als ich es jetzt gerade auf dich bin, Yanga.«

Noch einmal drücke ich meinen kleinen Bruder ganz fest an mich und wünsche von Herzen, dass ihm alle Türen dieser Welt offen stehen und er auf seinem zukünftigen Weg endlos viel Liebe erfährt.[9]

Kaum bin ich aus der Aula heraus, habe ich wieder Handyempfang. 17 Anrufe in Abwesenheit. Und eine SMS meiner Vermieterin: *Es wurde eingebrochen. All deine Sachen sind geklaut. Die Polizei war da. Bis gleich.*

---

9 Mawonga ist inzwischen ein erfolgreicher Zauberer (www.mawongamagic.co.za). Seinen Freund Yanga, der leider in den Drogensumpf abgerutscht ist, sieht er nur noch sehr selten.

Als ich in der Villa ankomme, hat sich der Aufruhr schon etwas gelegt. Offensichtlich haben die Einbrecher gewusst, dass gerade niemand da war. Und ja, fast alles ist weg. Mein Laptop, meine Kleidung. Interessanterweise bleibe ich ziemlich ruhig. Hauptsache, meine Mitbewohner sind okay. Die Artikel fürs Magazin habe ich schon gestern Abend abgeschickt, und das Filmequipment samt den gedrehten Bildern hatte ich bei mir. Alles andere lässt sich ersetzen.

»Lena«, sagt die Vermieterin, »ich muss mit dir sprechen.«

Ich nicke und folge ihr in ihren Privatbereich. Ihr ernster Ton lässt nichts Gutes ahnen. So kenne ich sie gar nicht.

»Ich möchte deinen Schwarzen Freund nicht mehr hier sehen«, sagt sie und runzelt die Stirn. »Ich gehe davon aus, dass es seine Freunde waren, die hier eingebrochen sind. Bei seinen Besuchen hat er mitbekommen, wie wir leben und was es zu holen gibt. Er wusste, wann wir tagsüber alle ausgeflogen sind.«

»Reva? Auf keinen Fall«, bricht es aus mir heraus. »Ist es, weil er Schwarz ist?« Ich bebe vor Wut.

»Damit hat das nichts zu tun«, sagt sie, dreht sich um und geht ohne ein weiteres Wort.

Für mich ist klar, dass meine Tage in dieser Villa gezählt sind. Ich rufe Reva an, und wir beschließen, zusammen nach Hermanus zu fahren.

6

AOURIR

Felix und Lala, Lockdown – Leben im Bulli

... und heimlich am Homebeach

»Du siehst ja langsam aus wie ein Kanacke!« Musti grinst mich an.

»Wie geht's?«, frage ich lachend zurück.

»Na, wie schon? Super natürlich. Und dir?«

»Ich bin jeden Tag dankbar dafür, hier zu sein. Aber was machst du eigentlich immer noch hier?«, frage ich und lege die fünf Dirham für ein Glas Tomatenmark auf den Tresen. Immerhin lebt der lustige Marokkaner, der da im Campingstuhl vor seinem neu eröffneten Kiosk sitzt und stets ein Lächeln auf den Lippen hat, eigentlich in Deutschland. Und seit ich Musti vor ein paar Wochen zum ersten Mal getroffen habe, redet er immer wieder davon, dass sein Chef von ihm verlangt zurückzukommen.

»Urlaub«, witzelt er. »Ich geh nicht mehr nach München zurück. Ich hab da jetzt zwölf Jahre verbracht und die Nase voll. Dauernd nur Arbeit, Geld verdienen, pünktlich sein. Und hier? Guck doch mal. Das Wetter, die Menschen, die Lebensfreude …«

Ich weiß genau, was er meint. Wir sind mitten im Lockdown, aber die Sonne scheint, das Meer rauscht, die Vögel zwitschern, die Leute sind fast immer freundlich und fröhlich. Wenn wir doch nur surfen dürften und ich unabhängig wäre. Seufzend hocke ich mich Musti gegenüber auf die Stufen vor dem neuen und, wie ich finde, furchtbar hässlichen Apartmentblock. »Ich will selbst nicht heim. Und dass es dir in Marokko besser gefällt als in Deutschland, erzähl ruhig mal allen. In beiden Ländern!«

Obwohl ich wirklich versuche, offen zu sein, mittlerweile in fast fünfzig Staaten unterwegs war, in sechs von ihnen gelebt habe, reise, ohne mich vorab zu informieren, um Land und Leuten möglichst unvoreingenommen zu begegnen, kommt es mir manchmal vor, als arbeitete auch mein Gehirn bei der Post. Alles kriegt sofort einen Stempel und landet auf dem dafür vorgesehenen Stapel. (Hab ich jetzt gerade Postbeamte und -beamtinnen abgestempelt?) Dabei habe ich doch vor Kurzem gelernt: Glaube nicht alles, was du denkst. Was für ein Satz. Tatsächlich ist meistens alles ganz anders. Mein Bauch weiß das, aber bewusst wird es mir immer erst, wenn ich die Erfahrung mache, den

Beweis gewissermaßen vor der Nase habe und mein Denken in seiner »Postuniform« auf frischer Tat ertappe.

»Ist dein Touristenvisum nicht allmählich abgelaufen?« Musti klingt auf einmal besorgt. »Du bist doch jetzt schon mehr als drei Monate hier.«

»Dreieinhalb, um genau zu sein.«

»Du musst Resident werden. Mach dich hier selbstständig, gründe eine Firma oder heirate einfach einen Marokkaner.« Sein erfrischendes Lachen schallt über den Platz.

Dankend winke ich ab. »Dann lieber illegal im Land ... Beslama Musti, nharek mabrouk!« (Mach's gut, Musti, hab einen schönen Tag!) Ich grinse ihn an.

»Servus, Lena. Dir auch einen schönen Tag. Ich sag's ja, du wirst noch 'ne richtige Marokkanerin!«

Barfuß schlendere ich den sandigen Weg entlang zum Haus meiner Freunde zurück. Neben Corona leidet die Region rund um Agadir an einer anhaltenden Dürre. Wo früher alles saftig grün war, ist jetzt alles gelb und trocken. Die Wasserreserven sind fast aufgebraucht. So hat es zumindest einen Vorteil für das Land, dass gerade nicht wie sonst Tausende Touristen hier duschen und in Pools planschen. Ich durchquere das trockene Flussbett, das die Kommune zurzeit ausbaggert, denn wenn sich doch mal ein heftiger Regenguss hierher verirrt, sitzen wir im Nu auf einer Insel. Das stört mich allerdings sehr viel weniger als der Müll, der dann mit dem Regen an uns vorbei ins Meer gespült wird. **Müll**, der teils systematisch in die Natur gekippt wird. An manchen Tagen riecht es aus dem Flussbett so toxisch, dass Corona dagegen fast harmlos wirkt. Ich frage mich oft, wie es zusammenpasst, dass einige Marokkaner fünfmal am Tag Allah für das danken, was er geschaffen hat, und dann allen Abfall einfach in die Landschaft schmeißen. Das Piepen des Baggers pfeift in meinen Ohren. Erneut greift die Schaufel ein Gemisch aus Erde, Sand und Müll, das sodann am Strand landet, statt den Dreck zu entsorgen.

Seit dem Lockdown ist das Gästezimmer bei Graham und Karen mein Zuhause. Zuhause. Früher hatte ich dieses Wort mit einem bestimmten Haus oder einer Wohnung verknüpft, mit meiner Familie, meinem Freundeskreis, mit den Wegen, die ich täglich ging, und mit der Natur um mich herum. Nun ist es seit sieben Jahren der Ort, an dem meine Zahnbürste liegt. Sie lag schon einmal in Marokko. Damals waren Karen und Graham meine Nachbarn. Die beiden auf der Flucht vor dem drohenden Brexit, ich vor einem Leben in Deutschland, nachdem ich gerade zwei Jahre lang kreuz und quer durch Westafrika gereist war. Seitdem sind wir Freunde. Ich öffne das von der Meeresbrise rostige Tor zum Haus. Ihrem zweistöckigen weißen Paradies mit dem Steingarten voller Kakteen. Bevor die zwei das Grundstück spontan während eines Marokkourlaubs gekauft haben, befanden sich dort nur eine zusammengezimmerte Hütte und ein magerer Olivenbaum.

Im Hauseingang lasse ich meinen mit frischem Gemüse gefüllten Reiserucksack auf den Boden fallen. Mit einem Wums landet er unter einem Stück Treibholz an der Wand, auf das Karen eine Meerjungfrau aus Muscheln geklebt hat (das soll angeblich ich sein, zu erkennen an den Dreadlocks aus Fischernetz). Seit 18 Jahren ist der schwarz-grau-orangefarbene Rucksack mein treuester Begleiter, einst gekauft für meine einjährige Reise durch Australien, Neuseeland und Asien. Unglaublich, wo wir seither schon überall zusammen waren. Vor wenigen Monaten noch an der Elfenbeinküste, um Tomar zu sehen, danach in Gambia, um bei meinem Freund Kebba und seiner Familie zu leben und mehr über die lokalen Tänze und Rhythmen zu lernen. Schließlich Marokko. »Gypsea, sei frei, sei wild, sei du!« habe ich das erste Seminar genannt, das ich hier gegeben habe, weil es ein Herzenswunsch von mir ist, Menschen wieder in Kontakt mit sich selbst zu bringen, an jenen Ort, an dem alles gut und von dem aus alles möglich ist. Nachdem die Teilnehmer abgereist waren, wollte ich noch ein bisschen surfen, Zeit mit Karen und Graham verbringen und dann zurück nach Hamburg.

»Lena«, höre ich noch Ullis[10] mahnende Stimme, »wir müssen endlich aufhören, die Steuererklärung für den Film vor uns herzuschieben.« Ich lächele – sorry, Ulli, danke, Corona! – und steige mit Shorts und Top bekleidet in den stark erhitzten Jacuzzi. Die Sonne brennt mir auf den Kopf, der Schweiß in meinen Augen, das Chlor auf meiner Haut.

»Warte kurz, ich bring dir noch einen heißen Ingwertee«, ruft Karen aus dem Fenster; sie hat sicher den Wums gehört.

»Au ja, bitte noch mehr Heißes«, stöhne ich.

Es fühlt sich an, als würde mein Gehirn jeden Moment implodieren, während meine Haut, die eben noch zart wie ein Babypopo war, vom Chlor zu Krepppapier verarbeitet wird. Es juckt höllisch. Sicher bin ich bald so weiß und schrumpelig wie die Muschelnixe an der Wand. Aber das ist der Deal für eine Stunde Freiheit am Tag ...

Nachbarin Nezha streckt ihren Kopf über die Mauer. Neben ihr taucht Rottweiler-Hündin Gaya mit dem Gesicht eines Säuglings und dem Körper einer Kampfmaschine auf. Auf den Hinterbeinen stehend ist Gaya größer als ihre zierliche Besitzerin.

»Lena in der Seuchenschleuse.« Nezha kriegt sich kaum wieder ein vor Lachen.

»Hahaha«, rufe ich und versuche, sie nass zu spritzen. Schnell duckt sie sich weg, sodass ich nur noch ihre winkende Hand sehen kann.

Ich lasse mich tiefer in den kleinen Pool sinken. Immerhin meinem verspannten Nacken tut das heiße Chlorwasser gut. Corona lässt die Welt stillstehen, und es ist, als fiele eine Menge Druck von mir ab. Druck, den ich mir so häufig selbst mache. Dieser innere Antreiber, der ständig meint, ich müsse noch etwas tun, noch etwas erledigen, abhaken, vorankommen, produktiv sein, bloß nichts verpassen ... Dass momentan einfach mal nichts geht, ist ein unerwartetes Geschenk. Ich fühle mich wie in einem Raum-Zeit-Vakuum, das mir erlaubt, noch mehr Dinge zu üben, für die ich mir viel zu selten Zeit nehme, Hand-

---

10 Ulrich Stirnat, der Freund, mit dem ich zwei Jahre lang durch Westafrika gecruist bin und den Film REISS AUS produziert habe

stand und neue Dancemoves zum Beispiel. Lauter Zeug, das laut meiner Oma nichts bringt. Außer Spaß. Andererseits habe ich immer wieder Momente, in denen ich nur noch ausbrechen will, raus in die Natur, die mir so wichtig ist, surfen, wieder machen, was, wann und wie lange ich es möchte. Der Lockdown ist für mich eine verfluchte Herausforderung, an der ich aber zweifellos wachsen kann.

Ich beobachte die Vögel, die besonders zahlreich im Garten herumfliegen, weil Karen Futter ausgestreut hat. Ein kleiner Vogel, braun, rund, mit einem weißen Kragen, ist so mutig, dass er auf dem Beckenrand des Jacuzzi landet und versucht, daraus zu trinken. Doch als ich mich zu ihm umdrehe, spannt er seine Flügel auf und fliegt davon. Frei, leicht, unabhängig.

In diesen extremen Wochen und Monaten, da wir das Haus eigentlich nicht verlassen dürfen, zeigt sich, wie unterschiedlich unser aller Angstlevel, Freiheits- und Bewegungsdrang ist. Zurzeit weckt mich jeden Morgen um fünf der Jingle der englischen Fernsehnachrichten. Graham, der nicht mehr schlafen kann und ins Wohnzimmer geschlichen ist, um sich auf den aktuellen Corona-Stand bringen zu lassen. In meinen Augen führt das allerdings nur dazu, dass seine Angst weiter gefüttert wird, er noch schlechter schläft und überhaupt nicht mehr vor die Tür geht. Außer die täglichen dreimal fünf Minuten mit den Hunden am Strand, natürlich mit Maske über Mund und Nase und zwei Kilometern Abstand zu jeder menschlichen Silhouette. Ich merke, wie ich mich innerlich von Graham distanziere, weil ich seine Angst nicht teile, und kompensiere das Eingesperrtsein, indem ich mir einmal am Tag mein Skateboard schnappe, um mit Musik in den Ohren auf dem Board zu tanzen. Frei, leicht, unabhängig. Wenigstens eine Stunde lang.

Drei Wochen zuvor … Karen, Graham und ich sitzen auf der Terrasse, während der gelbe Feuerball im dunkelblauen Meer versinkt und vor uns die wunderbarsten Wellen brechen, die aber niemand surfen darf. Im Fernseher erzählt gerade irgendein Experte vor seiner Laptopkamera an seinem Küchentisch in England sitzend irgendwas über Corona. In der Welt passiert offenbar nichts anderes mehr als das Virus.

Ich habe Karen und Graham um ein Gespräch gebeten. Was wünschen wir uns von den anderen, um gemeinsam gut durch diese intensive Zeit zu kommen?

»Ich habe Angst, in Marokko zu sterben«, sagt Graham leise, »und du, Lena, bist das größte Risiko für mich, Corona zu bekommen.« Es fällt ihm sichtlich schwer, mich anzusehen.

»Ich habe bereits vermutet, dass es Angst vor dem Tod ist. Danke, dass du es aussprichst«, sage ich.

»Hast du vielleicht eine Idee, was ich machen kann, damit diese Angst weniger wird?« Jetzt schaut Graham mich gebannt an.

Er wird demnächst sechzig und hat nach vier Jahren Marokko keinerlei Vertrauen mehr in das hiesige Gesundheitssystem.

»Für uns war Marokko immer das perfekte Land«, sagte er, als ich neulich von ihm wissen wollte, warum sie eigentlich ausgewandert sind. »Einerseits ein Leben mit Sonne und Meer, andererseits, wenn nötig, in drei Stunden in England.« Rationalität und Vertrauen scheinen für viele Menschen zu Fremdwörtern zu werden, wenn Medien und das nahe Umfeld Panik verbreiten und die Angst zu sterben der Motor des eigenen Denkens und Handelns wird. Bestimmt spielt auch das jeweilige Alter eine Rolle. Trotzdem kommt es mir vor, als wollten eine Menge Leute lieber ihre Angst befeuern, als Vertrauen und damit Ruhe zu finden, obwohl sie fühlen können, dass Angst sie nicht weiterbringt, sondern schwächt und krank macht.

»Ich will, dass du nicht mehr vor die Tür gehst«, sagt Graham in diesem Moment. »Außer einmal die Woche zum Einkaufen. Und da will ich mich darauf verlassen können, dass du Abstand hältst, deine Maske vorschriftsmäßig trägst und dich, wenn du wiederkommst, im Jacuzzi desinfizierst. Außerdem will ich sicher sein, dass du dich mit niemandem triffst.«

Ich schlucke. »Nicht mehr raus? Nur noch zum Einkaufen? Niemanden treffen?« Das geht nicht, schreit mein Herz, dann drehe ich durch.

»Ich weiß, dass du ein Freigeist bist«, sagt Karen und legt mir eine Hand auf den Arm. »Wie wäre es, wenn du deinen Freiheitsdrang auslebtest, indem du eine Stunde am Tag skaten gehst? Aber eben auch nicht mehr.« Als ich nicht antworte, fügt sie hinzu: »Wir sind keine Marokkaner, wir wollen auf keinen Fall gegen irgendeine Regel verstoßen.«

Immer schön unterm Radar bleiben. Das ist auch Felix' Motto. Aber nicht meins. Tief atme ich ein und wieder aus. Einmal mehr bin ich froh über meine Ausbildung in Gewaltfreier Kommunikation, diesen hervorragenden Werkzeugkoffer, um mit mir und anderen in Kontakt zu kommen, ohne wie früher meinen Frust in Essstörungen umzumünzen oder mein Gegenüber vor den Kopf zu stoßen. Keiner von uns dreien hat schließlich wissen können, worauf wir uns einließen, als die Welt zumachte und ich darum bat, erst mal bei ihnen bleiben zu können.

»Ich verspreche, alles dafür zu tun, Corona nicht nach Hause zu bringen«, sage ich langsam. »Mit einer Stunde Skaten am Tag kann ich leben. Mir ist es aber wichtig, wenigstens Felix regelmäßig zu sehen. Wir haben entschieden, das hier zusammen durchzustehen, und das Versprechen werde ich nicht brechen. Abgesehen davon hat er Lala aufgenommen; damit will ich ihn nicht allein lassen. Was braucht ihr von mir, um dazu Ja zu sagen?«

Graham weiß, dass er ohne Felix noch einen Mitbewohner mehr im Haus hätte. Die kleine Tochter der schwedischen Nachbarn hatte die junge Straßenhündin adoptiert und sie Laila getauft. Tag und Nacht hatten Hund und Kind zusammen verbracht, bis absehbar war, dass Marokko die Schotten dichtmachen würde. Da hatte der Vater des Mädchens den Hund kurzerhand bei uns über den Zaun geschmissen und war mit seiner Tochter auf und davon. Graham wäre fast durchgedreht. Einen Tag zuvor hatten er und Karen ihre 14 Jahre alte Labradorhündin einschläfern lassen müssen; Tinker, einer der Straßenhunde, die vor dem Haus leben, ist krank und wird von Graham mit Medikamenten versorgt. Und Finnley – meine Freunde haben ihn in einem Müllsack gefunden und mit der Flasche aufgezogen –, ist erst seit Kurzem stubenrein. Nicht zu vergessen der Besuch aus Deutschland, der nicht eine Woche, sondern auf einmal für unbestimmte Zeit im Gästezimmer wohnt, sowie das Coronavirus, während die eigene Tochter als frischgebackene Ärztin auf einer Intensivstation in England arbeitet.

Um die Lage zu entspannen, flüchtete ich mit der verängstigten kleinen Laila zu Felix, der nie einen Hund hatte haben wollen.

»Ich kann sie ja mal ein paar Tage nehmen«, seufzte der schließlich, »wenn du dafür bei Karen und Graham bleiben kannst. Aber eine langfristige Nummer wird das nicht. Komm, Lala.«

»Nicht Lala. L*ai*la, du Pflaume.«

Mittlerweile sind L*a*la und Felix unzertrennlich.

»Okay.« Graham streckt sich und verschränkt dann die Arme vor der Brust. »Felix zu sehen ist in Ordnung. Aber wirklich nur ihn. Und Skaten nur vor der Tür. Danach geht es zehn Minuten in den Jacuzzi und deine Kleidung in die Wäsche. Ich werde den Jacuzzi extra stark chloren.« Deal.

Seitdem zieht es mich täglich zu Felix und Lala. Eine Alibi-Einkaufstasche über der Schulter. Doch keiner der Spitzel, denen ich auf dem Weg begegne, hält mich je auf. Sie wissen nicht, ob ich zu einem der Overlander gehöre, die sich inzwischen um Felix' Bulli herum an der Klippe sammeln, oder in eines der Wohnhäuser.

Felix trainiert gerade »Warte« mit Lala, indem er ihr Futter auf die Vorderfüße legt, das sie erst auf sein Kommando hin fressen darf. Als die beiden mich sehen, kommt Lala angerannt, und er ruft fröhlich: »Tach, Frau Wendt!«

Wir machen es uns auf der Matratze in seinem Bus bequem und schauen den Ameisen zu, die davor hin- und herrennen.

»Danke, Lena«, sagt Felix.

»Wofür denn?«

»Dass du zu mir hältst. Ich meine, wir kennen uns kaum.« Felix schaut mir tief in die Augen, das macht er nicht oft, nur wenn es ihm wirklich wichtig ist. Dieser herzliche Berliner, der jedes noch halbwegs intakte Lebensmittel vom Boden aufsammelt und zu Essen verarbeitet, der aus Müll Haushaltsgegenstände herstellt, der für alle anderen Reisenden und deren Fahrzeuge täglich achtzig Liter Wasser aus einem Rinnsal in Kanister pumpt, Felix, diese liebenswerte bunte Tüte aus deutscher Ordnung und Hippielifestyle. Die Zeit mit ihm und Lala gehört – neben dem täglichen Skaten – zu meinen persönlichen Lockdown-Highlights. Ich selbst bin für Felix zur Hummusquelle geworden; so oft wie möglich bringe ich ihm das würzige Kichererbsenpüree in einer kleinen Dose mit. Am nächsten Tag bekomme ich diese mit witzigen Männchen bemalt und mit Couscous gefüllt zurück. Während des Ramadan gibt es für ihn allerdings jeden Tag Harirasuppe[11], die Graham und Karen literweise von der Mama eines Nachbarn bekommen und nicht mehr sehen können.

»Kostet nichts und macht satt«, sagt Felix und löffelt tapfer die Suppenreste aus dem Pott. Aber in seinem Gesicht lese ich: Langsam darf der Ramadan gerne vorbei sein.

»Hast du dich auch schon mal gefragt, was auf dem Schild da oben steht?«, fragt Felix und zeigt auf den Berg am Ende der Straße. »Ich liege jetzt seit Wochen im Bus herum, und diese Frage beschäftigt mich jedes Mal, wenn ich da hochschaue.«

Das weiße Schild ist vielleicht 800 Meter entfernt. Zu weit also, um mehr als schwarze Linien darauf zu erkennen und ohne guten, sprich spitzeltauglichen Grund den steilen Berg hinaufzukraxeln.

»Nee, kein Plan«, lache ich.

»Wenn das mit Corona vorbei ist, machen wir einen Ausflug zu dem Schild und schauen gemeinsam drauf. Was meinst du?«

»Unbedingt«, sage ich und klatsche in die Hände. »Jetzt muss ich aber los. Zeit für den Jacuzzi.«

»Mit Eskorte natürlich ... Auf geht's!«, ruft Felix und verriegelt seinen mittlerweile über und über mit Muscheln und Strandholz dekorierten Bulli.

---

11 Marokkanische Ramadansuppe mit Linsen und Kichererbsen sowie Rind-, Huhn- oder Lammfleisch

Auf dem Weg zieht Lala das lange Seil, das als Leine dient, durch jeden Busch und jede Abwasserpfütze.

»Warum lässt du sie eigentlich nicht ohne Strick laufen?«

»Was, wenn Stinkie dann einfach davonspurtet? So kann ich wenigstens noch das Seil greifen.«

»Stinkie?«

»Ihr neuer Spitzname. Damit sie ihre alte Identität noch leichter ablegen kann«, erklärt er. »Lala und Laila ist zu ähnlich.«

In dem Moment geht ein Mann mit einem wunderschönen Hund an uns vorbei. Als ich in die weißen Hundeaugen blicke, **überkommt mich das Gefühl**, dass er und ich uns wiedersehen werden.

»So, hier drehen wir um.« Abrupt bleibt Felix stehen. »Dem Haus, in dem Stinkie mal gewohnt hat, will ich mich mit ihr noch nicht nähern«, sagt er. »Wer weiß, was das mit ihrer Psyche macht.«

Ich drücke ihn fest zum Abschied und streichele Stinkie-Laila-Lala den Kopf. »Tschüs, ihr zwei, hab euch lieb!«

»Wir dich auch.«

Kaum habe ich das juckende Chlor abgeduscht und mein Zimmer mit Decke und Kissen ausgelegt, um an meinem Handstand zu feilen, klingelt mein Handy. Felix.

»Lena, die Gendarmerie ist hier. Die räumen alles, ich verstehe kein Wort. Bitte komm!«

»Sofort«, sage ich, lege auf und renne zu ihm zurück, so schnell ich kann.

7 Perspektiven

BOTSWANA (2008)

Leben im Okavangodelta

Shit, was macht er denn da? Noch zwei Rucke mehr und wir gehen drauf ... »John«, murmele ich leicht panisch, »ich kann uns gleich nicht mehr halten.«

Entspannt lächelnd dreht John sich zu mir um. »Mach dir keinen Kopf, Lena, alles gut, ich glaube, gleich beißt einer an.«

Ist ja schön, dass er so viel Vertrauen in den afrikanischen Busch hat. Wenn er wüsste, wie sich der Boden unter dem langen Stab, den er mir in die Hand gedrückt hat, verflüchtigt, würde er sicher sofort eingreifen. Meine Hände sind schon fast weiß, so sehr probiere ich mit aller Kraft, das lange Holz dazu zu bewegen, im morastigen Flussgrund stecken zu bleiben, um zu verhindern, dass unser Mokoro[12] auf den See hinaustreibt. Wenn das passiert, sterben wir, daran habe ich keinen Zweifel. John wirft seine Angel ein weiteres Mal aus, und erneut macht das Boot einen Satz in Richtung See. Eines der Nilpferde, die keine 200 Meter von uns entfernt ein genüssliches Bad nehmen, schaut interessiert zu uns auf. Halleluja, ich sehe schon die Schlagzeile im heimischen Käseblatt vor mir: *Harzerin beim Angeln in Botswana von Nilpferd getötet.*

* * *

Hoffentlich ist es in Namibia warm. Ich sitze im Fahrerhaus des Trucks direkt am Fenster. Die Landschaft wird bunter, weite Teefelder, sogar Blumenwiesen. Auf unseren letzten Kilometern in Südafrika ist es bitterkalt. Rechts von mir John, der stämmige, braun gebrannte Koch mit dem dicken goldblonden Schopf. Am Steuer der hochgewachsene Tourguide Ziziba. Mein A-Team aus Simbabwe. Drei Wochen lang werde ich nun zu ihnen gehören. Diesen Job als Deutschdolmetscherin auf dem Überlandtruck namens Marley habe ich einem wunderbaren Versehen zu verdanken: Offenbar ist meine E-Mail-Adresse in den Jobverteiler des Austauschprogramms für internationale Studenten gerutscht. Ich könnte schreien vor Glück, denn auf dieser Tour mit einer zwanzigköpfigen

12 Etwa vier Meter langes Einbaumboot

Reisegruppe werde ich gleich drei neue afrikanische Länder auf einmal kennenlernen. Einmal quer durch Namibia, Botswana und Simbabwe, noch dazu in so netter Begleitung. Ich ziehe meine Schuhe aus und strecke meine wollbesockten Füße an die Frontscheibe des Trucks, der hoffentlich bald auftauchenden Sonne entgegen. John und Ziziba lachen.

»Ab Morgen wird es so warm sein, dass du dir den Regen zurückwünschst«, sagt John.

»Von wegen ... Ab jetzt heißt es Schuhe bye-bye«, feixe ich.

Im breiten Rückspiegel kann ich die Luke sehen, die uns – abgesehen vom Walkie-Talkie – mit der Gruppe im Koffer[13] verbindet. Ein Koffer voller Reisender. Sie alle sind von weit her angereist. Die meisten kommen aus Deutschland, ein älterer Mann aus Japan, vier Mädels und ein Pärchen aus den USA, eine Familie aus der Slowakei. Entsprechend müde sind sie, doch ihre Augen haben dieses reiselustige Leuchten.

So hoch oben im Marley sitzend schweben wir regelrecht über den Asphalt, und mich erfasst das unbeschreibliche Prickeln, wenn ein Abenteuer losgeht, diese herrliche Welle Freiheit.

Kurzerhand verbinde ich meinen MP3-Player mit der Musikanlage des Trucks:

Every hour of every day, I'm learning more
The more I learn, the less I know about before
The less I know, the more I want to look around
Digging deep for clues on higher ground[14]

* * *

13 Lkw-Aufbauart: Der Laderaum ist nicht mit dem Fahrerhaus verbunden.

14 Jeden Tag und jede Stunde lerne ich mehr
Je mehr ich lerne, desto weniger weiß ich von früher
Je weniger ich weiß, desto mehr will ich mich umsehen
Tief nach Hinweisen auf einer höheren Ebene graben
(Higher Ground von UB40)

»Ich hab einen«, ruft John begeistert. »Einer hat angebissen.«

Puh! Sofort schiebe ich den Stab im 45-Grad-Winkel in den morastigen Flussboden. Und tatsächlich bewegt sich das Boot ganz langsam rückwärts. Ein prüfender Blick zu den Nilpferden: eins, zwei, drei ... Alle noch da. Nichts wie weg.

»Das Okavangodelta ist nicht ohne«, sagt John, als er den Haken aus dem Fischmaul pult, »bei dem ganzen Schilf siehst du Nilpferde oft nicht, bis es zu spät ist.« Ich hab's geahnt. »Vor ein paar Wochen sind ein Guide und zwei Touristinnen hier unterwegs gewesen und wurden plötzlich von einem Hippo verfolgt. Im Wasser können die fast fünfzig Stundenkilometer schnell werden. Der Guide konnte gerade noch die beiden Frauen an Land bringen, aber ihn hat's erwischt.«

Ich starre auf das tiefblaue, von gelbem Schilf durchzogene Wasser. Wie brutal und gnadenlos der afrikanische Busch sein kann, wenn seine Gesetze missachtet oder seine Grenzen überschritten werden. Und sei es nur aus Unachtsamkeit.

Während ich an meiner Technik feile, uns mit dem langen Holz voranzuschieben, halte ich immer wieder nach Krokodilen und Nilpferden im Schilf Ausschau, während John sich die Sonne auf den Bauch scheinen lässt.

»Ist super, so mit dem Boot unterwegs zu sein, was? Wenn du willst, Lena, kannst du dir in den kommenden zwei Tagen immer mal eins leihen, um ein bisschen durch die Gegend zu gondeln.«

»Danke«, antworte ich knapp. So viel Spaß mir das Einbaumfahren auch macht, werde ich mich allein definitiv nicht weiter als fünfzig Meter vom Ufer entfernen.

Seit unserer Abfahrt vor einer Woche ist es das erste Mal, dass John etwas Freizeit hat. Wenn wir mit Marley unterwegs sind, schreibt er meist Einkaufslisten oder kümmert sich um die Abrechnungen, ansonsten kauft er ein, bereitet drei Mahlzeiten am Tag zu, wäscht ab, räumt auf. Zizibas Arbeitspensum ist ebenso umfangreich: Er ist Fahrer und Reiseführer, nach jeder neuen Ankunft hilft er den Gästen dabei, sich zu orientieren, er koordiniert die Zelte, steht rund um die Uhr Rede und Antwort, verarztet, geht auf jeden individuellen Wunsch ein, organisiert vor Ort Raftingtouren, Helikopterflüge, Lagerfeuer, traditionelle Tänze, Einbaumfahrten, trägt die Verantwortung bei Grenzüberquerungen und sieht zu, dass der Truck sauber und intakt ist. Ich habe einen Heidenrespekt vor den beiden. Vermutlich bekommen sie für diesen All-inclusive-Job nicht mal sonderlich viel Geld, ganz abgesehen davon, dass Ziziba seine Frau und die beiden Kinder in Simbabwe sehr selten sieht.

»Du bist wirklich nur alle paar Wochen für zwei Nächte daheim?« Ich kann es kaum glauben.

»Hauptsache Arbeit, Lena …« Ziziba und ich stapeln Holz für das Lagerfeuer, während alle anderen ihre Zelte aufbauen, die von ein paar Locals zusammen mit der Verpflegung für zwei Tage in Mokoros auf diese kleine Delta-Insel transportiert worden sind. »Alles ist besser, als ohne Arbeit und Geld in Simbabwe zu sitzen. Meine Frau ist zwar Lehrerin in Harare[15], aber ihr Gehalt reicht nicht mal für das Essen. Ich bin total froh und dankbar, diesen Job zu haben. Und natürlich versuche ich, sooft ich kann, die Tour nach Simbabwe zu übernehmen. Harare ist die Endstation, sodass ich zumindest abends heimgehen und bei meiner Familie schlafen kann. Von meinem Gehalt und dem Trinkgeld, das ich hier verdiene, bauen wir gerade ein Haus. Und was an Lebensmitteln nach der Tour übrig bleibt, bekommt meine Familie.«

Über uns im Baum raschelt es, und ein paar Blätter segeln herunter.

»Ein Baboon!«, ruft Ziziba erfreut, als er den pelzigen Gesellen entdeckt, der neugierig das Treiben am Boden beobachtet.

»Ein Pavian«, übersetze ich in Richtung der Zelte, und kurz darauf steht die versammelte Mannschaft unter dem Baum. Geduldig lässt der Pavian sich knipsen. Erst jetzt bemerke ich das winzige Baby vor seinem Bauch. Ob es noch eine andere Spezies auf der Welt gibt, die es sich selbst und einander so schwer macht wie der Mensch? Der hellbraune

---

15 Hauptstadt Simbabwes

Primat kratzt sich, sein Nachwuchs begutachtet das begeisterte Publikum. Welcher Affe in freier Wildbahn würde wohl mit uns tauschen, wüsste er, was er unter Umständen in Kauf nehmen müsste, nur um so etwas Natürliches wie eine Familie haben zu können?

Als die Gruppe Minuten später wieder mit ihren Zelten beschäftigt ist, holt Ziziba sein verschlissenes Portemonnaie hervor und reicht mir einen grün-beigen Geldschein.

»Hier, ein Geschenk von mir«, sagt er.

Noch nie habe ich einen Schein mit so vielen Nullen gesehen.

»Eine Million Simbabwe-Dollar«, erklärt Ziziba.

Ich muss schlucken.

»Davon kannst du dir nicht mal einen Apfel kaufen«, erklärt John, der gerade mit einem Sack Reis an uns vorbeigeht. »Die Inflation ist so hoch, dass wir kaum so viele Scheine in der Hand halten können, wie ein solcher Sack Reis kostet.«

Ich stecke die erste Million meines Lebens tief in meine Hosentasche, begleitet von einem Heuschreckenchor und dem lauten Gesang verschiedenster Vögel. Die Luft ist herrlich warm, weshalb wir noch spätabends in kurzer Hose und T-Shirt herumlaufen können.

Während Ziziba sich um das Lagerfeuer kümmert, begebe ich mich in die provisorische Kochecke, um John bei der Zubereitung des Abendessens zu helfen.

»Du, Lena«, plötzlich steht Peter aus Mülheim vor mir »eines wollte ich dir die ganze Zeit schon sagen. Du machst ja einen guten Job, aber ...« Verunsichert, was jetzt wohl kommt, blicke ich ihn an. »Ich bin studierter Biologe, und so etwas wie einen Singhabicht gibt es nicht.«

Oha. Bis gestern waren wir im Etosha Nationalpark[16] unterwegs, wo mich mein Dolmetscherjob mehr denn je gefordert hat. Dabei war die weite Landschaft berauschend. Eine atemberaubende Komposition aus Orange- und Gelbtönen, hier und da ein Tupfer Lavendel. Dazu diese

16 Der knapp 23.000 Quadratkilometer große Nationalpark liegt im Norden Namibias.

grandiose Vielfalt der Tiere, von diversen Antilopenarten über Hyänen, Büffel, Zebras und Giraffen bis hin zu Leoparden, Geparden und Elefanten. Die meisten kannte ich und konnte somit ganz gut übersetzen. Doch für jeden Piepmatz, den Peter mit seinem Fernglas erspäht und benannt haben wollte, hatte ich lediglich eine Broschüre des Nationalparks zur Hand, in dem ich nachschauen konnte, praktischerweise mit jeweils einem Foto, neben dem der jeweilige Vogelname auf Englisch und Deutsch steht.

»Habichte können nicht singen, das ist Schwachsinn«, lässt Peter mich nun an seinen Fachkenntnissen teilhaben.

Statt zu antworten, hole ich die Broschüre aus dem Teamzelt und schlage sie auf. »Das ist er ... der Singhabicht«, sage ich und zeige ihm die Seite mit dem Foto des braunen Greifvogels.

Peter ruckelt seine Brille zurecht, blättert ein wenig in dem Heft herum, dann brummt er: »Fast alles Quatsch.«

Offenbar hat er sich gehaltvollere Informationen zur Fauna versprochen. Aber mehr kann ich ihm nicht anbieten. Enttäuscht zieht er ab, als ein kleiner Vogel neben dem geöffneten Sack Reis landet. »Bedien dich«, flüstere ich, »wir haben mehr als genug.« Ich freue mich über jedes Tier, auch ohne seinen Namen zu kennen. Aber so hat jeder von uns seine ganz eigenen Erwartungen, Bedürfnisse und Prioritäten auf dieser Reise.

»Du bist die Erste, die mithilft.« In seinen großen Händen hält John Tomaten und Zwiebeln. Der Vogel flattert davon.

»Wie meinst du das?«

»Von all den Dolmetschern, die wir bisher mit an Bord hatten, bist du die Einzige, die mit anpackt. Ziziba und ich bekommen immerhin Geld dafür.«

»Wir sind doch ein Team, oder?«, grinse ich ihn an und beginne, die Zwiebeln für die Soße zu schälen.

»Klar sind wir das.« John grinst zurück.

Ich wische erste Tränen mit dem Handrücken weg. »Warum bist du eigentlich mit dem Truck unterwegs?«

John ist so zurückhaltend, dass ich für jede Gelegenheit, mehr über ihn und seine Heimat erfahren zu können, dankbar bin. Ich weiß so gut wie nichts über Simbabwe. Und alles, was ich bisher darüber gelesen habe, war negativ. Ehrlich gesagt wundert es mich sogar, dass es geführte Touren dorthin gibt. Immerhin haben britische Einwanderer den Locals auf üble Weise das Land weggenommen und sind auf deren Kosten reich geworden. Nach der späten international anerkannten Unabhängigkeit der letzten britischen Kronkolonie Afrikas – erst 1980 wurde aus Südrhodesien das Land Simbabwe – blieb die erhoffte Landreform aus, bis die Weißen Farmer schließlich teils gewaltsam vertrieben wurden. In meiner Vorurteilsblase müssten John, der Weiße, und Ziziba, der Schwarze, tiefgreifende Probleme miteinander haben, statt wie Brüder Hand in Hand zu arbeiten.

»Ich bin bei meiner Mom aufgewachsen, wir hatten nie viel Geld. Ein bisschen renne ich wahrscheinlich von zu Hause weg. Aber mein Traum ist es, so viel Geld wie möglich zu sparen, um mir irgendwann mal meinen eigenen Truck leisten und Angelreisen in Simbabwe anbieten zu können. Simbabwe ist nämlich wunderschön. Wie Botswana voller Seen und Flüsse.« Er strahlt übers ganze Gesicht.

»Ich zweifle null daran, dass dir das gelingt, und kann es kaum erwarten, eure Heimat am Ende der Tour kennenzulernen.« Übermütig kneife ich ihn in den Oberarm. Er quietscht wie ein kleines Mädchen, und ich stimme einmal mehr meinen Ohrwurm dieser Reise an, woraufhin John sofort anfängt mitzugrölen.

The fishes swim while rivers run
Through fields to feast my eyes upon
Intoxicated drinking from
The loving cup of burning sun[17]

---

17 Die Fische schwimmen und die Flüsse fließen
Durch Felder, um meine Augen zu erfreuen
Berauschtes Trinken aus
Der liebenden Tasse der brennenden Sonne

8

AOURIR

Surfen gibt mir, was sonst nichts anderes schafft.

Anke und ihre Katze Rosi beim Frühstück

Meine Kehle ist derart trocken, dass ich husten muss. Keine Ahnung, wann ich das letzte Mal so gerannt bin. Ich sprinte die Promenade vor den Apartmentblocks entlang, die in eine Sandpiste übergeht, und an Mounirs winziger Surfschule[18] vorbei. Als der Lockdown verhängt wurde, drückte er mir einen Schlüssel zu seinem Reich in die Hand. »Damit du jederzeit einen Rückzugsort hast«, sagte er. Dafür werde ich ihm immer dankbar sein. Rechts kommt nun die aus Holz, Blech und Lehm zusammengezimmerte Fischerhütte meines Freundes Sheriff. Der magere, immer aufs Teilen bedachte alte Mann füttert gerade seine 15 Welpen und vier ausgewachsenen Husky-Strandhund-Mischlinge. Fragend reißt er die Arme nach oben. Ohne stehen zu bleiben, rufe ich:

»Der Kiad lässt den Parkplatz räumen!«

Seine großen Hunde hören auf zu fressen und folgen mir. Mit ihnen an meiner Seite fühle ich mich gleich viel stärker. Gemeinsam laufen wir über das Felsplateau und kommen an den ersten Overlandern vorüber, als sich der Blick auf ein Plateau öffnet. Von hier oben ist gut zu erkennen, dass sich die Camper in zwei Lager aufgeteilt haben: auf der einen Seite die drei Wohnmobile eines Franzosen und seiner marokkanischen Frau, eines belgischen Ehepaars und einer spanischen Familie sowie Felix' Bulli, der gleich neben dem zurzeit geschlossenen Restaurant steht, um dessen WiFi nutzen zu können. Auf der anderen Seite, kurz vor der Mauer eines alten Palastes, stehen mindestens zehn Wohn-Lkws. Zwei Männer sind gerade dabei, den meterhohen Turm aus Musikboxen abzubauen, aus denen in den vergangenen Nächten wummernde Elektrobeats über den Strand schallten. Und da sind sie: drei schwarze Geländewagen, geparkt zwischen den beiden Lagern. Einer davon ist zweifellos der Duster des Kiad. Wenn er sogar persönlich kommt, ist es ernst! Tatsächlich haben die meisten Reisenden bereits damit begonnen, ihre rollenden Häuser abfahrbereit zu machen. Nur zwei Typen sitzen in ausgewaschenen Jeans und mit bloßem Oberkörper auf ihren Campingstühlen und beobachten demonstrativ ent-

18 La Cabane Surf Trip

spannt, wie die Uniformierten von Fahrzeug zu Fahrzeug gehen und allem Anschein nach die Räumung anordnen.

Felix ist spürbar erleichtert, mich zu sehen. »Danke, Lena, dass du so schnell gekommen bist!« Auch er versucht bereits, seinen Bulli nach zwei Monaten am Strand irgendwie startklar zu kriegen. »Kannst du mal fragen, was hier genau passiert? Ich verstehe nur, dass wir abhauen sollen.« Seufzend lehnt er sich an sein Gefährt. »Der Wachmann vom Restaurant meint, ich soll einfach stehen bleiben, weil ich im Gegensatz zu den Lkw-Freaks keinen Ärger mache. Shit, wo sollen wir denn auch hin? Die Campingplätze sind voll, die Grenzen dicht, in eine andere Stadt zu fahren ist verboten, und wenn wir woanders parken, werden wir wieder verscheucht.«

»Ja, Freunde haben mir Fotos von den ganzen Reisemobilen geschickt, die im Norden nicht über die Grenze kommen.« Europäische Urlauber, die plötzlich vor den gleichen verschlossenen Grenzen stehen wie so viele Flüchtlinge.

»Verflucht, Lena, wieso konnten die in ihren Lkws nicht einfach die Füße stillhalten? War doch alles gut. Und jetzt haben sich bestimmt ein paar Anwohner über die laute Mucke beschwert.«

Ich verstehe Felix' Wut und Enttäuschung. Bevor die Lkws vor einer Woche anrollten, wurde das Campen hier coronabedingt geduldet. Und jetzt das! Ich schaue in das besorgte Gesicht meines Freundes, der, ohne zu murren, alle Lockdown-Einschränkungen geschluckt hat. »Wir sind hier Gast«, hat er gesagt, »und das Letzte, was ich will, ist, einem Marokkaner eines der wenigen Krankenhausbetten wegzunehmen oder der Europäer zu sein, der die Locals ansteckt. Die Regierung macht es genau richtig. Sie zieht die Nummer radikal durch, damit möglichst schnell wieder das normale Leben losgehen kann.« Felix' Geduld und Vernunft haben der Rebellin in mir schon öfter eins aufs Auge gedrückt. Manchmal komme ich mir in seiner Gegenwart vor wie eine Verbrecherin. Wie neulich, als Anke, Graham und ich als Einzige an unserem »Hausstrand« surfen waren. Es gab zwar noch kein offizielles Verbot, inoffiziell aber war es jedem von uns klar. Nach zwei Wellen hatte ich auf einmal ein ungutes Gefühl und signalisierte den beiden anderen, dass ich schleunigst heim will. Graham schloss sich mir an, doch Anke hatte es gar nicht eilig und schlenderte zu einer Freundin auf den Strandparkplatz, die ebenfalls gerade surfen gehen wollte. Graham und ich winkten ihnen zu und machten, dass wir heimkamen.

Kaum zurück im Haus und die Bretter abgestellt, klingelte mein Handy: Felix!

»Lena, falls irgendwer von euch im Wasser ist ... Die kommen! Fünf Autos voller Gendarmen waren eben hier. Die haben alle Surfer aus dem Meer geholt, die Bretter beschlagnahmt und sind jetzt auf dem Weg zu euch.«

Sofort rannte ich vor die Tür, um Anke zu warnen. Aber es war zu spät. Staub wirbelte auf, als sie von den schwarzen Wagen umzingelt wurde. Wie im Film stiegen die Uniformierten aus und nahmen Anke das Brett weg.

»Surfen ist verboten«, donnerte einer von ihnen. Dann waren sie auch schon wieder verschwunden. Weiter die Küste entlang zum nächsten Surfspot.

Anke ohne Brett, Graham verängstigter denn je, Felix hingegen so vernünftig, dass ich mich erst nicht getraut habe, ihm zu erzählen, dass ich nach dem Vorfall gerade mal zwei Tage die Füße stillhalten konnte und dann doch wieder heimlich surfen gegangen bin. Diesmal mit Youssef. Die Abendstimmung war einfach zu verlockend. Ich habe mich mir gegenüber damit gerechtfertigt, dass Surfen meine Seele heilt, ich mich wasche, zwangsläufig Abstand halte und etwas für meine Fitness tue. Doch die marokkanische Regierung sah das völlig anders. Nach nur wenigen Minuten stand ein Lamin, wie die Spitzel des Kaid heißen, mit seinem weißen Roller und Trillerpfeife am Strand und versuchte, uns herauszupfeifen. Nie werde ich diesen hohen schrillen Ton vergessen und den Schrecken, den er jedes Mal bedeutet ... Aber wir hatten Glück; der Lamin zog ab, weil er uns in der hereingebrochenen Dunkelheit nicht mehr sehen konnte. Kurz darauf paddelten Youssef und ich an Land und flüchteten uns in seine Hütte.

Am nächsten Morgen jedoch fuhren die Gendarmen harte Geschütze auf: zwei Aufpasser vor Abdullahs Surfclub, zwei Patrouillereiter am Strand. Weil die ihren Dienst aber erst um neun Uhr antreten, surfte, wer sich noch traute, vom ersten Morgenlicht bis kurz vor neun Uhr. Das ging einige Tage lang gut. Was dann passierte, war wie die Fortsetzung des schlechten Surfkrimis mit Anke, diesmal mit ein paar lokalen Surfern im Cast: Uniformierte rannten laut trillerpfeifend den Strand rauf und runter, während die Jungs auf dem Wasser versuchten, paddelnd zwischen den Felsen zu entwischen. Derweil stand der Kaid breitbeinig vor seinem Duster und schien zu überlegen, wie er sich den nötigen Respekt verschaffen konnte. Schließlich wurde die deutsche Freundin eines Surflehrers geschnappt, während ihr Freund Bali hinter Abdullahs Surfbrettgarage hockte. Graham und ich konnten nicht mehr tun, als hilflos von unserer Terrasse aus zuzusehen. Hamza, der schon zwei Stunden auf dem Meer herumgepaddelt war, schaffte es irgendwann, mit Brett unterm Arm aus dem Wasser zu hechten und in die labyrinthartigen Gärten hinter unserem Haus zu rennen. Den beleibten Gendarm, der ihn anfangs verfolgt hatte, konnte er im Nu abhängen.

»Alle, die sie erwischt haben, wurden in ihren nassen Wetsuits stundenlang weggesperrt«, erzählte Bali später. »Nur meine Freundin haben sie nach Hause gefahren, nachdem sie verhört worden war. Die Boards wurden einkassiert.«

»Der Belgier ist noch drüben im Lkw-Lager und probiert, weitere Informationen zu bekommen«, sagt Felix.

Ich blicke hinüber und sehe den weißhaarigen Mann zwischen den Uniformierten stehen, während Lala und Sheriffs »Wölfe« um uns herum toben. Die kleinste von ihnen hat er nach mir benannt; vielleicht habe ich deshalb eine einzigartige Verbindung zu ihr. Vor gut zwei Wochen blutete sie aus dem Maul, und weder Sheriff noch Mounir wussten ihr zu helfen. Ich habe sie angeschaut, meine Hände an ihre Kehle gelegt und liebevoll gesagt, dass alles gut wird. Sie wurde ganz ruhig, und kurz darauf hörte das Bluten auf. Seitdem weicht mir die grau-weiße Hündin nicht mehr von der Seite, sobald sie mich erspäht hat.

Felix' Blick wandert zwischen den spielenden Hunden und den diskutierenden Männern hin und her. Als der Belgier schließlich mit entschiedenen Schritten auf uns zugelaufen kommt, kocht er vor Wut.

»Der Parkplatz wird dichtgemacht. Anscheinend haben einige von den Lkw-Leuten Drogen an Marokkaner verkauft. Das war dann doch zu viel. Und jetzt müssen wir alle dafür büßen.« Ich übersetze für Felix, da fahren schon die ersten Lkws an uns vorbei vom Parkplatz.

»Und wenn ich einfach stehen bleibe?«, überlegt Felix laut.

»Dann hast du das nächste fette Problem. Siehst du den Bagger da oben am Hang?« Fast gleichzeitig schauen Felix und ich zu einer der beiden Parkplatzausfahrten, die ein Schaufellader gerade zuschüttet. »Also, wir hauen ab. Wir können zu Freunden in die Berge und bei denen im Innenhof stehen. Komm doch mit!«, schlägt er vor.

Felix schüttelt den Kopf. »Danke für die Einladung«, er klingt zerknirscht, »aber ich bleibe noch. Der Letzte macht das Licht aus.«

»Felix ... Willst du vielleicht erst mal mit zu uns?«, frage ich.

»Hm, wäre natürlich cool, wenn ich bei euch vor der Tür parken könnte, bis sich die Lage entspannt hat. Vorausgesetzt, das ist für Karen und Graham okay ... Und wer weiß, vielleicht kann ich ja auch schon in ein paar Tagen wieder hierher zurück. Ist doch Stinkies und mein Zuhause.«

Graham geht sofort an sein Handy. Er und Karen haben sich Sorgen gemacht, weil ich ihm nur zugerufen hatte, dass Felix meine Hilfe braucht, bevor ich davongerannt bin. »Klar, er kann auf dem Parkplatz vor der Tür stehen, ich fahre mein Auto zur Seite.« Mir fällt ein Stein vom Herzen. »Er kann auch gerne reinkommen, um Wasser zu holen, und im Gästebad duschen«, ruft Karen aus dem Hintergrund.

»Ihr seid klasse!« Ich könnte die beiden umarmen.

Nachdem Felix und ich uns von den Belgiern verabschiedet haben, machen wir den Bulli startklar. Erst hieven wir seine Surfbretter aufs Dach, dann montiere ich die Wäscheleine ab, während Felix alle Küchenutensilien verstaut und den Fahrersitz wieder einbaut, den er in den vergangenen Monaten als Sessel benutzt hat. Anschließend spaziere ich zurück zum Haus, begleitet von dem Wolfsrudel und Lala. Die erste Autofahrt mit ihr will Felix lieber unter entspannteren Umständen machen.

Am Abend sitzen wie beide geplättet auf der weiß getünchten Mauer vor dem Haus. Alles, was die untergehende Sonne berührt, leuchtet in warmen, orangeroten Tönen. Ich habe Hummus gemacht, um Felix etwas aufzumuntern. Er schält Karotten, die wir dazu essen wollen, während ich Lalas weichen Welpenbauch streichele.

»He, Felix!« Anke winkt ihm aus ihrem Wohnzimmerfenster zu. »Wenn du 'ne Waschmaschine brauchst, kannst du jederzeit meine benutzen.«

»Danke!«, ruft Felix zurück. »Aber ich will hier niemandem zur Last fallen, Lala und ich sind bald wieder weg.«

»Ist ein ernst gemeintes Angebot, Herr Nachbar«, sagt Anke. »See you!«, und weg ist sie.

»Felix?«

»Ja?«

»Schön, dass du da bist.« Statt zu antworten, reicht er mir lächelnd eine frisch geschälte Karotte mit einem großen Klecks Hummus.

Wie jeden Abend kann ich nicht anders, als der Sonne fasziniert dabei zuzuschauen, wie sie sich für heute von uns verabschiedet. Für die Natur ist es ein Tag wie jeder andere. Ich fühle mich auf einmal ganz klein und unbedeutend. Wie unspektakulär ist dagegen all das, was uns Menschen Tag für Tag passiert. Wie unwichtig im Vergleich zu einem Sonnenuntergang, der die gesamte Erde berührt ... Und doch hat alles, was ich mache oder auch nicht mache, einen Einfluss, der womöglich viel weiter reicht, als ich mir vorstellen kann. »Wenn du in einem Jahr auf diese Zeit zurückblickst: Auf was für eine Lena möchtest du dann blicken?«, hat Anke mich vor ein paar Wochen gefragt. Meine Antwort darauf ist seitdem mein Leitmotiv für jeden Tag: auf ein ausgeglichenes, liebevolles Ich, voller Vertrauen in die Natur, in die Menschen um mich herum, in die Welt. Ich möchte ein Mensch sein, der aus jedem Tag und jeder Situation das Beste macht. Ich möchte in dem Bewusstsein leben, dass jede Sekunde eine Minute formt und jede Minute eine Stunde, jede Stunde einen Tag und jeder dieser Tage mein Leben ist.

Doch da ist immer noch dieses Wort, das seit Beginn des Lockdowns mehr denn je wie ein Damoklesschwert über mir schwebt: Verantwortung. Habe ich je Verantwortung übernommen? Für mein Denken, für die Quellen, aus denen sich meine Gedanken speisen, für das, was ich sage, und für alles, was ich nicht sage, für das, was ich mache und was ich nicht mache? Bin ich nicht vielmehr immer wieder weggelaufen und habe die Verantwortung anderen überlassen? Gerade kann ich nirgends hin, also auch nicht weg. Vielleicht ist es ja genau deshalb die beste Zeit, um mich diesem großen Wort zu stellen. »Eigenverantwortung«, murmele ich in die untergehende Sonne. Allein das Wort macht mir Angst. Aber ich bin bereit.

NAMIBIA UND SIMBABWE (2009)

Natürlich schön

Mädchen tragen einen geflochtenen Zopf, der über die Stirn ins Gesicht fällt.

»Du kommst hier nicht rein, du bist keine Afrikanerin.«

John und ich haben uns nach dem Restaurantbesuch von der Gruppe abgeseilt, um die seltene Gelegenheit zu nutzen, in einer Metropole zu sein. Der Plan: tanzen gehen. Doch statt Remmidemmi, wie ich es aus Kapstadt kenne, hat Swakopmunds Innenstadt nur leer gefegte Straßen zu bieten. Wir könnten auch in einer verschlafenen deutschen Küstenstadt sein. Kleine verschnörkelte Häuser, manche sogar mit Zwiebelturm, weißem Putz und bunten Holzverzierungen. Obwohl es schon dunkel ist, schreit irgendwo eine Möwe. In der Luft hängt der salzige Geruch des mit seinen 16 Grad badeunfreundlichen Meeres. Irgendwo vor uns vermute ich den Hauptstrand und die lange alte Holzbrücke, die wir am Nachmittag besucht haben. Das alles passt für mich genauso wenig auf den afrikanischen Kontinent wie Neukölln in die Antarktis. Gleichzeitig aber macht es überdeutlich, wie die Deutschen hier eingefallen sind und 1884 eine Grenze um »Deutsch-Südwestafrika« gemalt haben mit der Behauptung, das Land gehöre ihnen. Als sich die inzwischen in ihrer Existenz bedrohten Herero und Nama zwanzig Jahre später zur Wehr setzten, schreckten die deutschen Kolonialherren auch nicht vor einem Völkermord zurück, um ihre eigene Weiße Welt, Tausende Kilometer von zu Hause entfernt, zu wahren. Wie sehen die Menschen mit deutschen Wurzeln, die hier leben, ihre Geschichte? Eine Frage, auf die ich so gern Antworten hätte, aber wer so reist wie wir momentan, der springt von einer Oberfläche zur anderen. Und in ein paar Stunden sind wir schon wieder unterwegs zum nächsten Sightseeing-Highlight auf dem Tourplan.

»Klar ist sie Afrikanerin«, sagt John prompt.

Der Türsteher der einzigen geöffneten Bar weit und breit hält seinen aus meiner Sicht weißen Arm neben meinen und stellt fest: »Sie ist weiß.« Ich habe keine Ahnung, worauf er hinauswill, möchte am liebsten sagen: »Ja, und? Du doch auch«, verkneife es mir aber. »Ihr Hautton ist nicht so wie meiner.«

Offenbar gibt es verschiedene Formen von Weiß, und mein Weiß erlaubt es mir nicht, in dieser Bar zu tanzen. Im Nachtleben habe ich schon alle möglichen Arten von Diskriminierung erfahren. Aufgrund meines Alters, meines Geschlechts oder weil ich zu einer Gruppe von Freunden mit Migrationshintergrund gehörte. Nun das erste Mal selbst wegen meiner Hautfarbe ausgegrenzt zu werden ist hart.

»Lass uns gehen, John. Das ist mir zu blöd.«

Aber John lässt nicht locker. »Sie ist meine Schwester, ich schwöre, wir sind beide aus Simbabwe«, redet er mit ruhiger Stimme auf den selbstgefälligen Muskelprotz ein. Und jetzt ist es John, der seinen sonnengegerbten Arm neben meinen hält. Neben seiner tiefen Bräune ist meine Haut gelblich mit Rotstich. »Schau ... Kein Unterschied«, sagt er völlig unbeirrt. In derartigen Diskussionen hat er offenbar Übung.

»Also gut, ich glaub dir, Bruder«, antwortet der Türsteher schließlich gelangweilt und tritt zur Seite.

John schiebt mich an dem schweren dunkelroten Vorhang vorbei durch die Glastür. Alles, was ich mitbekomme, ist, dass es eben noch warm war und jetzt beinahe kalt. Dazu dumpfe Beats. »Lass uns schnell weg vom Eingang, bevor der Kerl es sich doch noch anders überlegt«, flüstert John mir ins Ohr.

Ich bin noch völlig perplex. War das nicht Rassismus? Und möchte ich wirklich in einer Bar sein, deren Türsteher die Gäste nach Farbe aussucht? In Deutschland wäre ich in einen anderen Club oder traurig und wütend nach Hause gegangen. Wüsste ich, wohin, würde ich jetzt ebenfalls heulend davonrennen. Doch etwas sagt mir, dass ich dieses furchtbare Gefühl ruhig eine Weile aushalten sollte, um besser zu verstehen, wie sich Rassismus anfühlt. Und so vielleicht etwas Tieferes aus Namibia mitzunehmen als nur Eindrücke von wundervollen Landschaften und Wildtieren. Ich denke an meine Freunde daheim mit türkischen, syrischen, äthiopischen und sonstigen nichtdeutschen Wurzeln, die immer wieder mit Diskriminierung und Rassismus im Alltag konfrontiert sind.

Vor uns auf den Sofas der ansonsten ziemlich leeren Lounge sitzen drei Frauen und zwei Männer. Trotz des schummrigen Lichts kann ich erkennen, dass sie alle möglichen Hautfarben haben. Von hell bis dunkel. Warum kann nicht jeder Mensch dazugehören, einfach weil er auch ein Mensch ist?

Ich bin so in Gedanken versunken, dass ich gar nicht bemerkt habe, wie John zur Bar gegangen ist, um uns etwas zu trinken zu holen. »Mach dir nichts draus, Lena«, sagt er entschuldigend, als er mir eine kleine Flasche Wasser in die Hand drückt. »Glaub mir, du bist genauso Afrikanerin wie jeder hier.« Er stupst mich leicht an. »Hier wie überall gibt es eben auch Spinner. Als ich das letzte Mal in Windhoek ausgegangen bin, waren da ein paar Weiße, die behauptet haben, den Holocaust hätte es nie gegeben.«

»Was?«, rufe ich entsetzt. »Das hebt meine Laune auch nicht gerade.«

»Komm, lass uns tanzen«, sagt er und zieht mich am Arm.

Der DJ wechselt den Song, und es ertönt die südafrikanische Band GoldFish. Drei Mädels stürmen auf die Tanzfläche. John und ich hinterher.

It's the kind of place to show your face and no one cares
What you do or what you say, or what you wear
There's no secret, you can find it if you look inside
Yourself and no one else, don't have to be a bumpy ride
We've been searching all our lives and now we know it's there
It's a magic place
No matter how much you wanna leave you could come back[19]

Die richtige Musik hilft mir mal wieder, meine Sorgen rauszutanzen. Zwei Stunden später rinnen Schweißbäche meinen Rücken hinunter.

---

19 Es ist ein Ort, an dem du dein Gesicht zeigen kannst und es niemanden kümmert
Was du tust, was du sagst oder was du trägst
Es gibt kein Geheimnis, du kannst es finden, wenn du in dich hineinschaust
Du selbst und niemand sonst, das muss keine holprige Fahrt sein
Wir haben unser ganzes Leben lang gesucht, und jetzt wissen wir, dass es da ist
Es ist ein magischer Ort
Egal wie sehr du gehen willst, du kannst zurückkommen

»Lena, los jetzt, wir müssen um fünf schon wieder aufstehen!«, ruft John über die laute Musik hinweg.

Kaum haben wir die Tanzfläche verlassen, stellt sich mir der Türsteher in den Weg.

»Ich hab dich tanzen sehen ... Sorry für vorhin. Du bist definitiv Afrikanerin«, sagt er, doch mir wird bei seinem Anblick einfach nur schlecht.

John zieht eine Grimasse, nimmt meine Hand, und wir treten in die salzige Nachtluft, bevor ich etwas antworten kann.

Da ich irgendwas zwischen zu müde und zu faul war, um am Abend zuvor ein Zelt aufzuschlagen, liege ich in meinem Schlafsack zwischen Marleys Sitzbänken. Im Fahrerhaus schläft schon wie so oft Ziziba. Die einzige mir mögliche Schlafposition: lang ausgestreckt auf der Seite, wobei meine Füße die Kühlbox berühren, die alle paar Minuten anspringt und dann vibriert. Der harte Boden drückt schmerzhaft gegen meine Hüftknochen. Da ich kein Auge zukriege, betrachte ich die Campingplatzlaterne, die mir direkt ins Gesicht leuchtet, und versuche mir vorzustellen, wir wären wieder irgendwo in der Natur, wo John, Ziziba und ich zwischen Felsen geschlafen haben. Über uns der Vorhang aus Abermillionen Sternen. Namibia ist fraglos eines der schönsten Länder, die ich bisher bereist habe, aber der heutige Abend hinterlässt einen bitteren Nachgeschmack ...

Zu Johns gleichmäßigem Schnarchen, der unter dem Truck liegt, schlafe auch ich irgendwann ein, als – gefühlt keine zehn Minuten später – Zizibas Stimme mich weckt:

»Mornin', Lena, let's get ready for the sunrise!«

Da John und ich gestern schon die Frühstückspakete für alle vorbereitet haben, müssen wir nur kurz Kaffee und Tee servieren – und dann los. Zwanzig Leute mitten in der Nacht auf Trab zu bringen ist jedoch nicht einfach. Verschlafene, zombieartige Gesichter unter Stirnlampen schlurfen an mir vorbei. Einer brummt: »Meist weißt du erst hinterher, wofür du dich aufraffst.«

Ich bin sehr gespannt, was uns erwartet, als wir schließlich mit Marley über die Sandpiste kurven. Sand, so weit die Lichtkegel reichen, dazwischen dunkle Büsche. Dann entdecke ich am Horizont riesige Dünen.

»Fahren wir dorthin?«, frage ich Ziziba.

»Hast du das Programm immer noch nicht gelesen?«, lacht er.

»Ich lasse mich halt gern von dir überraschen. Ich wusste ja auch nicht, dass der zweitgrößte Canyon der Erde in Namibia liegt, bis du uns hingefahren hast. I love it that way!«

Er lächelt. »Okay, jetzt fahren wir zur Düne 45 im Sossusvlei Nationalpark.«

Sagt mir nichts, aber nummerierte Dünen, das klingt definitiv nach deutscher Ordnung. Allerdings sind die so nah wirkenden Dünen noch kilometerweit weg. Ziziba gibt Gas. Er fährt, so schnell er kann, und versucht dabei, trotzdem alle Bodenwellen rechtzeitig zu erkennen. Nicht gerade einfach in dem eintönigen Graubraun des Sandes. Wenn auf dem Programm Sonnenaufgang auf Düne steht, hat er diesen abzuliefern. Egal, wie viel alle anderen herumgetrödelt haben.

»Okay guys, get ready. I will stop directly in front of the dune. After the truck is standing, you can all jump out and just run together with Lena up the hill. Run as high as possible to make the most out of your sunrise!«, sagt Ziziba durchs Mikrofon. Ich will gerade übersetzen, da passiert es. Er übersieht eine Bodenwelle, und während er sich mitsamt Walkie-Talkie am Lenkrad festkrallt, genauso wie John und ich in den Sitzen, heben die anderen im Koffer kurz einen halben Meter ab. »Uiii«-Rufe, gefolgt von einem »Wumm«. Sofort drehe mich um in der Hoffnung, dass keiner verletzt ist. Glücklicherweise sind alle mit einem Schrecken davongekommen.

»Jetzt dürfte auch der Letzte wach sein«, sage ich lachend.

»Sorry!«, sagt Ziziba durchs Mikrofon.

Wir jagen an kolossalen Sandbergen vorbei. Keine Ahnung, welcher von ihnen unser Ziel ist. Ich wünsche uns, vor allem aber Ziziba so sehr, dass wir es noch rechtzeitig schaffen. Als Marley abrupt zum Stehen kommt, reiße ich die Tür auf, springe die hohen Stufen vom Truck, während die Gruppe einer nach dem anderen mit den Kameras um Hals und Handgelenke aus dem Koffer klettert. Kurze Orientierungslosigkeit im aufgewühlten Sand.

»Siehst du die Seitenwand dort, Lena?« Ziziba zeigt auf eine gigantische, bereits rosa leuchtende Düne. »Einfach an ihr entlang hoch!« Er und John haben das Spektakel offenbar schon oft genug gesehen, denn sie machen keine Anstalten mitzukommen.

»Leute, let's go!«, rufe ich Heidi, Michael, Peter und all den anderen zu und spurte die Düne hinauf. Zumindest versuche ich es. In der kalten Morgenluft fühlt sich meine Lunge an, also ob sie jeden Moment zerplatzt, während meine Füße Probleme haben, im weichen, tiefen Sand Halt zu finden. Bei jedem Schritt gibt er nach. Unterdessen kündigt die Sonne ihr Erscheinen an, indem sie die Wüste um uns herum rot leuchten lässt. Es ist unwahrscheinlich schön.

Tapfer kraxele ich weiter. Ich schaffe noch genau hundert Schritte, dann lasse ich mich erschöpft in den kühlen Sand fallen. Genau im richtigen Moment. Gleich hinter mir sind nur noch Heidi und Peter. Der Rest hat auf der Hälfte der Strecke beschlossen, dass der Ausblick grandios genug ist, und schaut nun mit sich und der Welt zufrieden in Richtung des strahlenden Himmelkörpers, der über die sandige Kante des kargen Horizonts gekrochen kommt. Zwischen dem Horizont und uns ist alles voller Dünen, deren von der Morgensonne erfasste Seite orangerot leuchtet, während uns die Schattenseite ihre beeindruckend schwarze Schulter hinhält. Pyramiden aus Sand. Mich durchströmt ein tiefes Glücksgefühl. Und so wird ein Sonnenaufgang in der Wüste zu einem der schönsten Momente meines Lebens.

Zwei Stunden später halten wir in einem kleinen Ort, um zu tanken und unsere Vorräte aufzufüllen. John und Ziziba haben drei Säcke mit Maismehl gekauft, unsere Eintrittskarte in ein Himba-Dorf, das wir als Nächstes besuchen werden.

»Mit Nahrung können sie dort mehr anfangen als mit Geld«, erklärt John, als er Sack Nummer eins in Marleys Bauch wuchtet.

Die meisten Gäste sind ausgeschwärmt, um Snacks zu besorgen oder die Gegend zu erkunden. In der offenen Beifahrertür hockend ziehe ich meine Knie näher an mich heran, den Kopf gen Sonne an die Seitenwand gelehnt, und genieße die ungewohnte Stille, als mein Blick auf eine sehr stolz und stark anmutende Frau fällt. Sie steht auf dem Mittelstreifen der Hauptstraße des in der Mittagshitze wie ausgestorben wirkenden Ortes. Ihr farbenprächtiges langes Kleid fällt elegant an ihrem Körper hinab. Ein Tuch aus demselben Stoff auf ihrem Kopf ist so kunstvoll drapiert, dass es wie ein breiter Schirm nach vorne absteht, und um den Hals hat sie einen orangefarbenen Schal gelegt, unter dem eine Perlenkette im gleichen Ton hervorschaut. An der üppigen Schleife auf Brusthöhe hängt eine Art Dienstausweis. Die Frau hält ein winziges Mobiltelefon in der einen Hand, in der anderen eine schicke, schwarze Ledertasche. Ihre Augen sind zwar hinter einer Sonnenbrille verborgen, aber ihrem Gesichtsausdruck nach zu urteilen führt sie ein ernstes Gespräch. Die Plateauabsätze ihrer Sandalen unterstreichen die stolze Haltung und lassen sie noch größer wirken.

»Lena, kannst du kurz kommen? Ich möchte Ziziba ein paar Fragen stellen.« Heidis Worte reißen mich aus meinen Gedanken.

»Na klar«, antworte ich und springe auf den Parkplatz, um mit ihr zu Ziziba zu gehen, der im Schatten eines kleinen Baumes darauf wartet, dass die Gruppe wieder vollzählig ist.

»Ich würde gern mehr über die Kleidung der Frauen wissen«, fängt Heidi an. »Wie kommt es, dass die Herero-Frauen diese prächtigen, ziemlich westlich aussehenden Trachten tragen und die Frauen der Himba barbusig und nur mit Lederschurzen bekleidet sind?«

Ich übersetze, und Ziziba schaut uns nachdenklich an.

»Die Kleider der Herero haben eine dunkle Geschichte. Sie stammen vom Anfang des 20. Jahrhunderts. Damals sollen siebzig Prozent des einstigen Hirtenvolks der Herero und fünfzig Prozent des Stammes der Nama von den deutschen Kolonialisten umgebracht worden sein, weil sie sich gegen ihre Unterdrückung aufgelehnt haben. Die Kleider im viktorianischen Stil sind Teil dieser Unterdrückung. Die Frauen der

Kolonialherren haben sie entworfen und den Herero-Frauen aufgezwungen, weil sie deren Nacktheit nicht ertrugen. Über die Jahrzehnte haben die Herero den Stoffen Batikdesigns gegeben und sich Kopfbedeckungen ausgedacht, die wie Stierhörner aussehen und Widerstand symbolisieren.«

»Aber wenn die Trachten aufgezwungen worden sind, warum laufen die Frauen dann heute noch darin herum?«, wundert sich Heidi.

»Heute werden die Trachten vor allem von den älteren Herero-Frauen getragen, um an ihre Geschichte zu erinnern, an ihren Stolz und ihren Kampf. Junge Frauen tragen sie eigentlich nur noch zu Festlichkeiten.« Ziziba blickt auf drei bunt gekleideten Herero-Frauen, die klönend am Truck vorbeilaufen. »Das Nomadenvolk der Himba hingegen lebt im rauen Norden des Landes, wo es den Weißen Besatzern überwiegend entgangen ist.«

Ich übersetze für Heidi und schaue den drei Frauen nach. Frauen, deren Ahnen unterdrückt, ermordet wurden, schreiten die Schultern leicht zurück, Brustkorb geöffnet, Kopf aufrecht, den Blick offen; fast gleiten sie über den Boden. Wie Königinnen, aber ohne jedes Getue.

Im Gegensatz zu mir und den anderen Frauen in unserer Gruppe. Eilig, mit nach vorn gebeugten Schultern, kommen einige von ihnen just in diesem Moment den Bürgersteig entlanggeschlurft. »Schön die Füße vom Boden heben«, dieser Satz meiner Mutter hat mich meine Kindheit lang begleitet. Auch kann ich bei keiner von uns einen geraden Rücken feststellen. Wir alle tragen den Kopf voran, immer ein Ziel vor Augen. Nur noch rasch etwas besorgen, ohne angesprochen zu werden, was verschlossen und verkrampft wirkt und sich auch so anfühlt.

Marley wackelt, als die Gruppe wieder einsteigt. Ziziba dreht den Schlüssel im Zündschloss, und mit dem typischen Rumbumbum springt der Truck zuverlässig an, bevor er die bis auf ein paar Schlaglöcher gut geteerte Hauptstraße aus dem Ort hinausrollt. Hinten im Koffer werden Tüten voller Chips, Kekse und Schokolade verstaut.

»Auf geht's zu den Himba«, sagt eine Stimme in meinem Kopf mit ironischem Unterton. Seit ich das nächste Ziel kenne, würde ich am liebsten irgendwo im Truck untertauchen. Ob es jemandem auffällt, wenn die Übersetzerin nicht da ist? »Reiß dich zusammen!«, mahnt eine zweite Stimme, »niemand hat dich gezwungen, diesen Job anzunehmen, und das gehört jetzt eben dazu.« Nie zuvor bin ich zu einem indigenen Volk gereist. Nicht, dass es mich nicht interessiert. Im Gegenteil. Aber ich schäme mich, bei ihnen einzufallen, Fotos zu machen, ihnen die vermutlich immer gleichen Fragen zu stellen und dann wieder abzuhauen. Die Größe unserer Gruppe macht es nicht dezenter. Hinzu kommt eine Extradosis Scham- plus Schuldgefühl. »He, und du bist auch noch aus dem Land, das sich hier ungeladen breitgemacht hat«, sagt der Kritiker in mir. Bestimmt leben die Himba Werte, die mir wichtig sind, die ich aber in meinem Erste-Klasse-Leben viel zu oft außer Acht lasse. Freiheit, Natürlichkeit, Gemeinschaft, Einklang, Leben nach Bedarf statt nach Bedürfnis, im Rhythmus der Natur und nicht des Terminkalenders. Weder tragen sie nennenswert zum Klimawandel bei, noch lässt ihr ökologischer Fußabdruck Arten aussterben. Und dagegen mein Lebensstil. Blamabel. Bin ich zu schwach, zu bequem oder zu ignorant, um meine Bedürfnisse für meine Werte herunterzuschrauben?

John legt ein Pfefferminzbonbon schmatzend den Arm um mich. »Lena, es macht den Himba nichts aus, wenn wir kommen«, sagt er, als könnte er Gedanken lesen, und stellt seine Füße an das Armaturenbrett, wobei er das Gesicht verzieht.

»Im Gegenteil«, sagt Ziziba, »es hilft ihnen dabei zu überleben. Sie zeigen uns ihre Kultur, wir verbringen etwas Zeit miteinander, wir lassen ihnen Nahrungsmittel da, und der eine oder andere Tourist kauft vielleicht noch ein handgemachtes Souvenir. Und wenn die Menschen extra nach Namibia reisen, um Himba zu sehen, ist es der Regierung natürlich gleich viel wichtiger, dass das Volk seine Tradition weiterleben kann. Win-win.«

»Was ist mit deinen Füßen?«, frage ich John und beuge mich nach vorn, um sie mir genauer anzusehen. Dort, wo ich dicke Hornhaut habe, hat John wahre Hornhautsohlen, die unter der Ferse tief eingerissen sind. »Mann, John, du musst die auch mal ab und zu eincremen oder hin und wieder Socken tragen«, schimpfe ich wie eine besorgte Mutter. Dabei hat mir selbst erst gestern eine Frau im Vorbeigehen an die Fersen gepackt und mütterlich gefragt, ob sie das reparieren solle.

»Socken? Creme? Hab ich beides nicht.« John legt eine Hand auf die Krater, die ihm offenbar verflucht wehtun.

Manchmal frage ich mich, was er neben dem Shirt und den Shorts, die er täglich trägt, überhaupt besitzt. Ich wühle in meinem Rucksack und finde ein zweites Paar blau-weiße Socken. »Hier, für dich. Von meiner Oma höchstpersönlich gestrickt.«

»Echt? Danke!«, sagt er und zieht sofort Omas Socken über seine wunden Füße.

Drei Stunden später sind wir da. Ein süßlich erdiger Kräutergeruch schlägt uns entgegen, als wir aussteigen.

»Der Duft der Himba«, erklärt Ziziba lächelnd.

Die Landschaft ist rau und auffällig rot. Die Erde, die Felsen, dazwischen vereinzelt ein paar vertrocknete Sträucher. Vier Kinder spielen vor uns im Sand mit einem alten Herrenrad, das ihnen bis über die Schultern reicht. Vor lauter Spaß scheinen sie die Rinder neben sich vergessen zu haben. Ich habe sofort Lust mitzuspielen, doch stattdessen beobachte ich sie eine Weile, um mich zu sammeln, und gehe dann als Letzte in das Dorf. Wie war das? Schultern entspannt zurück, Brustkorb öffnen, aufrechter Rücken, das Herz voran, Kinn ganz leicht gebeugt ... Es funktioniert. Ich fühle mich tatsächlich offener, irgendwie selbstbewusster. Und ehrlich gesagt bin ich jetzt auch gespannt darauf, die Himba kennenzulernen.

Das Dorf ist winzig: eine Handvoll runder, igluartiger Lehmhütten. Diese sind um einen Platz herum gebaut, in dessen Mitte eine eingezäunte Fläche für die Rinder ist. Was mich fesselt, ist die Schönheit der Frauen. Ihre Haare, ihre Haut, ihre Tücher und Lederschurze, der Schmuck, alles ist rostrot. Eine von ihnen melkt gerade eine Kuh, eine andere trinkt aus einem hohlen Kürbis, und eine dritte richtet den

Schmuck einer vierten. An fast jeder Frau hängt irgendwo ein Baby, am Bein, an der Brust, auf dem Rücken. Es ist für sie offenbar nichts Neues, dass voll bekleidete Weiße mit Kameras ihr Dorf besichtigen wie ein Freilichtmuseum. Ich nehme Blickkontakt mit jeder Einzelnen auf und lächele ihnen schüchtern zu. Sie lächeln ebenso schüchtern, aber auch neugierig zurück. Ein wenig neidisch stelle ich fest, dass die Frauen ihre nackten Brüste selbstbewusster tragen als ich jemals irgendein T-Shirt. Jede von ihnen vermittelt den Eindruck, in ihrem Körper zu Hause zu sein, und ist dadurch auf natürliche Weise wunderschön. Auf mich wirken die Himba-Frauen im besten Sinne des Wortes geerdet, im Einklang mit sich und ihrer Umwelt.

Bisher habe ich jedoch erst einen Mann gesehen.

Mokonze trägt ein löchriges gelbes T-Shirt, ausgelatschte Turnschuhe und eine alte Jeans.

»Bei den Kindern«, erklärt er gerade, »erkennt ihr die Mädchen daran, dass sie ihre Zöpfe nach vorne geflochten tragen, die Jungs tragen sie nach hinten. Die Männer sind jetzt übrigens mit dem Vieh auf Futtersuche, sie kommen erst abends heim.« »Dann waren die Kinder mit dem Fahrrad drei Jungs und ein Mädchen!«, freut sich Heidi, nachdem ich übersetzt habe.

Mokonze erzählt, dass er der Einzige im Dorf ist, der zur Schule geht. Und wie viel Glück wir haben, ihn heute anzutreffen, denn außer ihm spreche keiner Englisch.

»Stellt mir gern eure Fragen«, sagt er.

»Wie alt werden denn die Menschen hier so?«, fragt Peter sofort.

Und Michael ergänzt: »Wovon leben die Himba?«

»Moment ... Am besten teilen wir uns in zwei Gruppen«, schlägt Mokonze vor. »Ein paar von euch kommen mit mir in die Hütte, während der Rest erst mal herumlaufen und fotografieren kann. Danach wird gewechselt.

Ich bleibe bei der Gruppe, die Mokonze folgt. Da keine der Hütten Fenster hat, ist die Temperatur hier drin vergleichsweise angenehm, und an das Dämmerlicht haben sich die Augen rasch gewöhnt.

Ich entdecke Utensilien, die die Menschen hier wohl für ihren Alltag brauchen, unter anderem Kelche aus Kürbis und einen großen gusseisernen Topf; auf dem Boden liegt Feuerholz, daneben eine Machete.

»Unser Vieh ist unser Reichtum«, erklärt Mokonze. »Obwohl Geld inzwischen auch bei uns immer wichtiger wird. Wir sind nomadisch und ziehen mit den Rindern dem Futter hinterher. Lange Dürreperioden haben uns nicht nur einmal fast dazu gezwungen, unseren Lebensstil aufzugeben. Aber zum Glück kam dann doch jedes Mal der Regen. Jetzt aber will die Regierung einen riesigen Staudamm bauen, der unser Ende bedeuten könnte.« Ich übersetze, woraufhin es in der Hütte mucksmäuschenstill wird. »Aber um auf deine Frage nach dem Alter zurückzukommen«, belustigt schaut er Peter an. »Wir zählen nicht wie ihr. Deshalb wissen die meisten gar nicht, wie alt sie sind. Es spielt einfach keine Rolle.« Alle in der Runde sind ordentlich am Schwitzen. Wer sich traut, trinkt etwas Milch aus einem Rinderhorn, das Mokonze herumreicht. »Ihr wollt sicher wissen, was es mit der roten Farbe auf der Haut der Frauen auf sich hat«, sagt er und wartet das allgemeine Kopfnicken ab. »Sobald ein Mädchen seine Periode bekommt, hört es auf, sich mit Wasser zu waschen.« Ich sehe lauter erschrockene Gesichter, als ich das übersetze. »Stattdessen reinigen sie sich mit Dampf und schmieren sich mit Otjize ein, einer Paste aus Butterfett und gebranntem Ocker. Die schützt nicht nur vor Hitze und Trockenheit, sondern ist auch ein Schönheitsideal.«

Durch die offene Tür sehe ich zwei Mädchen im gesammelten Holz spielen, das eine rot angemalt, das andere nicht. Halb nackt spielt es sich bestimmt intensiver als komplett bekleidet. Hier trägt auch niemand Schuhe, obwohl der Sand brütend heiß ist. Die Kinder wachsen mit einem viel natürlicheren Körperbewusstsein auf als die Kinder bei uns. Ich selbst habe einige Themen mit meinem Körper; ich traue mich nicht einmal, ihn mir richtig anzusehen, aus Furcht vor der Selbstkritik. Du bist dick, du bist hässlich, das ist nicht schön ... Ich habe meinem Körper schon so viel Schlimmes zugemutet, arbeite viel öfter gegen ihn statt mit ihm und kann mich immer noch nicht mit ihm identifizieren. Ich weiß nicht, ob sich eine Himba-Frau Gedanken um einen zu dicken Bauch macht, um zu kleine oder zu große Brüste, um Schwangerschaftsstreifen und was es sonst noch so an Makeln im westlichen Schönheitsempfinden gibt. Den aufwendigen Frisuren und dem üppigen Schmuck nach zu urteilen, legen die Frauen aber viel Wert auf ihre äußere Erscheinung.

Mokonze ermutigt uns zwar dazu, Fotos zu machen, doch ich fühle mich nicht wohl dabei. Ich knipse ein paar Mal, ansonsten spiele ich mit den Kindern. Wir strecken uns gegenseitig die Zunge raus, und als sie mein Piercing darin entdecken, will jeder es einmal anfassen. Dreck reinigt bekanntlich den Magen, denke ich, während eine sandige Hand nach der anderen die zierliche bunte Kugel an dem filigranen Stab berührt. Auch meine Tattoos faszinieren sie, und per Handzeichen wollen sie wissen, ob das wehtut.

»Bei uns ist es Tradition, Kindern die Schneidezähne ohne Betäubung auszuschlagen«, lacht Mokonze stolz, als er hinzukommt. Zum Beweis öffnet er den Mund.

»Vermisst du das Leben hier eigentlich manchmal, wenn du in der Stadt bist?«, nutze ich die Chance, kurz mit ihm allein zu sein.

»Unheimlich. Die Stadt gefällt mir gar nicht«, sagt er. »Mein Plan ist, dass ich so schnell wie möglich zurückkehre, um als Guide und Übersetzer für mein Volk zu arbeiten. So kann ich hoffentlich meinen Teil zum Überleben unserer Kultur beisteuern.«

Ein unvergesslicher Nachmittag geht zu Ende. Heidi kauft als Souvenir ein handgeschnitztes Püppchen mit Haaren aus Stroh, das ebenfalls mit der roten, würzig duftenden Paste eingerieben ist. Himba zum Mitnehmen. Wir wollen uns gerade verabschieden, als der etwa 65-jährige Japaner unserer Gruppe auf eine Himba-Teenagerin zugeht und ihr an die nackte Brust fasst.

»Pretty girl, are you married?«

Ich bin starr vor Schreck. Mokonze und Ziziba aber reagieren sofort, indem sie ihn zur Seite nehmen. Ziziba entschuldigt sich bei dem Mädchen, das sich eingeschüchtert an einen Baum klammert. Dann fahren wir wieder. Jeder von uns mit seinen eigenen Bildern und Lehren im Gepäck.

Mitten in der Nacht nehme ich ein Stampfen zwischen unseren Zelten wahr. Der Mondschein wirft einen großen Schatten auf meine Zeltplane, und ich sehe, wie ein Ast sich neigt und wieder zurücksaust. Gespannt drücke ich meine Nase an das Moskitonetz vor der Zeltöffnung, um den Dickhäuter besser beobachten zu können. Neugierig und fast wie auf Zehenspitzen spaziert er über den Zeltplatz. Niemand außer mir scheint wach zu sein. Mit seinem Rüssel schnüffelt der Elefant an meinem Moskitonetz. Wir sind keine dreißig Zentimeter mehr voneinander entfernt. Ich habe eine Gänsehaut. Seit ich denken kann fühle ich mich wild und naturverbunden, wäre am liebsten den ganzen Tag barfuß im Wald. Manchmal kann ich mich innerlich nicht bändigen vor Übermut und dem Wunsch, mich selbst stärker zu spüren, was immer wieder dazu führt, dass ich meine Familie und mein Umfeld überfordere. »Du bist zu viel!« Auch so ein Glaubenssatz, der mich verfolgt. Aber eine Überzeugung ist ihm nicht gewichen: dass jede Frau eine natürliche Wildheit in sich trägt. Die Frage ist nur, ob wir uns heute den Raum nehmen, wild zu sein. Entspannt futtert der Elefant ein paar Blätter von einem Baum, schließlich dreht er sich um, macht einen Haufen auf den mondbeschienenen Zeltplatz und spaziert von dannen.

Ich überlasse mich der Reise meiner Gedanken. Von meiner Mutter habe ich nicht viel über das Frausein gelernt, außer dass sie mir mit zwölf meinen ersten BH mitgebracht hat und lauter nervige Accessoires wie Binden und Tampons, nachdem ich zum ersten Mal meine Regel bekommen hatte. Ich weiß noch, wie sehr mir beim Fußballspielen die wachsenden Brüste wehtaten, weshalb ich irgendwann aufgehört habe, Fußball zu spielen. Wie damals wünschte ich, dass meine Brüste, die mir meist nur im Weg sind, verschwänden. Stattdessen reagieren Männer auf sie, und ich habe immer wieder übergriffige Erfahrungen machen müssen, wie das Himba-Mädchen vorhin. Ich kenne fast keine Frau, die nicht ebenfalls schon mindestens einmal von einem Mann sexuell belästigt wurde. Keine Ahnung, ob das in Kulturen, wo Nacktheit selbstverständlich ist, anders ist. Was es für ein junges Mädchen bedeutet, gleich nach der ersten Periode verheiratet zu werden, vermag ich mir allerdings ebenso wenig vorzustellen.

Neun weitere Jahre wird es dauern, bis ich zum ersten Mal spüre, wie schön es ist, eine Frau zu sein, und anfange, meinen Körper, insbesondere meine Brüste, zu lieben.

Diese drei Wochen mit John, Ziziba und der Reisegruppe sind ungemein eindrücklich. Auf vielen Ebenen. Quadbiken in der Wüste, pinkfarbener Sonnenuntergang auf dem Sambesi, dazu friedlich grasende Elefanten, die atemberaubenden Victoriafälle, all die unterschiedlichen, leider meist viel zu kurzen Eindrücke von den Menschen und ihren Leben. Auch um Simbabwe, die Heimat meiner Freunde, zu erfahren, lässt der eng getaktete Tourplan viel zu wenig Zeit.

Für den letzten Abend steht ein gemeinsamer Restaurantbesuch in Harare auf dem Plan. Schon gegen Mittag beginnt Ziziba damit, sechs Taxifahrer zu suchen, um diese sodann anzuflehen, doch möglichst pünktlich bei unserem Camp zu sein. Das klappt leider hinten und vorne nicht. Ein Taxi kommt dreißig Minuten später, zwei kommen gar nicht, ein Fahrer ist stinksauer, dass er bei einer Stunde Verspätung nicht mehr gebraucht wird. So essen wir statt um 19 Uhr erst um 21 Uhr. Ich habe nichts anderes erwartet, einige in der Gruppe offenbar schon. Denn Zizibas Trinkgeld für die gesamte Zeit fällt bei der Verabschiedung so gering aus, dass mir nach Heulen zumute ist.

»Da waren ein paar Dinge, da hätten wir einfach mehr erwartet«, schimpft Michael, und Peter fügt hinzu:

»Ziziba ist ein echt netter Kerl, aber allein die Verspätung gestern Abend mit den Taxis. Noch dazu an unserem letzten Abend ...«

Ziziba, der den Abend mit uns statt mit seiner Familie verbracht hat, lädt die Essensreste aus dem Truck, füllt sie in eine Tüte und lässt diese von einem Bekannten zu seiner Frau und den Kindern bringen. Während die gesamte Gruppe noch einen Raftingtrip auf dem Sambesi unternimmt, beschließe ich, gemeinsam mit Ziziba und John den Rückweg nach Kapstadt anzutreten. Für mich das Ende der Reise, für sie der Auftakt einer weiteren Tour mit der nächsten Reisegruppe.

10

AOURIR

Keine Medien, keine Gerüchte, einfach sein

»Hi Lena! Nakala? (Wie geht's?[20]) I miss you, man«, kichert Checkie in seiner Sprachnachricht.

Ich muss jedes Mal lachen, wenn er mich »man« nennt. Er fehlt mir auch. Er, meine Freundin Binta, die Jungs der Trommelgruppe und überhaupt das Musikmachen, Tanzen, Lagerfeuer, Draußen-, Frei- und Zusammensein. Checkies Stimme zu hören heitert mich auf, zumal ich im Hintergrund das Tschitschiptschitschiptschiptschitschip vernehme. Der vertraute Gesang eines kleinen braunen Vogels mit Punkfrisur, der mich in Gambia jeden Morgen weckte. Von Graham weiß ich, dass es ein Bulbul ist, was Nachtigall bedeutet.

Ich lausche Checkies Stimme, während ich auf dem Bett liege und mir zum x-ten Mal die fremden Familienfotos an der Wand ansehe. Das in weiß gehaltene Zimmer ist trotz der Hitze, die draußen herrscht, angenehm kühl. Das mag daran liegen, dass wegen der Mauer vor dem Haus kein direktes Sonnenlicht hereinfällt. Hinzu kommt das Gitter am Fenster, das den Raum verdunkelt. Mauer vorm Haus und Gitter am Fenster sind häufige Elemente eines Expat[21]-Hauses auf dem afrikanischen Kontinent, die mich momentan besonders bedrücken, weil sie zu der wachsenden Distanz passen, die ich Karen und Graham gegenüber empfinde. Wir wohnen zwar zusammen, aber weder essen noch unternehmen wir etwas gemeinsam. Vor dem Lockdown hat Graham und mich vor allem das Surfen und Skaten verbunden. Karen sehe ich so gut wie nie. Ich höre die beiden zwar, wenn sie gleich nach dem Aufstehen ihr Fitnessprogramm absolvieren, danach verschwindet sie jedoch in ihrem kleinen Büro, wo sie nonstop Websites baut und Online-Events betreut. So lieb ich die beiden habe, unsere Leben haben gerade wenig miteinander zu tun. Umso dankbarer bin ich für die Menschen, die mir

---

20 Auf Wolof, einer der in Gambia verbreiteten Sprachen; oft als Geschäftssprache benutzt

21 Kurzform von Expatriate; der Begriff wird im Allgemeinen für eine Fach- oder Führungskraft verwendet, die von ihrem Arbeitgeber ins Ausland entsandt wird.

draußen begegnen und mich zumindest kurz an ihrem Alltag teilhaben lassen, sowie für die Freundschaften, die ich, dem Internet sei Dank, überall auf der Welt pflegen kann.

»Ich bin jetzt unter die Angler gegangen«, erzählt Checkie gerade. »Ist ja gerade keiner da, der zu uns in die Bar kommt.«

Check-Check, wie er sich eigentlich nennt, ist ein Freigeist und einer der entspanntesten Menschen, die ich kenne, mit einem manchmal fast philosophischen Humor, bei dem womöglich auch seine tägliche Dosis Marihuana eine Rolle spielt. Mein Blick wandert zu der Muschelkette, mit der er mich Anfang des Jahres überrascht hat und die um meinen Hals hing, bis sie porös wurde und ihren Platz am Spiegel gefunden hat. Checkie ist der Cousin meines Freundes Kebba, bei dessen Familie ich eine Weile gelebt habe, und betreibt gemeinsam mit Papa – seinem »brother from another mother«, wie er sagt – die Kinkelebar, benannt nach einem lokalen Kraut. Alle paar Tage schicken wir uns Sprachnachrichten, um den anderen wissen zu lassen, wie es so läuft. Gambia ist ebenso wie Marokko stark vom Tourismus abhängig. Ihre gesamte Existenz haben die Jungs darauf aufgebaut. Noch immer ist fraglich, wann die Grenzen wieder aufmachen und sich der erste Tourist nach Gambia traut, doch Checkie würde niemals jammern.

»Papa und ich schlafen zurzeit in einem Zelt am Strand«, höre ich seine Stimme. »Tagsüber bin ich in der Bar, abends backe ich für die ganze Familie und die Nachbarn Brot. Ist ein super Brot, natürlich aus dem Ofen, den wir zusammen gebaut haben, Lena.«

Ich wünschte, ich könnte jetzt dort sein und abends zusammen mit ihnen fastenbrechen. Es ist noch immer Ramadan, und obwohl Zusammenkünfte offiziell verboten sind, weiß ich, dass sich viele nicht daran halten. In Marokko nicht und in Gambia offenbar auch nicht. Ihre Tradition ist den Menschen heilig, und auch ich liebe das Ritual, nach einem langen Fastentag miteinander zu essen und zu trinken. Es ist jedes Mal ein kleines Fest der Dankbarkeit und Zusammengehörigkeit.

»Das Mehl dafür kaufe ich von dem Geld, das ich für den Fisch bekomme, den ich nachts fange. Das Leben ist gut. Die Familie sagt Hallo, alle fragen ständig nach dir. Ach Lena, es wäre schön, wenn wir uns bald wiedersähen. Genieß Marokko und grüß deine Freunde und Familie von mir. Und wenn es weiterhin keine Flüge gibt, dann musst du halt mit dem Boot kommen. Es gibt immer eine Lösung. Für alles.«

Je länger ich hier bin, desto klarer wird mir, dass ich Marokko im Vergleich zu Deutschland als offen und lebensfroh empfinde. Im Vergleich zu Subsahara-Afrika aber ist auch Marokko ziemlich konservativ, beinahe verklemmt. Alles immer eine Frage der Perspektive. Vier Eigenschaften aber haben die 25 afrikanischen Länder, die ich bisher erleben durfte, gemeinsam: die Wertschätzung der Familie, insbesondere der Mütter, tiefe Wurzeln in den Traditionen, die Selbstverständlichkeit des Teilens und die Fähigkeit, das Leben so zu nehmen, wie es kommt.

»Checkie ... Nakala? Ich vermisse dich, ich vermisse euch ...«, beginnt meine Sprachnachricht, die ich ihm zurücksende, »schick mir bitte mal ein Foto mit dir und der Familie.«

Als wir das erste Mal von Corona hörten – wir tanzten gerade ums Lagerfeuer vor der Kinkelebar –, haben wir gewitzelt. Checkie, Jenny, Kebba, Papa, Ousman, Binta, Sally, Carl, Senora, Mamadou ... Ein Virus klingt erst mal lächerlich für Menschen, die fast jedes Wochenende auf einer Beerdigung sind.

»Wir haben hier ganz andere Probleme als Corona«, sagte Ema neulich. Er ist der Gesundheitsbeauftragte von Kalba, einem Dorf im nördlichen Ghana, und fraglos einer meiner weisesten Freunde. »Der Hauptgrund für die hohe Kindersterblichkeit ist immer noch Malaria. Dazu Mangel- und Unterernährung, Hepatitis, Typhus, Gelbfieber, HIV, eine schlechte Krankenversorgung, unbezahlbare Medikamente, quasi keine Gesundheitsaufklärung ... Hier gibt es so viel, woran du jederzeit sterben kannst.«

Ich schaue aus dem weit geöffneten großen Küchenfenster. Der Himmel ist klar, die Luft herrlich würzig. In dieser Auszeit von uns Menschen scheint die Natur regelrecht auf- und durchzuatmen. Keine Flugzeuge, keine Kreuzfahrtschiffe, weniger Industriesmog.

»Checkie, was auch immer gerade passiert, es ist eine riesige Chance für uns, endlich aufzuwachen, umzudenken, nicht mehr weiterzumachen wie zuvor.« Moment mal, wem erzähle ich denn das? Einem Freund, der wahrscheinlich niemals ein Auto besitzen wird, der das miese Wasser aus der Leitung trinkt, statt sein weniges Geld für Wasserflaschen auszugeben, der gar keinen Reisepass besitzt, der keine Krankheiten zu Menschen fliegt, die ihr Land oder sogar ihr Dorf noch nie verlassen haben, und dessen Nahrung vor allem aus Kartoffeln von den nahe gelegenen Feldern und mittlerweile selbst gefangenem Fisch besteht. Ich bin es, die weiterhin die Umwelt mit meiner Art zu leben weiterhin kaputt macht. Ich ernähre mich zwar inzwischen vegan und überwiegend von lokalen Lebensmitteln, vermeide Müll, dusche nur eine Minute lang mit Handseife, wasche meine Haare neuerdings mit einem Löffel Apfelessig statt mit Shampoo, trage Kleidung vom Basar, mein T-Shirt ist schon neun, meine Shorts 17 Jahre alt, ich gehe zu Fuß, radle, fahre mit dem Skateboard oder den Öffentlichen. Doch auf den Umweltkiller Fernreisen kann ich einfach nicht verzichten. Mich hat es schon immer weit weg gezogen, am liebsten in eines der 54 Länder Afrikas.

Ohne Corona hätten wir der Erde sicher nie eine Auszeit gegönnt.

Ich bin auf dem Weg, mir den fünften Tee des Tages zu machen, als mein Handy klingelt. Tomar. Am liebsten würde ich nicht drangehen, denn mittlerweile heißen Anrufe von ihm, dass wieder etwas passiert ist.

»Hi Tomar!?«, melde ich mich.

»Hi Lena ... Ich bin bei der Polizei.«

»Was?«

»Heute früh sind erst Journalisten aufs Grundstück gekommen und haben mir Fragen gestellt. Dann kam die Polizei und hat nicht nur mich, sondern auch die Pässe der Reisenden mitgenommen, die seit ein paar Tagen mit ihren Fahrzeugen auf dem Grundstück stehen. Lena, es ist so heiß hier drinnen, und ich habe schon seit Stunden nichts zu trinken gekriegt. Am schlimmsten aber ist, dass ich keine Ahnung habe, was eigentlich los ist.« Seine Worte überschlagen sich.

»Atme erst mal tief durch. Es gibt bestimmt eine Erklärung und damit sicher auch eine Lösung«, sage ich und versuche einzuordnen, was ich gerade gehört habe.

»Die Polizistin will mit dir sprechen«, es knistert in der Leitung, offenbar reicht Tomar sein Handy weiter.

»Hallo, spreche ich mit Frau Wendt?« Eine freundliche Frauenstimme. Ivorisches Französisch verstehe ich inzwischen selbst durchs Telefon bei schlechter Verbindung.

»Ja. Was ist denn los?«, antworte ich.

»Uns wurde gemeldet, dass Sie sechs Reisefahrzeuge mit 16 Europäern auf Ihrem Grundstück beherbergen.«

»Ja, das stimmt. Gibt es ein Problem?«

»Die Kommune ist in Sorge, dass die Leute mit Corona infiziert sein könnten. Ich bin gerade dabei, ihre Daten aufzunehmen. Soweit ich das sehe, ist alles in Ordnung, aber wir müssen sicherstellen, dass niemand das Grundstück verlässt, bis die Lage sich entspannt. Könnten Sie Ihren Freund bitten, die Einkäufe für seine Gäste zu übernehmen?«

»Na klar, kein Problem. Entschuldigung, dass Sie so viel Mühe haben. Ich dachte, es hilft, wenn die Reisenden einen Ort haben, an dem sie weder sich noch andere in Gefahr bringen. Sie zahlen uns auch kein Geld, sondern helfen lediglich etwas mit«, erkläre ich der Polizistin die Situation.

»Danke, ist auch tatsächlich einfacher für uns, wenn nicht überall Touristen mit ihren Campern herumstehen, um die wir uns kümmern müssen«, sagt sie. »Ihr Freund kann dann gehen, die Ausweise gebe ich ihm mit.«

Tomar, der das das Handy wieder übernimmt, ist hörbar erleichtert.

»Danke, Lena!«

»Nee, nee, pardon, dass ich dir das Ganze eingebrockt habe. Aber ich dachte wirklich, es sei eine gute Idee, alle einzuladen, zu dir aufs Grundstück zu kommen.«

Eine meiner Spontanaktionen, über deren Konsequenzen ich in dem Moment nicht nachgedacht habe. Kurzerhand hatte ich einen Post für Overlander in Westafrika ins Netz gestellt: *Wer in der Elfenbeinküste gestrandet ist und einen Ort sucht, an dem er willkommen ist, just text me.*

»Ich habe mich sehr über deren Unterstützung gefreut«, sagt Tomar, »auch darüber, nicht mehr so allein zu sein. Die Niederländer haben sogar einen Hundewelpen in Marleys Alter dabei. Seit du weg bist, ist es um mich herum sehr still geworden. Nicht mal die Dorfkinder kommen noch vorbei.«

»Wann ist das Ganze denn eskaliert?«

»Wir dachten, dass es vielleicht besser ist, wenn sich die Gruppe beim Bürgermeister vorstellt, damit er Bescheid weiß. Der hat sich die Personalien geben lassen und erklärt, wie gut er unsere Initiative findet, aber kaum haben wir sein Büro verlassen, hat er auf der Homepage des Ortes geschrieben, dass 16 Italiener mit Corona-Verdacht hergekommen seien, um die Alten krank zu machen. Keiner von denen ist Italiener, und alle sind bei der Einreise negativ getestet worden. Aber natürlich hat der Bürgermeister damit die Journalisten und die Polizei auf den Plan gerufen.«

»Das Wichtigste ist, dass die Lage jetzt geklärt ist und ihr alle sicher seid. Aber ist es auch wirklich okay für dich, die Einkäufe zu machen?« Wie gerne würde ich Tomar und den anderen vor Ort zur Seite stehen. Doch ich weiß, dass ich mich auf ihn verlassen kann.

»Kein Problem!«, sagt er.

»Danke! Und ruf mich jederzeit an, wenn was sein sollte. Ciao!«

»Ciao, Lena!«

Plötzlich ist mir nach frischer Luft zumute, und ich beschließe, bei Felix und Lala vorbeizuschauen, da klingelt mein Handy schon wieder. Diesmal ist es Sarah. Ihr und ihrem Freund hatte ich als Erstes angeboten, bei Tomar Unterschlupf zu suchen.

»Lena, hier sind gerade zwei Soldaten aufgetaucht. Offenbar sollen wir morgen in aller Früh evakuiert und in ein Quarantänelager nach Abidjan gebracht werden.«

»Halleluja. Geht es euch gut?«

»Die Soldaten sind wirklich nett. Wir haben sogar schon mit ihnen

Tee getrunken. Aber ich fürchte, wir müssen trotzdem weg, obwohl wir alle viel lieber hierbleiben würden.«

»Vielleicht seid ihr in Abidjan aber wirklich sicherer. Wenn die Gerüchteküche derart brodelt, kommt womöglich jemand aus lauter Angst auf dumme Gedanken ...«

Ich bin fassungslos und erleichtert zugleich. Fassungslos über die gezielt geschürte Angst und deren Auswirkungen. Erleichtert darüber, dass die Regierung Verantwortung für die Gestrandeten übernimmt.

»Wahrscheinlich hast du recht, Lena«, sagt Sarah. »Ich halt dich auf dem Laufenden!«

Nach diesem Gespräch sind meine Knie so weich, dass ich mich außerstande fühle, Felix zu besuchen; stattdessen schlurfe ich mit der nächsten Tasse Tee und einer Handvoll Datteln in mein Zimmer.

Die Falschmeldung über die 16 infizierten Italiener macht über Nacht in so gut wie allen Klatsch-und-Tratsch-Medien der Elfenbeinküste die Runde – und am nächsten Morgen rollen kurz nach Sonnenaufgang zwei Militärfahrzeuge mit bewaffneten Soldaten auf das Grundstück, um die Gruppe in das noch leere Quarantänelager zu eskortieren. Wegen der schlechten Straßen braucht der Tross acht Stunden für die 200 Kilometer.

Am selben Abend teilt Sarah mir via Sprachnachricht mit:

»Mitarbeiter unserer Botschaften waren gerade da. Die sehen zu, dass sie uns morgen rausholen und in ein Hotel einquartieren, weil nur COVID-Patienten hier untergebracht werden sollen. Wir wurden noch einmal negativ getestet und sollen mit dem nächsten Flugzeug ausgeflogen werden. Nun müssen wir zusehen, dass wir unsere Fahrzeuge irgendwie per Schiff nach Europa kriegen. Das war's dann wohl mit unserem Afrikatrip. Ich schicke dir mal einen aktuellen Artikel über unsere Evakuierung.«

Reisende mit Militärkonvoi erfolgreich nach Abidjan in Quarantäne überführt, so die Schlagzeile. Na, dann können die Einheimischen ja wieder beruhigt sein, denke ich bitter, während ich den Blödsinn querlese.

11 Wurzeln

KENIA (2009)

Doktor, Doudou und Morty

Local Zahnbürste

Meine Füße stehen auf rotbrauner Erde, und ich schaue in die unendliche Weite der hügeligen Landschaft, auf das sanfte Grün der Büsche, das leicht gelbe Gras. Der mittlere Norden Kenias. Es ist das Land, mit dem alles angefangen hat. Das Land, in das meine Mama immer reisen wollte, seit sie als Kind die Serie *Daktari* geguckt hatte. Ein Wunsch, den sie bislang nicht realisiert, aber mir mitsamt ihrem Stoffschimpansen vererbt hat.

Und jetzt bin ich hier.

Der Anblick der unfassbar schönen Natur überwältigt mich, wobei zwei Gefühle überwiegen: Freiheit und Demut. Immerhin hat die Menschheit auf diesem Teil der Erde ihre Wurzeln.

Warmer Wind weht durch meine ungewaschenen Haare. Sand und Staub bedecken Arme und Beine, die dadurch schön braun aussehen.

Den orangefarbenen Umhang eng um sich geschlungen, kommt Doudou hinter dem Busch hervor, wo er seine Morgentoilette verrichtet hat. Der schlanke Samburu[22] mit dem zum Rock gebundenen Tuch um die Hüften und den Sandalen aus alten Autoreifen kaut am Ende eines Zweiges, den er von einem Strauch abgerissen hat. Die Energie, die er ausstrahlt, hat etwas Magisches. Er weiß, wer er ist, weiß, wo er hingehört, und ist völlig eins mit seiner Umgebung. Ich dagegen bin aufgedreht, ständig auf der Suche, immer mit irgendwas beschäftigt, sogar im Schlaf. Weil mein Kopf quasi nie die Klappe hält, habe ich vergessen, wie es sich anfühlt, im Kontakt mit mir selbst zu sein. Ich bin nicht meine Gedanken, und dennoch nehmen sie allen Raum ein.

»Hier«, sagt Dodou auf Englisch und bricht den Zweig entzwei, ohne sein Ende aus dem Mund zu nehmen, »damit kannst du dir die Zähne putzen.«

Ich freue mich über die nette Geste, habe aber keine Ahnung, wie diese Zahnbürste funktioniert. Belustigt zieht Doudou das Stück Holz aus dem Mund und zeigt mir, wie es geht.

---

22 Volk, das seit dem 16. Jahrhundert im Norden Kenias lebt, früher nomadisch, heute vermehrt in kleinen Siedlungen

»Zuerst kaust du auf einem Ende herum, bis es weich wird und kleine Borsten entstehen. Dann machst du damit sanfte Drehbewegungen auf deinen Zähnen.«

Der Ast schmeckt bitter, als ich auf ihm herumkaue, und sein Saft brennt ein wenig auf der Zunge. Wenn ich mir Doudous weiße Zähne so ansehe, dann erfüllt seine Zahnbürste aber definitiv ihren Zweck. Plötzlich ertönt ein so lautes »Bräääeh!«, dass ich mir vor Schreck fast meine neue Zahnbürste in den Rachen ramme. Morty! Er ist der pelzigste und (hoffentlich) übelst riechende von uns vieren und hat offenbar etwas dagegen, dass Doudous Cousin, den alle Doktor nennen, ihn nicht nur mit Decken, Kochtopf, Bechern und Vorräten belädt, sondern auch mit meinem schweren Rucksack.

»Willst du weiter zu Fuß gehen, Lena, oder doch noch mal reiten?«, fragt Doktor.

»Laufen ist mir lieber!« Kamel Morty trägt eh schon genug, und sein recht ausladender Hüftschwung ist auch nicht so mein Fall.

»Ich dachte, du kommst zu den Kamelrennen im August wieder und gehst mit Morty an den Start ... Dafür müsst ihr zwei aber mal langsam trainieren«, scherzt Doktor, der im Vergleich zum introvertierten Doudou richtig aufgekratzt ist und alles ungefiltert raushaut, was ihm in den Kopf schießt.

»Super Idee«, lache ich. »Allein bei dem Gedanken an das Gewackel kommt mir das Frühstück wieder hoch. Und in den vergangenen zwei Tagen hatte ich nicht den Eindruck, dass Gehen Mortys größte Leidenschaft ist, geschweige denn Rennen.«

»Nein, nein, Morty ist eine echte Rennmaschine«, grinst Doktor.

Eine staubpanierte Mzungu – das Swahili-Wort für eine Weiße Person –, zwei Samburu-Krieger, von denen der eine ein derart verschobenes Gesicht hat, als hätte ihm jemand als Kind ganz böse von der Seite gegen Nase und Unterkiefer getreten, während der andere feingliedrig ist wie eine Gazelle, und Morty, der vermeintliche Kamel-Ferrari, ziehen ziellos durch den Norden Kenias, weil die Mzungu gerne mehr von der Heimat der Samburu sehen möchte.

»Gefällt es dir hier?«, fragt Doudou, als ich mich noch einmal umdrehe, um die Landschaft in mich aufzusaugen. Tief atme ich die trockene kühle Morgenluft ein.

»Und wie! Wo bist du eigentlich schon überall gewesen? Dein Stamm lebt doch nomadisch, oder?«

»Ja, mit unserem Vieh ziehen wir dem Weideland hinterher. Dort drüben war ich allerdings noch nicht«, er zeigt auf eine Hügelkette. »Aber irgendwann laufe ich auch dorthin. Ich liebe es, von einem Aussichtspunkt ins Land zu blicken und mir zu überlegen, in welche Richtung ich als Nächstes ziehen möchte. Und dann gehe ich einfach los.«

Wo er schläft, muss ich ihn nicht mehr fragen. Die Erfahrung habe ich inzwischen selbst gemacht: auf dem Boden in Herdennähe, eingewickelt in den traditionellen Umhang der Samburu.

»Hinter diesen beiden Bergen«, Doudous Blick schweift in die Weite, »liegt gerade das Dorf meiner Verlobten. Ich denke, sie werden in ein paar Wochen weiterziehen.«

»Du bist verlobt? Gratuliere!«

»Danke! Mir fehlen noch zwei Ziegen und eine Kuh als Brautpreis, dann kann ich sie endlich heiraten.«

»Heiraten scheint bei euch eine teure Angelegenheit zu sein.«

»Mehr als drei Jahre arbeite ich jetzt schon dafür.« Ich frage mich gerade, wonach hier berechnet wird, wie viele Kühe und Ziegen eine Frau so wert ist und ob meine Eltern wohl noch ein Kamel drauflegen müssten, um mich zu verheiraten, als Doudou sagt: »Siehst du den weißen Transporter auf der Straße dahinten?« Ich nicke. »Der fährt nach Nairobi. Es ist gar nicht lange her, da war dort nur eine Staubpiste. Aber das, was die Leute Zivilisation und Entwicklung nennen, kommt immer näher. Wahrscheinlich werden schon meine Kinder nicht mehr die Freiheit kennenlernen, die noch mein Vater und mein Großvater kannten. Seit einigen Jahren lassen sich mehr und mehr Samburu nieder. Es entstehen feste Siedlungen, in denen es etliches zu kaufen gibt, das von Nairobi dorthin transportiert wird und wofür du erst mal Geld verdienen musst, um es zu bezahlen. Viele von uns freuen sich darüber, weil es als modern gilt und weil das die Zukunft sei. Wenn ich heute mit meiner Herde die Straße kreuze, kommen oft Fahrzeuge vorbei, deren Insassen mich anstarren und sogar fotografieren.«

Gerne würde ich Doudou sagen, dass er keine Angst zu haben braucht. Aber das wäre gelogen. Schweigend blicken wir dem Transporter hinterher, bis er hinter einem Hügel verschwunden ist.

Doktor scheucht Morty auf, der noch immer im Sand kniet. Mit einem erneuten »Bräääeeeh« und angestrengter Miene hebt dieser erst das beladene Hinterteil, dann richtet er die starken Vorderbeine auf. Hätte nicht gedacht, dass Kamele so eigensinnig sind. Morty wird mir zunehmend sympathischer.

Während ich weiter mit der Buschbürste über meine Zähne reibe, setzen wir vier uns langsam in Bewegung. Ob ich damit auch die Teespuren loswerde? Zum Frühstück, das aus Brot und hartgekochtem Ei bestand, hat Doktor über dem offenen Feuer Tee gekocht: Grünteeblätter mit Wasser, Kondensmilch und Zucker. »Von diesem Chai ernähren wir uns unterwegs«, hat Doudou erklärt. Der Chai ist tatsächlich extrem lecker und spendet viel Energie, aber nahrhaft und gesund ist er sicher nicht. Noch dazu stammt die Kondensmilch von Nestlé, diesem Konzern, dem es gelingt, seine zweifelhaften Produkte in den entlegensten Ecken der Welt zu vertreiben. Den Mond haben die bestimmt auch schon im Visier.

Stunde um Stunde wandern wir durch die karge Landschaft. Vorbei an Dörfern mit Lehm- und Wellblechhäusern sowie vielen neugierigen Kindern, die fröhlich winken. Über kahle Hügel hinweg, den Wolkenschatten hinterher. Wie befremdlich die hohen Strommasten dazwischen aussehen, deren Kabel zum Teil lose herunterbaumeln. Dabei sind es wohl eher die beiden Samburu und das Kamel, die hier bald wie Museumsstücke wirken werden.

Als uns drei junge Männer entgegenkommen, muss ich an die Heiligen Drei Könige denken. Sie tragen zu Röcken gebundene bunte Tücher, zwei von ihnen zudem weiße Umhänge und Turban, dazu große Silberohrringe sowie allerlei Leder- und Metallschmuck um Hals, Brust und Beine. Der mit dem verschmitzten Gesichtsausdruck hält in der einen Hand einen Bogen, in der anderen ein kleines Mobiltelefon. »Hi«, grüße ich schmunzelnd, was sie mit einem freundlichen Kopfnicken erwidern.

Ein Jahr lang habe ich durchgearbeitet, um mir diese sechs Wochen Freiheit nehmen zu können. Das Flugticket hin und zurück darf, so lautet meine Regel, nie mehr als 500 Euro kosten, was in etwa der Miete für meine Wohnung entspricht, die ich solange untervermiete. Vor Ort habe ich ein Budget von fünf Euro am Tag. Das reicht meist für Essen, Schlafen, Reisen und die eine oder andere Unternehmung.

Eine Woche zuvor: Auch diesmal haben letztlich die Flugpreise über mein Reiseziel entschieden. Und wie immer fange ich erst im Flieger an, über das Land zu lesen, in das ich gerade reise. Beim Landeanflug auf Nairobi nehme ich mir vor, mir den Norden näher anzuschauen, und mache mich wenig später auf die Suche nach entsprechenden Transportmöglichkeiten. Allerdings werde ich ständig gewarnt: »Da kannst du nicht hinfahren.« »Das ist zu gefährlich.« »Da finden dauernd bewaffnete Bandenüberfälle auf Transporter statt.« Doch irgendetwas in mir ahnt, dass ich nur noch nicht die richtige Person gefragt habe. Als ich endlich herausbekomme, wo der Minibus abfahren soll, breche ich tags darauf im Morgengrauen auf. Konkrete Abfahrtszeiten kann dir in den meisten afrikanischen Ländern niemand nennen. Wer es dennoch wagt, liegt in der Regel völlig daneben. Meine Faustregel lautet daher: Für lange Fahrten sei frühmorgens an der Haltestelle. Kurze und besonders gefragte Strecken werden üblicherweise mehrmals täglich bedient. Wer früh da ist, bekommt den besten Platz, wartet aber auch am längsten. Denn Abfahrt ist meist dann, wenn das letzte Ticket verkauft ist, was mitunter einige Stunden dauern kann.

Extratipp für alle: das Pinkeln erst kurz vor Beginn der Fahrt erledigen. Du weißt nie, wie lange diese letztlich dauert und ob es eine Pinkelpause gibt. Extratipp für Frauen: An Reisetagen ein langes, weites Oberteil anziehen. Das schützt beim Gruppenpinkeln an der Straße vor ungewollt tiefen Einblicken.

Ich bin mittlerweile Meisterin im Pinkelplatzspotten und Schnellpinkeln. Wenn alles gut läuft, brauche ich nur zehn Sekunden.

Die Haltestelle entpuppt sich als verdreckter Platz mit drei ziemlich zerbeulten Transportern und einem kleinen Shop, der noch geschlossen hat. Ein Mann steht an einen Pfeiler gelehnt und stiert mit finsterer Miene unter seinem tief gezogenen Cap hervor. Ich schaue zu den drei Minibussen. Zwei Fahrer schlafen, der dritte verputzt ein Sandwich. Da der Mann am Pfeiler mich unverwandt anstarrt, fasse ich mir ein Herz und gehe zu ihm, den großen Rucksack mit Kleidung und Kamera auf dem Rücken, den kleinen mit Ausweis, Geld, Lektüre und Proviant vor dem Bauch. »Hallo!«, sage ich besonders freundlich lächelnd. »Wissen Sie zufällig, wie spät es ist?«

Er ist so überrascht, dass er einen Moment stutzt, dann kramt er eine alte Uhr aus seiner Hosentasche. »Sieben.«

Ich ziehe eine Tüte Salzpopcorn hervor. »Möchten Sie?« Seine Miene wird weicher, aber er schüttelt den Kopf. Ich zucke die Schultern, stecke mir drei Popcorn in den Mund und wünsche ihm: »Einen schönen Tag!« Schmunzelnd nickt er mir zu, während ich an ihm vorbeigehe, um weiter nach dem passenden Minibus für mich zu suchen. Erstes Learning des Tages: Wenn ich meine Mundwinkel nach oben ziehe, verändere ich meine gesamte innere Haltung, was wiederum mögliche Spannungen aus einer Situation nimmt.

Eine Frau mit drei an den Beinen zusammengebundenen Hühnern in der Hand und einem Plastikstuhl auf dem Kopf balancierend spaziert über den Platz direkt auf eines der Fahrzeuge zu, weckt den Fahrer, bezahlt ihr Ticket und steigt ein. Rasch laufe ich ihr nach und frage den Fahrer nach seinem Ziel. Hurra, mein Bus. Also löse auch ich mein umgerechnet 1,50 Euro kostendes Ticket für die Fahrt, die sieben Stunden dauern soll, und setze mich hinter die Frau, die dabei ist, ihre gackernden Hühner unter ihrem Sitz zu verstauen.

»Hallo!«, grüße ich und platze heraus: »Haben Sie schon mal erlebt, dass einer der Busse überfallen wurde?«

Neugierig guckt sie mich an. »Hör nicht auf das Gerede der Leute. Ich fahre die Strecke einmal die Woche. Kein Problem.«

Zweites Learning des Tages: Eine Gefahr wirkt umso größer, je weiter ich davon entfernt bin.

An unserem letzten gemeinsamen Abend sitzen Doudou, Doktor und ich am Lagerfeuer. Morty hat es sich neben einem knorrigen Baum bequem gemacht. Während Doudou und ich über das Leben und die Zukunft philosophieren, kaut Doktor auf ein paar Khat-Blättern herum. Ob jung oder alt, Mann oder Frau, langsam habe ich mich daran gewöhnt, dass immer irgendwo jemand eine der high machenden Pflanzen im Mund hat und manch einer mit ganzen Khat-Büschen verreist.

»Früher ist keines unserer Kinder zur Schule gegangen«, erzählt Doudou, »heute schickt jede Familie das älteste. Unser System würde zusammenbrechen, wenn alle Kinder zur Schule gingen. Wir brauchen sie zur Unterstützung bei der Herde und daheim.«

Doktor steht auf, wühlt in dem alten Mehlsack neben dem dösenden Morty und kommt kurz darauf mit einem Plastikkasten wieder, an dem er nun eifrig herumkurbelt und ihn so schließlich zum Leuchten bringt. »Diese Taschenlampe hat mir ein Freund aus Holland geschenkt. Die funktioniert ohne Batterien«, sagt er stolz und fordert mich auf: »Dreh auch mal!«

Ich kurbele und lasse mir von ihm zeigen, wie man die Leuchtfarbe wechseln und Morsezeichen machen kann.

»Wie cool, Licht ohne Batterien!«, freue ich mich.

»Wenn du magst, kannst du sie behalten.«

»Danke, aber ich glaube, du kannst sie viel besser gebrauchen als ich. Ich benutze nie Taschenlampen.« Abgesehen davon, dass ich dieses rührende Geschenk wirklich nicht annehmen kann, wäre eine Taschenlampe nur überflüssiges Gepäck. Und dann kommt sie, die Frage, die mir auf meinen Afrikareisen so häufig gestellt wird:

»Kennst du nicht irgendeine Europäerin, die ich heiraten könnte?«, fragt Doktor. »Land ist egal. Aber Deutschland ist schon gut.«

Ich schaue ihn an. Die Schatten der tanzenden Flammen lassen sein Gesicht mit dem weit nach rechts oben geschobenen Mund leicht dämonisch aussehen. Und ich kann mir niemanden aus meinem Freundes- oder Bekanntenkreis vorstellen, der seinen Heiratsantrag spontan annehmen würde.

»Nee, leider nicht«, sage ich entschuldigend. »Aber wie stellst du dir das denn vor? Wovon würdest du leben?«

»Ganz einfach: Ich mach einen afrikanischen Souvenirladen auf. Die Leute lieben Ketten und Armbänder von hier.«

»Ich drück dir die Daumen!«

»Danke. Wird schon.«

In die aus dem Flieger gemopste Decke eingekuschelt, die Füße am Feuer, den Kopf in der Kühle der Nacht, lege ich mich hin. Über mir der unendlich weite, schwarze Himmel voller Sterne, von denen jeder einzelne für eine Möglichkeit steht. Grenzenlos viele Möglichkeiten, die mein Geist, der nur die Vergangenheit kennt, nicht erfassen kann. Mit diesem Gedanken sinke ich in einen tiefen, traumlosen Schlaf.

Vier Tage habe ich mit Doktor, Doudou und Morty verbracht. Jetzt will ich Kenias Küste entdecken. Von morgens früh bis tief in die Nacht sitze ich eingequetscht zwischen einem dicken Mann im Anzug und einer großen schlanken Frau mit Baby, das während der gesamten Fahrt nach Mombasa kaum einen Mucks von sich gibt. Anlehnen kann ich mich nicht, weil dort die Schultern meiner beiden Nachbarn und etliche Taschen sind. Bei jeder Bodenwelle schmerzt mein Nacken etwas mehr. Nie wieder letzte Reihe!, schwöre ich mir und versuche, ein paar Seiten zu lesen, was bei dem Gewackel allerdings unmöglich ist. Mir wird speiübel.

In der Millionenstadt angekommen, sehne ich mich nach ein paar entspannten Stunden am Strand. Tatsächlich sieht es hier genauso aus wie auf der kitschigsten Paradiespostkarte. Türkisblaues Meer, Palmen, weißer Pudersand ... Doch der offensichtliche Sextourismus will so gar nicht zu meinem bisherigen Bild von Kenia passen. Überall einsame Europäerinnen in fortgeschrittenem Alter und knappen Bikinis, die sogar halb nackt shoppen gehen, während die muslimischen Frauen um sie herum teil- oder komplett verschleiert sind. Klar, dass auch ich für die »Beachboys« Freiwild bin. Kaum habe ich einen abgehängt, übernimmt der nächste. Offenbar hat jeder von ihnen sein Revier. Sie sind auch alle mindestens so nett wie hartnäckig, aber – sorry – nach dem dritten habe ich keine Lust mehr zu reden und sehe zu, dass ich wegkomme.

In den nächsten Tagen reise ich weiter die traumhaft schöne Küste entlang über Diani Beach, Malindi bis Lamu. Immer wieder Aussteiger und Touristen neben der großteils muslimischen Gemeinde. Verwinkelte Orte mit schmalen Gassen voller Menschen, Katzen, Eselskarren und Kunsthandwerk. Im geschäftigen Hafen winzige bunte Segelboote. Allerlei hübsche Impressionen, aber mir fehlt die authentische offene Art von Kenianern wie Doudou – und Stille. Also mache ich mich auf, meinen Geburtstag in diesem Jahr auf Sansibar[23] zu verbringen, in der Hoffnung, dass es sich dort anders anfühlt und etwas einsamer ist. Ich liebe es, an meinem Geburtstag weit weg von allem und jedem zu sein. Und tatsächlich finde ich dort die erhoffte Einsamkeit. Natürlich nicht im wuseligen Stone Town[24], aber an der Nordwestküste der Insel Unguja. Wenn Kenias Strände schön sind, dann ist Sansibars Küste nicht mehr von dieser Welt. Weiße Sandstrände, kristallklares, türkisfarbenes Wasser. Und Ruhe. Ich feiere mich selbst, indem ich mit Schildkröten schnorchele und mir vor lauter Übermut mein erstes (und bislang letztes) Henna-Tattoo machen lasse. Der Delfin, den mir eine nette Dame auf dem Fußboden ihres vier Quadratmeter kleinen Shops zwischen Daumen und Zeigefinger malt, sieht allerdings beim besten Willen nicht nach einem meiner Lieblingssäugetiere aus. »Frau Wendt, haben Sie da etwa einen Penis auf der Hand?«, wird mich wenige Wochen später der niedersächsische Ministerpräsident Christian Wulff fragen, als ich ihm das Mikrofon versehentlich mit der Henna-Hand vors Gesicht halte.

---

23 Die Inselgruppe gehört zu Tansania.

24 Der älteste Stadtteil von Sansibars Hauptstadt, die ebenfalls Sansibar heißt

Mein Rückweg nach Nairobi führt über die Hafenstadt Daressalam, wo ich wieder einmal im Dunkeln ankomme. Da mein Bus erst am nächsten Morgen geht, besteht Dan, ein Tansanier, den ich auf dem Schiff kennengelernt habe, darauf, mich zu einem Hotel zu bringen. Er wartet, bis ich eingecheckt und ihm auf dem Weg zum Hotelzimmer noch einmal zugewinkt habe. Ich bin ihm sehr dankbar, wenngleich es lange her ist, dass ich zwanzig Euro für eine Übernachtung gezahlt habe. So viel Geld. Vielleicht ist seine Angst doch etwas übertrieben, überlege ich. In einem Jahr aber werde ich ein Mädchen aus Neuseeland kennenlernen, das beim Reisen in Daressalam auf die falschen Männer getroffen ist und dabei fast ihr Leben verloren hätte.

In der Nacht bekomme ich plötzlich so hohes Fieber, dass ich halluziniere. Ich sehe mich förmlich neben mir stehen, wälze mich hin und her und nehme dann ein Aspirin, das einzige Medikament, das ich außer einer Heilsalbe immer dabeihabe.

Glücklicherweise sinkt das Fieber etwas, und ich schaffe es am nächsten Tag bis in den Bus. Mein Kopf dröhnt, alles dreht sich, und mir ist, als müsste ich mich jeden Moment übergeben. Keine Ahnung, wie ich die 16-stündige Fahrt überstehen soll. Aber irgendwie halte ich es dann doch immer wieder bis zur nächsten Pause aus. Dazwischen döse ich vor mich hin, schaue nur selten aus dem Fenster, bis auf einmal mitten in der flachen, grün leuchtenden Landschaft ein schneebedeckter blauer Berg auftaucht.

»Der Kilimandscharo«, sagt meine Sitznachbarin ehrfürchtig.

Für einen Augenblick ist jedes Übelkeits- und Schwindelgefühl verschwunden, und ich blicke wie gebannt auf dieses Naturphänomen. Dann lasse ich meine Augen erneut zufallen und die verbleibenden Stunden bis Nairobi vorüberziehen ...

12

AOURIR

Sheriff

Mit Tränen in den Augen betrachte ich den dunkelblau schimmernden Rücken mit der kleinen Finne, die schwarzen Knopfaugen, den hellen Bauch mit der gummiartigen Haut, diesen stromlinienförmigen Körper, der gerade noch quicklebendig um die Boote herumgetollt ist. Jetzt liegt er tot am Strand. Ein Anblick, der sich einbrennt. Genauso wie die Kette aus Booten, die sich am Horizont entlangzieht. Wie viele es sind, wird vor allem nachts deutlich, wenn die Schiffe beleuchtet sind. Allein von unserer Terrasse aus zähle ich fast hundert.

»Die fischen nicht, die warten nur darauf, in den Hafen zu dürfen!«

»Glaub ich nicht. Seit der Horizont voller Fischerboote und Tanker ist, finden wir einen toten Delfin nach dem anderen am Strand.« Und unfassbar viel Müll, den die Crews von Bord werfen, wobei das Pinkeln in Plastikflaschen eine Art Betriebssport zu sein scheint.

Lahoussine und ich stehen auf der Straße, auf der ich täglich skate und die er mittags entlangradelt, um sich im Ort etwas zu essen zu holen. Er ist ein Freund vom Kaid und weiß vermeintlich über alles Bescheid, was im Umkreis von zehn Kilometern vor sich geht. Lahoussine gehört aber nicht nur zu den neugierigsten Menschen, die mir je begegnet sind, sondern auch zu den hilfsbereitesten. Seine Standardfrage an mich: »Hi, Rasta, bist du noch illegal? Oder hast du das geklärt?« Er ist selbst Surflehrer, und seine Skate-Tipps wie »Geh mehr in die Knie und öffne die Schultern« bringen mich jedes Mal etwas weiter.

Für heute habe ich meine tägliche Stunde Skaten bereits aufgebraucht, dabei gibt es noch so viel Frust, der raus muss. All die toten Delfine, und dann auch noch Tomars Hund, der geklaut und höchstwahrscheinlich gegessen wurde. Tomars Wut, Trauer und Verzweiflung sind so groß, dass er mir vorhin schrieb, er bereue es, mich kennengelernt zu haben. Ich sähe sein Leid nicht, sähe nicht, dass die anderen im Ort ihn wie Dreck behandeln, wenn ich nicht da bin, und er sei müde, allein gegen alle zu kämpfen. Das Grundstück sei schließlich *mein* Traum gewesen, nicht seiner. Ich hätte das alles nur für *mich* getan, er werde sein Glück woanders suchen und sei erst mal nicht mehr zu erreichen. Bei allem Verständnis für die endlose Misere, die sein Leben zu sein scheint, reißt mir diese Nachricht den Boden unter den Füßen weg. Ich respektiere seine Entscheidung, na klar, doch warum hatte er nicht den Mumm, vorher einmal mit mir darüber zu sprechen? Wir beide haben verflucht hart geschuftet, um ihm noch vor meiner Abfahrt ein Zuhause zu bauen, in dem er endlich unabhängig von seiner Familie leben kann. Und es tut verflucht weh, als sich in meinem Herzen die Tür zu Tomar schließt.

Trotz des Schmerzes muss ich schmunzeln, als Lahoussine mit seinem kräftigen Körper, einem kleinen Cap auf dem kahlen, runden Kopf und einem lila Synthetikbeutel am Handgelenk, in die Knie geht und Skatebewegungen nachahmt. »So, siehst du, und so«, ruft er und breitet die Arme aus »Ist wie tanzen.« Im Gegensatz zu meinen Skatekünsten scheinen ihn die toten Delfine völlig kaltzulassen.

Entschieden stelle ich Karens Wischeimer voller eingeweichtem Hafer und Gemüse auf den Boden, um ihm Felix' Nachrichten samt Fotos auf meinem Handy zu zeigen. »Die letzten Fotos sind von heute früh ...« Darunter steht: *Noch drei tote Delfine. Diesmal alle hinter der Mauer am Palaststrand. Da komme ich nicht näher dran. Die Wachen haben mich gleich zurückgescheucht.* »Zehn tote Delfine und eine tote Riesenschildkröte innerhalb einer Woche. Und das nur an den Stränden in der Umgebung«, sage ich verzweifelt. »Die Kadaver, an denen die Haut noch halbwegs unversehrt ist, haben tiefe Schnittwunden.«

»Das kommt vor«, sagt Lahoussine, nachdem er einen kurzen Blick auf die Bilder geworfen hat. Seine Unberührtheit macht mich sprachlos und noch wütender auf uns Menschen. Ich versuche, mich selbst zu beruhigen: Immerhin nützt ihr grausamer Tod den Scharen von Hungrigen, die sich Stücke von den noch frischen Delfinkörpern abschneiden. Und warum sollte seine Meinung falsch und meine richtig sein? Gleichzeitig schreit die Rebellin in mir: Welches Recht haben wir, andere Lebewesen wie selbstverständlich zu zerstören? Wir sind *eine* Welt. Ich kann diesem Massaker an den Delfinen nicht untätig zuzuschauen. Die Tierschutzorganisationen, die ich angeschrieben habe, antworten nicht. Nur von dem Vertreter bei Greenpeace Marokko erhalte ich eine E-Mail:

Aufgrund der Abriegelung des Landes kann ich nicht persönlich in den Süden des Landes reisen, um die Leute vor Ort zu treffen und das Problem zu untersuchen. (...) Auf den Fotos sieht es so aus, als ob es sich um gewöhnliche Delfine handelt, und leider gibt es jedes Jahr eine beträchtliche Anzahl dieser Art von Ereignissen auf der ganzen Welt ... (...) Nur durch eine längerfristige und umfassendere Überwachung in koordinierter Form können diese Vorfälle in einen größeren Zusammenhang gestellt und etwaige Trends ermittelt werden.

Übrigens gibt es ein formelles internationales Abkommen zum Schutz der Wale und Delfine im Schwarzen Meer, Mittelmeer und dem angrenzenden Atlantik (ACCOBAMS). Marokko ist diesem Abkommen beigetreten.

Ich bin enttäuscht, dass von Greenpeace niemand kommen wird, obwohl jeder, der ein konkretes Anliegen nachweisen kann, momentan eine Ausnahmegenehmigung für Reisen innerhalb Marokkos erhält. Stattdessen bieten sie mir ein sogenanntes Greenpeace Media Briefing an, um lokalen Journalisten von den hiesigen Vorkommnissen zu erzählen. Ich frage mich, was der Inhalt eines solchen Interviews sein soll, wenn niemand herkommt, Hintergründe ermittelt und Fakten schafft. Außerdem bin ich nach wie vor illegal hier. Und wenn selbst die meisten Marokkaner sich nie offen zu Problematiken äußern, um nicht den falschen Leuten auf die Füße zu treten und am Ende im Knast zu landen, sollte vielleicht auch ich lieber meine Klappe halten.

»Ich muss los«, sagt Lahoussine, »deine Freundin wartet bestimmt schon auf dich«, mit einem Kopfnicken weist er auf den Eimer zu meinen Füßen. »Schönen Tag noch!« Wie immer verabschieden wir uns mit einem High-five.

Als ich den menschenleeren Marktplatz überquere, der voller Holzpaletten und Plastikplanen ist, kommen Benni und seine Mama angeschossen. Die beiden Esel heben meine Laune sofort. Da seit dem Lockdown keine Märkte mehr stattfinden, haben arme Familien nicht mehr die Möglichkeit, übrig gebliebene Lebensmittel zu Spottpreisen zu erstehen. All das, was wirklich kein Mensch mehr wollte, fraß nachts und am nächsten Morgen das Vieh, das die Hirten deshalb hierhertrieben.

Nun, da viele von ihnen nicht mehr wissen, wie sie ihre Tiere ernähren sollen, lassen sie sie einfach frei. Die Nachbarn und ich versorgen alle, die vor unserer Haustür aufschlagen, so gut es geht mit Gemüseresten oder eingeweichtem Getreide. Dromedare und Pferde verschwinden oft so plötzlich, wie sie gekommen sind, sobald sie wieder besser genährt aussehen. Babyesel Benni und seine Mama Sabrina aber scheint zu meiner Freude niemand zu vermissen. Wie ein Brummkreisel rennt der Kleine um Sabrina herum, die mittlerweile in einer Staubwolke verschwunden ist. Seine Hufe sind nicht größer als ein Zweieurostück, doch sein Selbstbewusstsein gleicht dem eines Stieres. Als es Mama Sabrina zu bunt wird, zwickt sie ihm liebevoll in den Nacken. Sanft streichele ich Sabrinas Hals, woraufhin Benni nichts Besseres zu tun hat, als sich von hinten an mich heranzuschleichen und mir mit den Zähnen in die Beine zu kneifen. Um das kecke Eselfohlen auf andere Gedanken zu bringen, massiere ich ihm erst den Kopf und hocke mich dann neben ihn, woraufhin er sich seitlich über meinen Knien niederlässt und im Nullkommanichts einschläft. Ich vermute, dass die zwei Esel sonst nirgendwo zur Ruhe kommen. Ständig sind sie in Gefahr, von hungrigen Straßenhunden angefallen zu werden. Vor allem nachts. Erst vor ein paar Tagen hat ein Rudel ein frisch geborenes Dromedarbaby gerissen.

Nach einer Viertelstunde sind auch meine Beine eingeschlafen, und ich muss Benni zur Seite schieben. Sofort rappelt er sich auf und lugt gierig in den Wischeimer.

»Ich bringe euch später eine Portion! Erst kommt Elke an die Reihe.«

Ich finde die Stute an einem Müllcontainer. Auch sie frisst alles, was irgendwie nach Futter riecht oder schmeckt. Konservendosen mit scharfen Kanten werden ausgeleckt, vergammeltes Brot und dünne Plastiktüten, an denen Lebensmittelreste kleben, verspeist. Behutsam streiche ich über ihren abgemagerten Körper und ihre verfilzte Mähne. Mit ihren tiefschwarzen Augen sieht sie mich an und schnaubt einmal kurz, bevor sie sich auf den Hafer-Gemüse-Schleim stürzt.

Felix wollte neulich wissen, weshalb ich die Stute ausgerechnet Elke nenne.

»Du kennst doch bestimmt das Lied von der fetten Elke, oder?«

»Das von den Ärzten meinst du?«

»Ja! Ich wünsche mir, dass sie eines Tages kugelrund ist. Dass sie fühlen kann, was es heißt, gut versorgt und satt zu sein.«

Jetzt knie ich vor Elke auf dem staubigen Boden und wische ihr vorsichtig den Dreck aus den Augen, während sie schleckt und schmatzt, bis der Eimer blitzblank ist. Zum Abschied klopfe ich ihr den Hals. »Bis heute Abend, meine Liebe. Bleib in der Nähe, okay?«

Auf dem Weg zu Sheriffs Hütte schaue ich vom Hügel noch einmal zu Elke hinab. Ihr Kopf steckt wieder in dem Müllcontainer, den sie sich nun mit einem Schafhirten teilen muss. Er ist gerade hineingeklettert, um nach etwas Fressbarem für seine Tiere zu suchen. Ich winke ihm zu, als er kurz auftaucht. Er winkt zurück. Dann zieht er sein Messer hervor, schneidet einen fauligen Brokkolistumpf in Stücke und wirft sie seiner hungrigen Herde vor.

Mit Sheriff Zeit zu verbringen erleichtert mir immer das Herz. Er ist definitiv eine der schönsten Seelen rund um den Strand von Aourir. Wenn ich dürfte, würde ich ihn zur Begrüßung umarmen, doch seine Angst vor Corona respektiere ich natürlich. Stattdessen knuddele ich seine stürmischen Hunde; Hündin Lena wartet geduldig, bis sie dran ist.

»Hi«, wispere ich in ihr Ohr, als ich ihren Kopf in meine Hände nehme. »Geht es dir gut?« Mit ihrer ausgeglichenen Art und ihrem entspannten Blick lässt sie mich spüren, dass im Grunde alles okay ist. Und sofort wird mein eigener Herzschlag ruhiger.

»Was gibt es Neues?«, fragt Sheriff, verschwindet, ohne meine Antwort abzuwarten, in seiner Hütte und kommt mit einem Teller Kekse wieder heraus. »Für dich, wollte ich dir schon seit Tagen geben, aber du hast dich ja nicht blicken lassen«, scherzt er.

Es ist immer noch ungewohnt, ihn allein anzutreffen. Normalerweise hocken mindestens drei weitere Männer und ein paar Surfjungs vor seiner Hütte. Sie musizieren, machen Lagerfeuer, kochen Tagine, rauchen, schauen aufs Meer und philosophieren gemeinsam mit Sheriff übers Leben. Unter ihnen mein Kumpel Mounir, der mit seiner Surfschule weiterführt, was Sheriff angefangen hat. Den meisten Kindern der Umgebung hat der alte Fischer das Schwimmen beigebracht und ihnen Bodyboards aus Styroporresten gebastelt. Ob arm oder reich, ob Mädchen oder Junge, jetzt ist es Mounir, bei dem alle Surfen lernen können. Seit dem Lockdown aber ist Sheriff meist allein, und statt Gnawa-Musik[25] und Gesang ist nur blechernes Gebrabbel aus dem kleinen Radio zu hören.

»Du siehst bedrückt aus«, sagt er mit hochgezogenen Augenbrauen.

»Ist gerade ein bisschen viel. Und kein Meer, um zwischendurch all den Dreck wegzuwaschen. Ich hab auch was für dich«, sage ich. Zusammen mit einer Tafel Bitterschokolade gebe ich ihm das Porträt, das ich von ihm gemalt habe. Es muss knapp 17 Jahre her sein, dass ich mir zuletzt Zeit zum Malen genommen habe. Eigentlich wollte ich es ihm zum Geburtstag schenken. Vor einem Jahr hat er von mir eine kleine Meerjungfrau bekommen, weil er mir erzählt hatte, dass er noch immer auf diese warte und deshalb nie geheiratet habe. Diesmal hat er seinen Geburtstag coronabedingt ausfallen lassen.

»Ein Nichtgeburtstagsgeschenk«, grinse ich.

Sheriffs Augen leuchten, als er die Kohlezeichnung betrachtet.

»So gut hast du mein Gesicht in Erinnerung? Du musst mich ja gern haben.« Er lacht.

»Hab ich auch!«, sage ich, kneife ihn in den Arm und verschweige Grahams Fotovorlage.

Eine Weile sitzen wir schweigend nebeneinander und schauen übers Meer, an dem sich hier niemand jemals sattsehen wird. Mit Sheriff zu schweigen ist mindestens so wohltuend, wie mit ihm zu reden. Zwei

---

25 Die Gnawa sind eine ethnische Minderheit in Marokko; ihre traditionsreiche, rhythmusbetonte spirituelle Musik hat schon Jimi Hendrix und viele andere internationale Musiker nach ihm inspiriert.

langhalsige schwarze Vögel tauchen ihre Köpfe von den Felsen ins Wasser, um sich den einen oder anderen Fisch zu schnappen, während seine Hunde am Strand tollen. Am Horizont weiterhin Dutzende Boote.

»Die Gendarmerie hat mich heute Morgen aus dem Meer gepfiffen«, sagt Sheriff weniger zu mir als zu sich selbst und streichelt Hündin Lena den Kopf. »Ich habe denen erklärt, dass das Meer meine Dusche und mein Fitnessstudio zugleich ist. Aber das ist denen völlig egal.«

Ich weiß, dass ihm das Meer alles bedeutet. Er könnte komfortabel im Haus seiner Schwester leben, aber er bevorzugt seine Hütte am Strand. »Bei Sonnenaufgang stehe ich auf, lasse meinen Blick über die glitzernde Weite und die Farben des Morgens gleiten. Dabei spüre ich die ungeheure Kraft der Natur. Und am Abend sehe ich der Sonne dabei zu, wie sie im Meer versinkt. Nie ist es gleich, jeden Tag ist es anders«, hat er mir erzählt, als wir eines Abends auf dem Dach seiner Hütte im goldenen Licht der untergehenden Sonne saßen. »Ich bin auf dem Meer zur Welt gekommen. Mein Vater hatte meine Mutter mit auf sein Boot genommen. Sie meinte zwar: ›Ich glaube, ich kriege ein Kind‹, aber mein Vater entgegnete: ›Quatsch, du hast sicher nur was Falsches gegessen‹, und dann war ich da.«

Ich habe ihm die Geschichte sofort abgenommen. Zu sehen, wie sehr er am Meeresentzug leidet, tut mir in der Seele weh. Die Gendarmen verscheuchen mit ihren Trillerpfeifen jeden, der den Sand berührt. Hingegen ist es offenbar kein Problem, dass jetzt alle wie die Hühner auf der Stange auf der Promenadenmauer sitzen. Ohne Maske, versteht sich. Während ich mich danach sehne, wieder in die Wellen eintauchen zu können, ist Sheriff ein Stück Heimat versperrt. Und früher oder später werden die Autoritäten kommen, um auch seine Hütte und den Surfclub plattzumachen, damit noch mehr Shops, Apartments und Hotels Platz haben. Sheriffs Meinung dazu: »Wenn das geschieht, ziehe ich weiter. Irgendwo wird es immer ein Fleckchen Natur geben, wo ich meine Hütte hinsetzen und in Ruhe leben kann.«

Ich muss wieder an die toten Delfine denken. »Meinst du, die Fischerboote sind schuld?«

»Kann gut sein. Delfine dürfen ja nicht gefischt werden. Und wenn doch einer ins Netz geht, wird er über Bord geschmissen, damit die Fischer keinen Ärger bekommen.«

»Das Fischen mit Treibnetzen ist doch längst verboten.«

»Ja, aber wer kontrolliert, was auf See passiert?«

»Es ist so deprimierend.«

Sheriff steht auf und holt seine Tamtam, eine mit Ziegenleder bespannte Tontrommel. »Musik heitert dich doch immer auf, Lena. Du musst sie allerdings erst ans Feuer legen, damit sie klingt«, sagt er und klopft mit den Fingern auf die beiden in der Mitte zusammengebundenen Klangkörper. »Bockbock«, tönt es etwas schräg.

»Sheriff, du weißt, wie sehr ich die Trommel mag, aber das kann ich nicht annehmen.« Mir kommen fast die Tränen, so sehr rührt mich dieses Geschenk. »Ich trommele einfach ein bisschen, und dann bringe ich sie dir zurück«, sage ich entschlossen.

»Behalte sie, nur denke beim Spielen ab und zu an mich. Und wenn dich auf deinen Reisen jemand fragt, woher du die Trommel hast, erzählst du ihnen von mir. Außerdem«, sagt er lächelnd, »wer weiß, wie lange das mit Corona noch dauert, vielleicht bist du ja auch noch eine ganze Weile hier.«

»Du bist ein Schatz. Aber wir tauschen!«, rufe ich und springe auf. »Morgen, spätestens übermorgen bringe ich dir einen Sack Hundefutter.«

Wenige Tage später ist die lange Bootkette verschwunden; auch das Delfinsterben hört auf. Zumindest vor unserem Küstenabschnitt. Ich habe so die Schnauze voll von Stränden voller Müll, von verendenden Tieren und arbeitslosen Menschen, die nicht wissen, wie sie überleben sollen. Mit einem Schreibblock auf den Knien sitze ich auf der Brüstung von Karens und Grahams Haus und beginne in Worte zu fassen, was mir durch den Kopf geht. Nach gut einer Stunde habe ich gerade eine Idee, als Tomar anruft. Meine Energie sackt prompt in sich zusammen.

»Hi«, melde ich mich.

»Hi, Lena!« Kurze Pause. »Einer meiner besten Freunde ist an Malaria gestorben. Du kennst ihn, wir haben bei ihm Kakaobohnen gekauft. Wie kann das sein? Vorgestern war er noch gesund. Und jetzt ...« Seine Stimme bricht. »Warum passiert das alles?«

Ich schweige, fühle mich wie in einer Blase, in der kein Raum mehr für ihn ist.

»Lena?«

»Ich dachte, du seist fort.«

»Es ging nicht, von jetzt auf gleich ist mein Fuß so stark angeschwollen, dass ich das Bett nicht verlassen konnte. Mein Handy hatte keinen Akku mehr, niemand wusste, dass ich krank in der Hütte lag. Und jetzt ist mein Freund gestorben.«

»Es tut mir leid um deinen Freund, wirklich, von Herzen leid.« Ich atme tief durch und spreche es aus: »Tomar, ich will das nicht mehr. In deiner Nachricht hast du gesagt, dass du weggehst, und dein Handy war wie angekündigt aus. Ich dachte die ganze Zeit, du seist einfach abgehauen, ohne dass wir je darüber gesprochen haben. Du hattest vor, dein Ding durchzuziehen, und ich respektiere das. Aber das ist für mich keine Beziehung mehr.«

»Es ist einfach alles so viel.«

»Ich weiß. Hier auch. Sag mir bitte ehrlich: Möchtest du auf dem Grundstück bleiben oder weggehen?«

»Bleiben, ich weiß ja auch gar nicht, wohin ich gehen sollte.«

»Für mich ist beides okay. Aber gib mir bitte Bescheid, wenn sich was ändert, damit wir eine Lösung finden, die für uns beide gut ist.«

»Wann kommst du zurück?«

»Keine Ahnung. Corona macht Reisen gerade unmöglich.«

»Corona, Corona ... Ich kann's nicht mehr hören. Wen interessiert bitte Corona?«

»Tomar, mach's gut. Melde dich, wenn was ist.«

Wir legen auf. Wie benommen stolpere ich in die Abstellkammer, um einen weiteren Eimer Hafer für Elke einzuweichen, denke an Tomar, an mich, an unsere Beziehung, die keine mehr ist. An seinen Schmerz und an meinen. Aber so weh es auch tut, ohne diese Beziehung fühle ich mich leichter. Als ich aus dem Küchenfenster schaue, erblicke ich in der Dämmerung einen beleibten Mann, der mit einem langen Stock auf Elke einschlägt. So schnell sie in ihrem geschwächten Zustand kann, läuft sie davon. Der Mann hinterher. Vor Wut könnte ich rausrennen, ihrem Besitzer den Stock aus der Hand reißen und ihm dasselbe zufügen. Aber ich habe keine Ahnung, wohin die beiden verschwunden sind. Ich bitte meine Freundin Lucy, die Morocco Animal Aid leitet, mir bei der Suche nach Elke zu helfen.

Am nächsten Morgen fragen wir uns durch, bis wir den Schläger auf einem Grundstück in den Gärten ausfindig gemacht haben. Lucy knöpft ihn sich vor. Während er ihr weismachen will, dass er kein Geld mehr fürs Futter hat, schaue ich nach Elke. Lethargisch steht sie in einer dreckigen Box, neben der sich drei weitere Boxen befinden mit Pferden, die etwas besser aussehen als die Stute. »Sie ist auch deshalb so dünn, weil sie bis vor Kurzem ein Fohlen gestillt hat«, höre ich, wie der Kerl sich rechtfertigt. Die Nachbarn haben uns jedoch gesteckt, dass sie die völlig abgemagerte Stute ebenfalls gesehen und ihrem Besitzer daraufhin Futter gebracht haben, das dieser aber lieber verkauft hat. Lucy verspricht, ihm mit Elke zu helfen. Doch als sie am nächsten Tag mit einem Transporter voller Heu bei ihm vorbeikommt, ist Elke angeblich tot.

Das kann ich nicht glauben.

Die Gärten sind keine 300 Meter von unserem Haus entfernt. Mit den letzten Wasserreserven der Region bewirtschaften ihre Besitzer kleine Oasen mit Biogemüse und -obst, einige halten darin Ziegen, Schafe, Hühner, Kühe, Dromedare oder eben Pferde. Deren Job ist es normalerweise, mit Touristen auf dem Rücken den Strand auf und ab zu galoppieren. Aber ohne Urlauber kosten sie nur und bringen kein Geld.

Ich laufe durch das labyrinthartige Geflecht, kreuze und quere die schmalen Wege mit den zahlreichen Bewässerungsrinnen. Als ich die rostige, mit einem kleinen Vorhängeschloss versperrte Tür wiedererkenne, sehe ich mich um, ob auch niemand kommt, stelle mich auf die Zehenspitzen und ziehe mich hoch. Ich sehe die vier Pferdeboxen. Elkes Box ist leer.

13 Menschlichkeit

RUANDA (2010)

Internetcafé-Freunde

Die Zukunft des Regenwalds

»Ruanda?« Meine Arbeitskollegen haben ziemlich verblüfft geguckt, als ich ihnen erzählt habe, in welches afrikanische Land ich meinen gesamten Jahresurlaub samt Überstunden investieren werde. Ihrem Gesichtsausdruck nach zu urteilen hat das nichts mit Urlaub zu tun. Aber mit Reisen, wie ich finde. Wenn du mich jetzt fragen würdest, was mich auf die Idee gebracht hat, mir ausgerechnet Ruanda auszusuchen, dann würde ich dir zwei Gründe nennen. Zum einen der Film *Gorillas im Nebel*, der die Geschichte von Diane Fossey nachzeichnet, die ihr Leben den Menschenaffen im Dreiländereck zwischen Ruanda, Uganda und dem Kongo gewidmet hat. Zum anderen Deutschlands schändliche Rolle als spaltende Kolonialmacht; gezielt wurden die Gegensätze zwischen dem herrschenden Tutsi-Adel und der Masse der Hutu-Bauern geschürt und damit womöglich der Grundstein für den grausamen Bürgerkrieg gelegt, bei dem 1994 hunderttausende Tutsi und oppositionelle Hutu umgekommen sind.

Jetzt, 16 Jahre später, möchte ich versuchen nachzuspüren, wie Ruandas Bevölkerung diesen Horror verarbeitet hat. Mit meinem Rucksack auf dem Rücken stehe ich mitten in Kigali[26] und bin erstaunt, welche Herzlichkeit mir begegnet. Dazu ist die Stadt bald sauberer als Hannover. Schon bei der Grenzkontrolle wurde die große Supermarkttüte, in der ich sonst immer meine Dreckwäsche sammle, von den Beamten entsorgt. Denn Ruanda ist, wie ich erfahre, plastiktütenfrei. Die Chinesen gebärden sich zwar ganz offensichtlich wie moderne Kolonialisten, unterstützt von Ruandas Präsident Paul Kagame, der das Land vom Regime der Hutu-Extremisten befreit und dann zu einem Überwachungsstaat umgebaut hat, aber so wird Ruanda auch zum ersten Land im südlichen und östlichen Afrika, in dem ich per Anhalter auf einem Motorrad mitfahre – und das bei Dunkelheit. Ich genieße es sehr, selbst nach Sonnenuntergang noch draußen herumschlendern zu können. Kigali schmückt sich mit neuen Hochhäusern, deren Glasflächen tagsüber in der Sonne

26 Hauptstadt von Ruanda mit rund 1,7 Millionen Einwohnern

glitzern. Es gibt auch schicke Malls, in denen sogar Butter und Käse aus Deutschland angeboten werden. Von lokalen Milchprodukten keine Spur.

In Sammeltaxis und Bussen reise ich durch das Land, lasse genüsslich weite grüne Wiesen, Felder und graublaue Berge an mir vorüberziehen. Dann wieder lese ich ein paar Seiten in dem Buch *Left to tell*, das ich kurz nach meiner Ankunft in einer abgelegenen Buchhandlung entdeckt habe. Es ist die Biografie von Immaculée Llibagiza, einer jungen Tutsi-Frau, die als Einzige ihrer Familie den Völkermord überlebt hat. Die Schilderungen sind so heftig, dass ich die Lektüre oft unterbrechen muss. So sitze ich auch jetzt wie gelähmt am Ufer des Lake Kivu im Gras und kann die Schönheit des riesigen Vulkansees kaum aufnehmen. Immaculée beschreibt, wie sie sich vor ihren Mördern versteckt, die mit Macheten bewaffnet nach ihr suchen, um sie zu zerstückeln. Wie diese aufgeregt ihren Namen rufen und ihr schließlich so nah kommen, dass sie einstige Freunde unter ihnen erkennen kann. Immaculées Chancen zu überleben sind fast null. Dann, wie durch ein Wunder, gehen ihre Verfolger an ihr vorbei. Wenn ich die Augen schließe, meine ich die Rufe der mit Macheten bewaffneten Horden zu hören, die nach ihren früheren Schulfreunden, Nachbarn, Kommilitonen suchen. »Kakerlaken!«, brüllen sie.

»Als der Morgen anbrach, begannen die Vögel im Schatten eines Baumes zu singen. Ich war eifersüchtig auf sie und dachte: ›Was für ein Glück, dass ihr als Vögel geboren wurdet und frei seid – seht euch doch an, was wir Menschen uns antun.‹«

»Was liest du da?«, fragt mich ein Mädchen.

Ich schrecke hoch, merke, dass ich vor dem Internetcafé im Staub hocke, wieder einmal vertieft in Immaculées Erinnerungen. Dass ich zuvor eine ausführliche E-Mail an meinen Freund daheim geschrieben habe und dass dann der Strom ausgefallen ist – Computer aus, E-Mail futsch –, kommt mir in diesem Moment völlig unwichtig vor. Dabei habe ich mich extrem darüber geärgert.

Ich zeige dem Mädchen das Cover. Sie ist etwas jünger als ich, trägt Jeans, ein rosa T-Shirt, Badelatschen und hat ihr geglättetes Haar zu einem strengen Zopf gebunden.

»Ich bin Janet«, sagt sie und streckt mir ihren langen, dünnen Arm entgegen.

»Und ich bin Lena ... Uraho!«

Wir geben uns die Hand.

»Du sprichst Kinyarwanda?«

»Nee, nee, nur Hallo, Danke, Tschüss. Muraho, Murakoze, Murabeho«, lache ich.

»Ist doch toll.«

Neugierig geworden, kommen zwei etwas ältere Jungs aus dem Café. »Das ist mein Bruder Claude«, Janet zeigt auf den größeren der beiden, »und unser Kumpel Ali«, ein smarter Kerl mit rundlichem Gesicht. »Nach der Schule sind wir oft hier, wir lieben das Internet, da kann man so viel lernen«, sie grinst, »zumindest, wenn es Strom gibt und wir ein wenig Geld übrig haben.«

»Wo kommst du her?«, fragt Claude.

»Aus Deutschland.«

»Hallo, guten Tag«, sagt Ali. »Aus welcher Stadt in Deutschland kommst du? Ich lerne ein bisschen Deutsch in der Schule.«

»Wie cool«, freue ich mich. »Momentan lebe ich in Hannover.«

»Und was machst du hier?«

Alis Deutsch ist erstaunlich gut.

»Ich möchte Ruanda kennenlernen.«

»Dann musst du unbedingt mit zu uns nach Hause kommen«, lädt Janet mich überschwänglich ein.

Nichts lieber als das. »Jetzt sofort?«

»Klar, warum nicht?«

Die drei lachen, während ich rasch das Buch in meinem Stoffbeutel verstaue.

Wie sich herausstellt, wohnen Ali und die Geschwister nicht gerade um die Ecke. Knapp dreißig Minuten gehen wir im Zickzack durch gefühlt alle

Seitenstraßen von Gisenyi[27]. Kurz bevor wir die Siedlung erreichen, kreuzen wir die staubige Hauptstraße, die gerade von zwei Dutzend Chinesen mit Schaufeln, Bagger und Walze in eine Teestraßen verwandelt wird.

Janets und Claudes Familie wohnt in einem schlichten Steinhaus mit Wellblechdach. Unter großem Hallo werde ich zu einer schwarz-weiß gemusterten Couch gelenkt, auf der ich, umringt von weiteren kleinen und großen Geschwistern sowie einigen Nachbarkindern, Platz nehme. Dank eines frischen Lüftchens, das durch die offenen Fenster weht, und des Schatten spendenden Baums davor, funktioniert mein Kopf gut genug, um auf all die Fragen einzugehen, die auf mich einprasseln.

»Ist es da, wo du herkommst, auch so warm wie hier?«

»Wie heißt deine Mama?«

»Hast du Geschwister?«

»Wie heißen die?«

»Was arbeitet dein Papa?«

Ob ich Fotos von meiner Familie auf dem Handy habe, wollen sie wissen. Ich schüttele den Kopf und ziehe das schrottreife Klapphandy aus meiner Tasche, das nur noch an zwei einzelnen Kabeln zusammenhängt und prompt für großes Gelächter sorgt.

Als schließlich alle mit Tee versorgt sind, habe ich Gelegenheit, meine Fragen loszuwerden. Vor allem möchte ich mehr über den Bürgerkrieg und das heutige Verhältnis zwischen Tutsi und Hutu erfahren. Aber zum einen sind meine neuen Freunde noch sehr jung, zum anderen ist das Thema so verstörend, dass ich nicht weiß, ob ich es wirklich ansprechen soll. Janet erzählt unterdessen von ihrem Traum, einmal Krankenschwester zu werden.[28] Ihr Kumpel Ali will nach der Schule studieren und dann in die Politik gehen.

---

27 Die Stadt liegt am Kiwusee, durch den die Grenze zwischen Ruanda und der Demokratischen Republik Kongo verläuft. Der See ist knapp 2.400 Quadratkilometer groß und bis zu 480 Meter tief.

28 Janet ist inzwischen Kindergärtnerin in Gisenyi, hat ein Buch über das Finanzwesen in Ruanda geschrieben und will nun eine Schlachterei in Kigali aufmachen.

»Ich habe es satt, dabei zugucken zu müssen, was in unserem Land passiert. Wie kann es sein, dass wir keine Arbeit finden, während Chinesen unsere Straßen bauen, dass lokale Bauern ihre Produkte nicht loswerden, weil sie nicht gegen die billige Importware ankommen. Ich verstehe einfach nicht, dass unsere Politiker, die oft im Ausland studiert haben, in ihr Heimatland zurückkehren, nur um ihrem Volk dann das Gleiche anzutun, worunter sie selbst immer gelitten haben.«

Ich freue mich, von derart interessanten Leuten aufgegabelt worden zu sein. Wenn Menschen wie Janet und Ali Ruandas Zukunft sind, kann diese nur großartig werden.

Sieben Jahre später: Ich bereite gerade die Kinotour für *REISS AUS* vor, als mich Alis E-Mail erreicht. Monate zuvor hatte er in einem Post bei Facebook geschrieben, er verabschiede sich von der Welt. Alarmiert meldete ich mich bei Janet und Claude, um zu hören, was los sei und ob ich helfen könne. Doch Ali war wie vom Erdboden verschluckt. Und nun diese Nachricht:

»Alles begann an der Universität. Ich war ein ehrgeiziger Student mit vielen Freunden, der in der Geschichte der Universität eine wichtige Rolle spielen wollte, mit der Leidenschaft, das Leben anderer Menschen zu verbessern. Am 4. März 2016 wandte sich der Minister für Jugend und IKT[29], Jean Philbert Nsengimana, an die ULK[30]-Gemeinschaft, die sich aus Beamten, akademischem und administrativem Personal sowie Studierenden zusammensetzt. Er informierte die Jugend über ihre Rolle bei der Entwicklung des Landes, und ich dachte, es sei eine gute Idee und Gelegenheit, mich vorzustellen und ihm einen Eindruck von meiner Leidenschaft zu geben. (...)

Am 31. März wurde ein Mordanschlag auf mich verübt, und am nächsten Morgen war ich im Gefängnis, weil man mich beschuldigte, eine Waffe (AK47) zu besitzen und undercover für die Demokratischen

29 Informations- und Kommunikationstechnologien

30 Université Libre de Kigali

Kräfte zur Befreiung Ruandas zu agieren. Man nahm mir meinen Pass ab und begann mit den Ermittlungen. Ich wurde in verschiedene Gefängnisse verlegt und von Polizisten gefoltert, sie richteten eine Waffe auf mich und stellten mir viele Fragen: ›Wir sehen in deinem Pass, dass du oft in der Demokratischen Republik Kongo warst, auch in Burundi warst du, in Kenia und in Uganda. Mit wem arbeitest du da zusammen?‹ Immer wieder betonte ich, dass ich dort nur zu Besuch gewesen sei und nicht wisse, wovon sie reden. Dreimal wurde ich halb tot getreten, bis ich ihnen sagte, sie sollten sich an meinen Onkel wenden, der Vorsitzender der ruandischen Akademie für Sprache und Kultur ist; er kennt mich immerhin aus meiner Kindheit.

Als ich aus dem Gefängnis entlassen wurde, war ich krank, hatte Blut im Urin, konnte aber nirgendwo hin; da war niemand, der mir helfen konnte, und so fing ich an, Gras zu rauchen, um die Schmerzen zu lindern, bis ich süchtig und psychisch krank wurde. Plötzlich hörte ich Stimmen, die gar nicht da waren, und fand mich schließlich im Ndera-Hospital[31] wieder.

Jetzt bin ich nicht mehr krank (weder körperlich noch geistig), und ich danke Gott, dass ich keine Drogen mehr nehme. Auch mein neuer Pass ist da, was bedeutet, dass alle Anschuldigungen falsch waren. Da ich mein Studium hier nicht fortsetzen kann, möchte ich Ruanda für eine Weile verlassen und irgendwo ein neues Leben beginnen, um meine Zukunft zurückzubekommen.«

Sofort wende ich mich an einen Freund, der lange in Ruanda gearbeitet hat und – zumindest damals – über viele Kontakte verfügte. Ali solle sich an Amnesty International wenden, empfiehlt er. Doch meine Nachricht an Ali bleibt ungelesen, und alle weiteren Nachrichten gehen nicht mehr durch. Nicht mal Janet und Claude wissen, wo er sich aufhält.

---

31 Das CAREAS-Ndera-Krankenhaus ist eine Fachklinik für Neurologie und Psychiatrie in Kigali.

Janet hat mich eingeladen, über Nacht zu bleiben, doch nach all den Eindrücken bin ich ganz froh, Zeit für mich zu haben, obwohl die winzige Kammer mit dem klapprigen Bett alles andere als komfortabel ist. Dafür aber ist sie billig. Denn für morgen habe ich einen Ausflug zu den Gorillas geplant. Ein teures Vergnügen, weshalb ich darauf gebaut hatte, andere Touristen dafür zu begeistern, sodass sich wenigstens die Transportkosten reduziert hätten. Aber die drei einzigen Mzungus, denen ich begegnet bin, sind aus Deutschland und absolvieren hier ihr freiwilliges soziales Jahr, André in einer Schule, Max in einer Klinik und Katharina im Waisenhaus der Stadt. So habe ich zwar keine Mitfahrer gefunden, aber neue Freunde, die mir in den kommenden Tagen einen tieferen Einblick in das Leben in diesem Land ermöglichen werden.

Der Fahrer, der mich zum Vulkan-Nationalpark hin- und auch wieder zurückfährt, kostet mich mein Zelt plus umgerechnet zwanzig Euro. Das ist allerdings nichts gegen den Preis der Eintrittskarte: 300 Euro zahle ich, um mit drei anderen Touristen und vier Guides auf die Suche nach einer der zwölf Gorilla-Gruppen zu gehen. Geld, das glücklicherweise zum großen Teil für den Schutz der bedrohten Tiere verwendet wird. Und jedes Tier, das einer Region Geld und Arbeitsplätze bringt, ist auch aus Sicht der Bevölkerung schützenswert.

Obwohl ich mir seit Jahren sehnlichst gewünscht habe, einmal dem Lebewesen gegenüberzustehen, von dem wir Menschen abstammen, bin ich nicht vorbereitet auf die Ergriffenheit, die mich durchströmt, als ich in die ausdrucksstarken Gesichter der Berggorillas schaue. Ein Silberrücken, seine zwei Frauen und drei Kinder kauern unter den ausladenden Blättern tropischer Bäume, um sich vor der glühenden Mittagshitze zu schützen. In diesem Augenblick scheinen Raum und Zeit zu verschmelzen. Stundenlang haben wir uns mit Macheten den Weg durch den Dschungel gebahnt, bis die Gorilla-Familie vor uns auftauchte. »Damit sich die Tiere nicht von uns gestört fühlen, halten wir immer ausreichend Abstand«, hat unser Guide Patrick uns mit ernster Miene mehrmals eingetrichtert. »Ich zeige ihnen, dass es keinen Grund zur Aufregung gibt«, sagt er, während er wie sie auf einem Stock kaut. Das tiefe Verständnis für die Tiere ist ihm, der schon mit Diane Fossey gearbeitet hat, sofort anzumerken. »Gut möglich, dass der eine oder andere beschließt, sich uns zu nähern, dann bleibt ganz ruhig. Ich bin ja da.«

Ich weiß nicht mal, ob ich noch atme, als zwei Gorilla-Kinder ausgelassen vor mir herumtollen. Die beiden schwarzen Fellkugeln schlagen Purzelbäume, klettern an Lianen hoch, schwingen dort herum, um sich gleich darauf wieder auf den Boden fallen zu lassen und miteinander zu balgen. Echte Dschungelkinder. Ihre Mütter liegen derweil entspannt im Schatten, eine hält ihre große dunkle Hand an die Stirn; kurz muss ich an die *Titanic*-Szene denken, in der Rose (Kate Winslet) von Jack (Leonardo di Caprio) gemalt wird. Die Gorilla-Mama wirkt in sich gekehrt und scheint mit ihren Gedanken woanders zu sein. Im Gegensatz zu dem dominanten Männchen. Mit seinen allwissenden Augen behält es alles im Blick, was um die Familie herum passiert. Der Silberrücken liegt auf dem Bauch, die Arme vor der Brust verschränkt, während ein Junges in dem leichten Hohlkreuz seines Papas ruht. Diese natürlich-liebevolle Bindung zwischen dem starken Anführer und dem Kleinen rührt mich.

»Das sind Umuhate, der Mutige, und seine Tochter Ishimwe, was Dankbarkeit heißt«, flüstert Patrick neben mir.

»Wie kannst du denn die Gorillas auseinanderhalten?«, frage ich.

»Sieh dir mal ihre Nasen an«, sagt er.

Jetzt erst bemerke ich, dass ein Gorilla runde Nasenlöcher hat, ein anderer welche, die aussehen wie Regentropfen, und die Nasenlöcher der gedankenverlorenen Gorilla-Dame ähneln Engelsflügeln. Ich habe das Gefühl, dass es in diesem Moment nichts Wert- und Sinnvolleres auf der Welt gibt, als diesen Tieren nah zu sein und sie zu beobachten.

Auf einmal beschließen die Gorilla-Damen jedoch, ihre Kinder einzusammeln und mit diesen weiterzuziehen. Ishimwe hüpft vom Rücken ihres Vaters auf den ihrer Mutter, und dann ziehen sie davon. Direkt an mir vorbei. Gespannt verfolge ich jede ihrer ebenso gleichmäßigen wie zielstrebigen Bewegungen. Als die Damen einige Meter entfernt sind, bedeutet Patrick uns rückwärtszugehen. Da richtet sich der Silberrücken plötzlich auf, stellt sich auf seine Hinterbeine und beginnt, laut brüllend Äste herunterzureißen. Patrick, der nicht sehr große, aber überaus muskulöse Ruander, reagiert sofort. Er drückt seine Brust raus, trommelt mit den Händen dagegen und brüllt zurück. Der Gorilla lässt sich auf alle viere zurückfallen, guckt wieder entspannter drein und trottet dann seiner Familie hinterher.

»Au Mann, was war das denn?«, staune ich.

»Eine kurze Diskussion«, grinst Patrick. »Dieser Silberrücken und ich kennen uns seit fast zwanzig Jahren. Da weiß man, wie man den anderen zu nehmen hat.«

Am nächsten Tag bin ich mit Katharina im Waisenhaus verabredet. Wie bei den pelzigen Dschungelkindern haben auch die Waisenkinder dieses neugierige, lebenshungrige Leuchten in den Augen. Was jedoch fehlt, ist die natürliche, von tiefem Vertrauen getragene Unbeschwertheit. Denn im Gegensatz zu den Gorilla-Kindern haben diese Menschenkinder keine Familie mehr, keine Mama, die selbstverständlich da ist, wenn sie sich wehgetan haben, keinen beschützenden Papa, an dessen Rücken sie sich kuscheln können. Ihre Eltern sind tot.

»What's the time, Mr Uff?«, grölen mir gut 15 Kids und Katharina entgegen. Sie stehen auf der einen Seite des Innenhofs in der prallen Sonne, ich auf der anderen.

»It's eight o'clock«, rufe ich zurück.

Im Chor zählen sie bis acht und fangen dann quietschend vor Vergnügen an, in meine Richtung zu laufen. Das Ziel: meine Seite zu erreichen, ohne dass ich sie erwische. Wen ich berühre, der gehört in der nächsten Runde zu mir. Wer es bis zur letzten Runde schafft, hat gewonnen.

Ich verbringe zwei Tage mit den Kids und lerne dabei viele neue Spiele und Lieder, zum Beispiel: *I like to eat, eat, eat apples and bananas, I like to ait, ait, ait aipples and banainais ...* Wie bei den *Drei Chinesen mit dem Kontrabass.* Im Nu habe ich mich in jeden von ihnen verliebt. In Samuel mit dem bezauberndsten Lächeln, in die verschmuste Samantha, den dreijährigen Abraham, mit seinem Kugelbauch und dem Gesichtsausdruck wie ein grimmiger Truck-Fahrer.

Viele Lieder handeln von Gott und Jesus, was mich verstört, da den Menschen der christliche Glaube von Weißen Missionaren aufgezwungen wurde.

»Die Ärmsten sind oft die mit dem stärksten Glauben«, sagt Katharina, als sie meinen fragenden Blick sieht. Und Christine, die rund um die Uhr mit den Kids lebt, erklärt:

»An was sollen wir uns festhalten, wenn nicht an Gott? Was sonst soll uns eine Richtung geben und die Kraft, die Hoffnung nicht zu verlieren, wenn wir unsere Eltern verlieren oder andere schwere Schicksalsschläge erleiden?«

Ich bastle mit den Mädchen und Jungs und schaue dabei zu, wie sie Girlanden aus Papier schneiden. Der Einfachheit halber und um Läusen vorzubeugen, haben alle eine Glatze. Der kleine John, der vor lauter Konzentration seine hellrosa Zunge rausstreckt, sieht ein bisschen aus wie ein drolliger Conehead. Laut Christine wurde er mit einer Geburtszange geholt, und danach hat sich offenbar niemand weiter um seinen Kopf geschert.

»Welche Zukunftsperspektiven haben diese Kinder?«, frage ich.

»Einige Heimkinder kommen als Putzhilfen zu Familien, wo sie dann auch wohnen und essen können. Im besten Fall werden sie in die Familie integriert und gefördert. Manche werden aber auch aus den Heimen geklaut und als Haussklaven benutzt.« Nachdenklich knetet Christine ihr blau-weiß gemustertes Batikkleid. »Ich selbst bin hier im Heim aufgewachsen. Meine Eltern wurden ermordet, als ich vier war. Mithilfe des Heims habe ich es geschafft, den Schulabschluss zu machen, und nun arbeite ich selbst als Betreuerin. Aber so eine Chance bekommen nicht viele …«

Wieder schaue ich zu den kleinen Menschen. Wie werden ihre Lebenswege verlaufen?

Am Abend begleite ich Katharina, André und Max in eine kleine Bar, wo ich den Rapper Emiwess kennenlerne. Emi ist Anfang zwanzig und sehr introvertiert für jemanden, der auf der Bühne steht und sich übers

Leben auslässt. Mit langer Silberkette über dem schwarzen Schlabbershirt kommt er freundlich lächelnd an unseren Tisch geschlendert, gefolgt von seiner neuseeländischen Freundin Sophie, die noch zurückhaltender zu sein scheint als er. Doch Sophie und ich merken schnell, dass die Chemie zwischen uns stimmt.

»Ich will erst zurück nach Hause«, sagt Sophie, »wenn ich diesem Teil der Welt wieder Vertrauen entgegenbringen kann.« Fragend schaue ich sie an. »Vor vier Monaten bin ich in Daressalam[32] in ein Taxi gestiegen und entführt worden. Tagelang wurde ich von fünf Männern festgehalten und vergewaltigt.« Unwillkürlich lege ich meine Hand auf ihre. »Ich dachte wirklich, das war's. Aber die Männer haben mich dann doch zurück auf die Straße geschmissen. Ich bin nach Ruanda gekommen, um zu heilen. Seelisch und körperlich. Emi und ich hatten uns kurz zuvor hier kennengelernt, bei ihm fühle ich mich sicher. Vom Kopf her weiß ich zwar, dass das, was mir passiert ist, überall auf der Welt hätte passieren können. Aber wenn ich jetzt heimfahre, ist Afrika für mich gestorben.«

In dieser Nacht kriege ich kaum ein Auge zu. All die Eindrücke und Gefühle der letzten Tage überlagern sich, tausend gedankliche Blitzlichter jagen einander. Ich lasse sie jagen in der Hoffnung, das Erlebte auf diese Weise verdauen zu können.

Tags darauf besuche ich Max auf der Kinderstation, auf der er seit ein paar Monaten arbeitet. Sein Job: Milchpulver an die Mütter ausgegeben, die ihre Babys nicht stillen können. Die Station hat nur sechs Betten, und an jedem hängen mehrfach überschriebene Zettel mit den jeweiligen Namen und ärztlichen Anordnungen.

»Da die wenigsten Frauen lesen und schreiben können, setzen sie meist ihren Fingerabdruck unter die Papiere«, erklärt Max.

»Und dabei kommt es nicht zu Verwechslungen?«, frage ich.

»Doch, das kommt schon mal vor.«

Max zeigt mir die modernsten medizinischen Geräte, die zum Teil

---

32 Stadt mit Handelshafen in Tansania

aus Europa gespendet wurden, doch leider von niemandem hier bedient oder gewartet werden können.

»Manchmal«, sagt er, »bin ich hier auch wie so ein Gerät: fehl am Platz. Ich helfe zwar, wo ich kann, und sehe zu, dass alle Mütter und Kinder gut versorgt sind. Aber ich bin nun mal weder Arzt noch ausgebildeter Pfleger. Dann stehe ich mehr oder weniger rum oder kreiere eigene kleine Projekte.« Ein Lächeln huscht über sein Gesicht. »Zuletzt hab ich für die Kinder hinterm Krankenhaus eine Schaukel angebracht.«

Nachmittags gehe ich in der Schule vorbei, an der André den Sportunterricht mitgestaltet, obwohl es dort einen Sportlehrer gibt, der seine Sache offensichtlich sehr gut macht. Einmal mehr frage ich mich, wem der Aufenthalt der drei jungen Deutschen eigentlich nützt, zumal der deutsche Staat ihnen ein sehr komfortables Haus zur Verfügung stellt, dazu ein für hiesige Verhältnisse großzügiges Taschengeld. Die Antwort erhalte ich einige Tage später, als überraschenderweise mein Handy klingelt (hätte nicht gedacht, dass es das noch kann). Ich stehe schon an der Bushaltestelle, weil ich gleich nach Uganda aufbrechen werde, und versuche, das Gerät halb aufgeklappt ans Ohr zu halten, ohne es versehentlich komplett auseinanderzureißen.

»Hi, Lena, hier ist Katharina. Die Kinder wollen dich noch mal sprechen«, und schon ruft ein Kinderstimmenchor:

»Lena, wir vermissen dich!«

»Ich euch auch!«

»Wann kommst du wieder?«

»Ich weiß nicht, ich bin gerade unterwegs nach Uganda.«

Mein Herz ist weich wie Watte, mein Bauch holzhart. Die meisten ausländischen Volontäre, die für die Kids zu Bezugspersonen werden, verschwinden nach ein paar intensiven Monaten für immer. Ein erneuter Verlust, doch zurück bleiben neue Eindrücke, viel Liebe und Lachen. Momente, die das Leben reicher machen und Spuren in Kopf und Herz hinterlassen.

14

AOURIR

Lost and found

Dihiya Inspired

»Manchmal wünschte ich, ich wäre mehr wie meine große Schwester«, sagt Zineb.

Wir stehen im Dunkeln auf dem Sandweg. Ich werde gleich durch das trockene Flussbett nach Hause zurückgehen, Zineb ein paar Hundert Meter weiter Richtung Dorf.

»Wieso? Wie ist denn deine Schwester?«, frage ich und schaue in die walnussbraunen Augen meiner 19-jährigen Skate-Freundin.

»Sie ist ruhig, sie geht kaum vor die Tür, sie kocht gern, und sie ist schon mit sehr wenig zufrieden, das absolute Gegenteil von mir.«

»Und warum möchtest du so sein wie sie?«

»Weil das weniger Probleme macht. Mir und meiner Familie. Mit einer wie mir wollen die Jungs Spaß haben, aber die will keiner heiraten.«

»Glaubst du an Allah?«

»Ja.«

»Und glaubst du, Allah hätte dich so erschaffen, wie du bist, mit all deiner Lebensfreunde, deinem Übermut, deinem lauten, herzlichen Lachen, deinem Abenteuerdrang, deiner Intelligenz, wenn er dich anders gewollt hätte?«

Zineb grinst verlegen, dann sagt sie: »Aber in Marokko ist es für Frauen nicht gut, so zu sein wie ich.«

»Oder gerade. Die Mädchen hier brauchen Frauen wie dich. Frauen, die stark sind und mutig, und das nicht nur daheim. Sie brauchen junge Frauen, zu denen sie aufschauen können, die ihnen beweisen, dass es auch anders geht. Wenn du versuchst, wie deine Schwester zu sein, machst du dich klein und lebst gegen deine Natur. Und vielleicht wirst du dann sogar wieder krank. Du bist genau richtig so, wie du bist, und du bist genau richtig dort, wo du bist. Auch wenn es noch so schwer sein mag: Bleib dir treu!«

Zineb hat Tränen in den Augen. Es sind große, neugierige Augen, in denen vor Kurzem noch »ein bisschen böser Tumor« gewachsen ist, wie Zineb es ausdrückt, Augen, die sie zwingen, seit zwei Jahren aufs Meer und somit aufs Surfen zu verzichten. Sie reicht mir mein Longboard.

Jeden Abend cruisen wir damit, uns immer abwechselnd, zwischen Autos, Straßenhunden und anderen skatenden Kids. Sobald wir müde sind, lassen wir die zehn- bis zwölfjährigen Jungs Ryan, Abdullah, Fahd und Mohamed mit dem Brett fahren. Heute Abend waren zwei weitere Jungs dabei, die sich ein Paar Rollschuhe geteilt haben. Eine Weile habe ich auf dem warmen Bürgersteig unter der Straßenlaterne gesessen und ihnen dabei zugesehen, wie sie juchzend die Straße auf und ab gerollt sind, den einen Fuß im Schlappen, den anderen im Rollschuh. All diese Kinder kommen aus Familien, die von der Hand in den Mund leben, und sind damit aufgewachsen, dass immer alles geteilt wird.

»Na3ss mzyan, Zineb!« (Schlaf gut, Zineb!), sage ich.

Sie lacht über meine Darija[33]-Versuche und erwidert in einer Mischung aus Tamazight[34] und Darija: »Timinsiwin, chti!« (Schönen Abend, Schwester!), während sie mich zum Abschied umarmt.

Müde, wie ich bin, mache ich mich ebenfalls auf den Heimweg, als hinter mir Kinderlachen ertönt. Im nächsten Moment hat sich die sechsjährige Imen an meine Hüfte geklammert, ihr kleiner Bruder Amin, der wie immer hinter ihr her gespurtet ist, greift nach mir, so hoch er kann, und erreicht immerhin mein Knie.

»Lebes?« (Wie geht's?), rufe ich erfreut und wuschele beiden durchs dichte braune Haar.

»Lebes, nti beckher?« (Gut und dir?) Imen grinst.

Das ebenso wilde wie hübsche Mädchen erinnert mich ein bisschen an Ronja Räubertochter, ihr Bruder hingegen hat etwas vom Kleinen Muck. Wissbegierig versucht er, seiner großen Schwester nachzueifern, und hat sich im Bemühen, mit der lebhaften Imen mitzuhalten, einen drolligen Stechschritt angewöhnt. Doch im Gegensatz zu dieser, die be-

---

33 Landeseigener Begriff für marokkanisches Arabisch, in welchem es Laute gibt, die als Buchstaben geschrieben werden. 3 klingt ein bisschen wie ein würgendes »Äääähhhh«.

34 Tamazight (oder Berber) ist die Sprache der Bewohner Nordafrikas vor der arabischen Eroberung.

reits gelernt hat, sich in diversen Lebensumständen irgendwie zu behaupten, ist Amin noch ganz Kind. Die Arme in die Seiten gestemmt, steht er vor mir und erfindet immer neue Grimassen. Unser Spiel. Er macht was vor, ich mache es nach und umgekehrt. Im vagen Licht der nächsten Straßenlaterne kann ich sehen, wie er seine Zunge in Richtung Nase schiebt und dabei schielt, während er die Augen mit seinen Fingerchen auseinanderzieht. Manchmal möchte ich die beiden Geschwister am liebsten nur in den Arm nehmen und sie knuddeln. Nacht für Nacht laufen sie allein durch die Gegend, bis ihre alleinerziehende Mutter sie irgendwann einsammelt, um sie mit nach Hause zu nehmen. Oft ist Shenja bei ihnen, sie ist elf und unglaublich gescheit. Als wir uns zum ersten Mal meine Kopfhörer teilten, um gemeinsam Musik hören zu können, hielt ich sie wegen ihres Kurzhaarschnitts und ihrer sportlichen Kleidung zunächst für einen Jungen. »Meine Mutter meint«, erklärte Shenja, »dass mir dann nicht so schnell was passiert.«

»Skier?«, fragt Imen mit ihrem charmantesten Blick und hebt die Schultern dabei bis an die Ohren.

Bei dem Darija-Wort für Skateboard muss ich immer noch automatisch an Skifahren denken. Ich gebe ihr mein Board, und sie trägt es, als wäre es ein Baby, zur nahe gelegenen Teerstraße. Dann setzen sich die beiden Geschwister darauf, Amin hinten, Imen vorn, die mir strahlend ihre Hand entgegenstreckt. So ziehe ich sie wieder und wieder die Straße rauf und runter. Ihr Kinderlachen schallt an den Wänden der Apartmentblocks hoch. Ich bilde mir ein, die Blicke ihrer Mama zu spüren, die irgendwo im Dunkeln an einer der Mauern hockt, wo sie zusammen mit Bekannten kifft, um sich das harte Leben zumindest gefühlt etwas zu erleichtern. Manchmal schäme ich mich dafür, wie gut es mir dagegen geht. Auch wenn ich momentan ebenfalls kein Geld verdiene, habe ich noch ein paar Ersparnisse. Meine Familie ist gesund und kann sich selbst versorgen. Ich kann mich jederzeit im Internet fortbilden, und wenn ich stabiles Netz finde, dort vielleicht sogar etwas Geld verdienen. Und gerade erst habe ich mal wieder das Glückslos gezogen, denn nach Monaten bei Karen und Graham konnte ich in das frei gewordene Ferienapartment nebenan ziehen. Statt Miete zu zahlen, gebe ich dem französischen Pärchen, das frisch evakuiert wieder zu Hause ist, Online-Yogaunterricht.

Wenn die ersten Sonnenstrahlen des Tages ins Schlafzimmer fallen und ich die Vögel, darunter den Bulbul, singen höre, die im Olivenbaum vor dem Fenster sitzen, durchströmt mich das belebende Gefühl von Freiheit. Mein Brustkorb weitet sich, mein Atem geht tiefer. In den vergangenen sechs Jahren hatte ich so gut wie keinen Raum für mich: vom Leben im Land Rover mit Ulli zum Leben bei Freunden unterm Dach, dann im T3 mit Ex-Freund und zwei Hunden, danach übernachten bei Freunden in der Elfenbeinküste, Gambia und Marokko, in Gästezimmern, auf Teppichen oder auf Laken am Strand. Und nun plötzlich zwei Etagen mit drei Schlafzimmern, einer riesigen Terrasse und einer offenen Küche nebst Wohnzimmer. Ganz für mich allein.

Ich wünschte, Felix und Lala wären noch hier, um all das mit mir zu teilen. Die zwei haben neben einer großen Lücke in meinem Herzen eine lange »Things we want to do«-Liste hinterlassen. Simple Dinge wie »einen Dattelavocado-Saft trinken« sind daran gescheitert, dass alles weiterhin geschlossen ist, und das Schild, das wir zum Abschied besuchen wollten, war abmontiert. Was mir von den beiden bleibt, sind ein Abschiedsbrief, das Teeglas, das Felix aus dem Müll gerettet hat, seine Slackline, ein leerer Seeigel, ein Notgroschen, Felix' Stoffmüllsack und sein bestes Messer, Lalas erstes Halsband sowie das Schmunzeln, sobald ich an Felix' Abschiedsperformance für mich denke.

Da ich nun unter Ankes Wohnung lebe, essen wir immer öfter gemeinsam. Unsere Lieblingsspeise sind mittlerweile Kaktusblätter und -feigen – in Ankes Mixer samt Stacheln gehäckselt – mit Bananen, Datteln, manchmal auch Beeren, dazu Algenpulver sowie eingeweichtes Getreide. Anke kann aber nicht nur ebenso aufregende wie gesunde Gerichte zaubern, sondern ist auch eine großartige Musikerin. Die Zeit des Lockdowns haben wir genutzt, um mit Mounirs Kamera ihr erstes Musikvideo zu dem Song *Beauty* zu drehen.

»Mach alles, was du tust, mit der Neugierde, als tätest du es zum ersten Mal. Als ob Zeit keine Rolle spielt. Dann fällt alles an seinen Platz«, hat Anke eine ihrer spontanen Lebensweisheiten zum Besten gegeben, als wir beide frierend voreinander standen, sie singend im vom Meerwasser getränkten Rock, ich filmend in durchweichten Schuhen und salzig-sandiger Hose. Da es noch immer nicht erlaubt war, am Meer zu sein, und Mounirs Kameraakku kaum länger als fünf Minuten hielt, waren wir die meiste Zeit damit beschäftigt, zwischen einer Steckdose daheim und dem vor den Blicken der Gendarmen geschützten Drehort hin und her zu flitzen. Dabei hatten wir einen Riesenspaß. Zumal fast immer, wenn ich dachte: »Das ist ein richtig schönes Bild!«, einer von Sheriffs Hunden hineinlief und sich ungeniert kratzte.

»Es ist kein Zufall, dass wir hier miteinander festsitzen«, sagt Anke, die gerade eine Wassermelone samt Schale wegsnackt.

Wir hocken in meinem Wohnzimmer und gehen noch einmal das Musikvideo[35] durch, das ich fast fertig geschnitten habe. Anke ist Ärztin für ganzheitliche Medizin und Lifestyle-Coach, ziemlich introvertiert und, verglichen mit mir, eine Einzelgängerin. Um ihre Grenzen weiß sie besser als jede andere Frau, die ich kenne, und sie verteidigt sie bestimmt. Struktur und Klarheit sind ihr sehr wichtig. Mit laut und Chaos kann sie nichts anfangen. Und nun wohne ich unter ihr. Das personifizierte laute Chaos, das keine Grenzen mag und diese auch schon mal ungefragt einrennt. Diese neue Situation zerrt uns beide aus der Komfortzone heraus, lässt uns aber dabei wachsen, weil wir uns mögen und respektieren.

»Eine turbulente Schicksalsgemeinschaft«, giggelt Anke. »Ich bin echt froh, dich Wildsau in meinem Leben zu haben.«

»Ich hab übrigens eine Liste mit Anke-Zitaten begonnen«, sage ich schmunzelnd.

Erstaunt hebt sie den Kopf.

»Waaas hast du?« Ihr glucksendes Lachen übertönt kurzzeitig das gleichmäßige Meeresrauschen. »Und was steht da so drauf?«

---

35 www.youtube.com/watch?v=9eIaVhkiX7s

Ich schlage mein Notizbuch auf und lese vor: »Wenn du im Mangel bist und etwas willst, wirst du es nicht kriegen.«

»Stimmt«, sagt Anke und schiebt sich das nächste Stück Melone in den Mund. »Noch was?«

»Klar! Zum Beispiel das hier: Du brauchst eine Entscheidung für deine Richtung. Oder: Zieh den Stachel aus deinen Gedanken.« Während ich mir auch ein Melonenstück schnappe, gestehe ich: »Gerade das Letzte hat echt gesessen.«

Anke grinst und kaut das x-te Mal auf der Melonenschale herum, weil das gesund ist, wie sie sagt. »Ich bin ganz schön weise, was?«

»Und ganz schön direkt.« Daran habe ich oft mehr zu knabbern als an der bitteren Melonenschale.

»Weißt du was, Lena, wir stellen eine Regel für uns auf.«

»Oha, Regeln sind ja nicht gerade mein Ding, aber schieß los!«

»Jedes Mal, bevor wir der anderen unsere Meinung sagen, fragen wir nach, ob sie diese überhaupt hören möchte. Abgemacht?«

»Abgemacht«, sage ich und staune, wie satt Melone machen kann, wenn die Schale mitgegessen wird. Unsere neue Regel hat es in sich und braucht viel Übung. Auf beiden Seiten. »Uups, ich hab dich nicht gefragt, ob du meine Meinung hören willst, aber ich hab's jetzt trotzdem mal gesagt«, wird Ankes neuer Slogan, wenn es mit der Umsetzung mal wieder nicht geklappt hat. Trotzdem sorgt diese Regel dafür, dass wir einander aufmerksamer zuhören. Vor allem aber stellen wir fest, dass wir oft weder eine Meinung noch einen Ratschlag, sondern ein offenes Ohr brauchen.

Eines Abends sitzen wir in ihrer Wohnung um den runden Mosaiktisch, auf dem sich Obst, Gemüse, hochprozentige Schokolade, Algen, Grassaftpulver und ihr selbst gebackenes Brot stapeln. Denn im Tausch für mein Mitwirken an dem Musikvideo bringt sie mir noch mehr über Lebensmittel, Lebensmittelkombinationen sowie intuitives Essen bei.

»Übrigens«, sagt sie plötzlich und pustet sich den Pony aus den Augen, den ich ihr nur schneiden darf, wenn die Mondphase stimmt, »ich werde bald nach Deutschland zurückgehen und dann vielleicht nach

Portugal.« Stille. »Ich bin jetzt ein Jahr hier, und irgendwie reicht es ... Was ist mit dir? Wie lange willst du noch bleiben?«

»Keine Ahnung, ich habe jedenfalls keine Lust, während Corona in Deutschland zu sein. Und die Elfenbeinküste ist immer noch geschlossen ... Wann reist du denn ab?«

»Vielleicht Ende des Sommers, mal gucken. Ich wollte es nur schon mal gesagt haben.«

Am nächsten Morgen bietet mir das Leben einen Vorwand für eine Richtung, die ich unterbewusst längst eingeschlagen, mir nur noch nicht eingestanden habe. Eine Nachbarin bittet mich um Hilfe, weil ihr ein schwer verletzter Hund zugelaufen ist. Als ich in seine großen weißen Augen sehe, weiß ich sofort, dass es der Husky-Mischling ist, dem ich vor einigen Wochen am Strand begegnet bin. Seitdem scheint ihm viel Schlimmes zugestoßen zu sein. Er ist mager, sein linkes Ohr halb abgerissen, die Wunde voller stinkendem Eiter. Um seinen Kopf hängen Reste von Verpackungsband, und er hat hohes Fieber. Sofort rufe ich Mounir an und schicke ihm ein Foto von dem armen Kerl. Mounir weiß bestimmt, wem er gehört. Und tatsächlich kenne ich fünf Minuten später einen Großteil von Milos Geschichte.

»Einer der Jungs aus dem Surfclub hat ihn als Welpen aufgenommen und zu sich und seiner Familie geholt. Milos Mutter ist Sheriffs weiße Hündin Maya. Er ist anderthalb Jahre alt und hatte bislang ein gutes Leben. Aber die Zeiten haben sich geändert. Die Familie wollte Milo loswerden und hat ihn an einen Mann gegeben, der offensichtlich nicht gut auf ihn aufgepasst hat.«

Wenig später ruft Mounir noch einmal an und erzählt, er habe die Fotos von Milo an die Familie weitergeleitet; sie seien geschockt, könnten ihn allerdings weder zurücknehmen noch einen Tierarzt bezahlen. »Mach mit ihm, was du für richtig hältst, Lena.«

»Welche Sprache versteht Milo denn? Darija? Französisch?«

»Tamazight.«

»Oha.«

»Viel Glück!«

Vorsichtig trage ich den großen Hund zu Grahams Auto und bin dankbar dafür, dass ich mich immer noch auf ihn verlassen kann. Vor allem, wenn es um ein verletztes Tier geht. Graham fährt mich mit Milo, der alles, ohne zu murren, über sich ergehen lässt, zur Tierärztin, die seine Wunden, so gut es geht, versorgt. Doch von nun an muss er ums Überleben kämpfen. Tagelang bange ich, ob er es schafft. Milo ist so schwach, dass ich ihn zum Pinkeln rein- und raustragen muss. Ein 25-Kilo-Mischling, leblos wie ein Sack Kartoffeln. Aber jeden Abend, wenn ich meditiere, legt er seinen Kopf, der zu seinem Schutz in einem Trichter steckt, auf meine gekreuzten Beine. Ist er eingeschlafen, nutze ich die Gelegenheit, um sein demoliertes Ohr mit Salbe zu versorgen. Meist schlafe ich danach müde, aber zufrieden neben ihm ein.

Mir ist klar: Wenn Milo überlebt, geht er nicht mehr weg. Wohin auch? Darum fange ich an, Kommandos auf Tamazight zu lernen: Aschkid sr! (Komm!); Gauer! (Sitz!); Fiss! (Sei still!). Letzteres weiß vor allem Anke zu schätzen. Doch die ist über Nacht gezwungen, das Land zu verlassen.

»Marokko macht die Grenzen jetzt richtig zu!«, sagt Musti mit ungewohnt ernstem Gesichtsausdruck, als wir bei unserem abendlichen Bummel vorbeischauen. »Nichts mehr mit Sonderflug oder Spezialfähre. Alle Europäer, die noch hier sind, müssen sofort raus oder einen Weg finden, legal bleiben zu können.«

»Verdammt«, sagen Anke und ich fast gleichzeitig.

Den Rest des Abends ist Anke damit beschäftigt, die Nerven zu behalten und nach Flug- und Bahnverbindungen für sich und ihre zwei Katzen zu suchen. Karen, Graham und ich helfen ihr beim Packen. Als sie am nächsten Morgen um sechs Uhr in ein Taxi klettert, um nach Casablanca zu fahren, von dort aus nach Frankreich zu fliegen und in einen Zug nach Deutschland zu steigen, kommt mir das alles vor wie ein Traum. Und plötzlich ist es entschieden. Ich bleibe. Hinter dichten Grenzen. Zusammen mit Milo, Karen und Graham. Doch während Karen und Graham Residents, also offiziell Eingewanderte, sind, dürfte ich schon seit Monaten nicht mehr hier sein.

Ich rufe meine Schwester an, um mit ihr zu klären, was längst jedem in meiner Familie klar ist: »Kann Odylo bei dir bleiben? Ich meine für immer?« Es zerreißt mir fast das Herz, es auszusprechen. Fufu, der Hund, den Ulli und ich als Welpen in Ghana aufgelesen haben, ist nach unserer Trennung bei Ulli geblieben, während die marokkanische Straßenhündin bei mir leben sollte. Ich hatte vor, mit Odylo zusammen in einem alten Sprinter durch die Welt zu reisen.

»Natürlich kann sie hierbleiben«, sagt meine Schwester. »Nach so langer Zeit ist es für Odylo bestimmt das Beste. Ich kann sie sogar mit zur Arbeit nehmen, alle lieben sie dort.«

Mir kommen die Tränen, weil es wehtut, Odylo loszulassen, und weil ich glücklich bin, so eine tolle Familie zu haben.

»Commitment ist ein Thema, mit dem du dich echt einmal auseinandersetzen solltest«, hat eine Freundin zu mir gesagt, nachdem ich für Tomar und mich das Grundstück gepachtet hatte und dann doch wieder abgehauen war. Commitment. Kann ich das lernen? Will ich es überhaupt lernen? Wovor laufe ich weg? Laufe ich denn weg? Letztlich bedeutet Commitment ja nichts anderes als eine Entscheidung. Ein sehr endgültig und somit unflexibel klingendes Wort, das ich mit Verantwortung und Unfreiheit assoziiere. Und doch hat das Wort Commitment eine Tiefe, die ein Fundament verspricht, von dem aus alles möglich ist. Also mal wieder eine Frage der Perspektive ... Ich liege in der Hängematte, die ich schon vor Jahren auf meinem Balkon in Hamburg hatte. Heute habe ich sie auf dem Dach des Nachbarn gespannt, auf das Milo und ich von unserer Terrasse aus klettern können. Auf »meiner« Terrasse kann ich sie nicht aufhängen, weil Graham der Meinung ist, damit würde ich die Balustrade beschädigen. Es ist halt nicht mein eigenes Zuhause, in dem ich tun und lassen kann, was ich will. Der schnarchende Milo und ich schaukeln in dem roten Tuch mit den blauen, gelben und grünen Streifen. Dabei schaue ich in die Sterne und komme mir vor wie auf einem Parkplatz im Nirgendwo, in einem fremden Auto sitzend, ohne zu wissen, wie die Fahrt weitergeht.

»Himmel«, sage ich laut zu mir selbst. »Es ist Zeit für Entscheidungen.«

Zwei Tage später ziehen Milo, mein Rucksack, das Skateboard, Felix' Erbe, die Hängematte und ich in die günstigste leere Wohnung, die ich in der Nachbarschaft auftun konnte. Unsere Wohnung. Kein Blick aufs Meer, keine Möbel, aber mit großen Fenstern, einem Wahnsinnsausblick auf die Berge und einer hohen Mauer, auf der es sich gut sitzen lässt, und um mich herum das mir seit meiner Kindheit vertraute Pferdeschnauben aus den nahe gelegenen Gärten. Karen, Graham und Nezha schenken mir ein wenig Geschirr, einen Wasserkocher, ein Handtuch, einen Tisch sowie ein altes Regal, Musti bringt mir einen Spiegel. Aus der leer stehenden Wohnung über mir leihe ich mir eine alte Matratze, und die Abdeckung einer Küchenlampe erkläre ich kurzerhand zu Milos Fressnapf. Auf eine Gasflasche für warmes Wasser verzichte ich. Ich will so wenig besitzen wie möglich. Das Beste an einer leeren Wohnung aber ist, dass es beim Singen von den Wänden widerhallt und ich darin wunderbar Skateboard fahren kann.

Unabhängigkeit: Check.

Die nächsten Ziele: legal hier sein und ernsthaft Darija lernen.

Tags darauf melde ich mich erst für einen Online-Sprachkurs an und sitze dann auf der Rückbank des kleinen Geländewagens von Nezha und ihrem Mann Youssef. Neben mir Nezhas Oma Jmiaa. Eine zierliche Frau in einem hellblauen Kaftan, dazu ein hellblau-lilafarbenes Kopftuch und ein farblich darauf abgestimmter Mund-Nasen-Schutz. Unsere Mission: erst Oma nach Hause fahren, dann zur Steuerberaterin. Einem echten Hippie, wie Youssef meint. »Die kennt jeden und wird dir helfen, die Residenzkarte zu bekommen.« Der einfachste Weg wäre gewesen, mich in Marokko selbstständig zu machen und damit die Residenz zu beantragen. Allerdings brauche ich für die Selbstständigkeit die Residenzkarte. Dilemma auf Marokkanisch. Fürs Rentnerdasein wiederum bin ich zu jung, und obwohl sich bestimmt der eine oder andere Kandidat zum Heiraten fände, nehme ich doch lieber einen Umweg in Kauf und gründe eine Firma.

Jmiaa lädt uns zu sich zum Tee ein, und so wird unsere Mission, kaum gestartet, vom Boxenstopp in Omas Wohnzimmer unterbrochen. Bevor ich auf dem Sofa mit dem glitzernden Bezug Platz nehme, schaue ich mir die Familienfotos an, die an der Wand des kaum anderthalb Meter breiten, dafür aber umso längeren Wohnzimmers hängen.

»Der dunkelhäutige Mann dort ist mein Großvater. Er stammte aus der Westsahara. Daneben ist ein Foto mit ihren beiden Töchtern, die kleinere ist meine Mama«, erklärt Nezha, die Tag und Nacht geschuftet hat, um heute unter anderem als Musikproduzentin zu arbeiten. »Ich bin mit Jmiaa aufgewachsen, denn meine Eltern hatten lange so wenig Geld, dass wir, meine Mama, mein Papa, meine zwei Brüder und ich, zusammen mit Oma in dieser kleinen Wohnung gelebt haben. Komm, ich zeig dir alles.« Sie öffnet die Tür zu einer dunklen, knapp sechs Quadratmeter großen Stube. »Das einzige größere Zimmer. Das war für meine Eltern. Meine Brüder haben im Wohnzimmer geschlafen, und Jmiaa und ich haben uns diese Kammer hier geteilt«, sie führt mich in einen winzigen fensterlosen Raum, in dem es so modrig riecht wie in unserem alten Keller. Da ich den Geruch mochte, bot ich mich jedes Mal an, Kartoffeln oder Eis hochzuholen.

»Riechst du das? Ich habe diesen Geruch als Kind so geliebt, dass ich meine Nase beim Einschlafen gegen die schimmelige Wand gedrückt habe ... Vielleicht ist das ist der Grund, warum ich ständig krank bin«, lacht Nezha. »Mir mit meiner Oma ein Zimmer zu teilen war für mich das Schönste. Sie ist eine ganz besondere Frau. Ihre Mutter war früh gestorben, ihre Stiefmutter lehnte sie ab. Und so hat sie als junges Mädchen bei ihrer großen Schwester und deren Mann gelebt. Der hat sie geschlagen und wie eine Sklavin behandelt. Eines Tages hat er ihr zur Strafe die Füße zusammengebunden und sie an einen Baum gehängt, weil zwei der Ziegen fehlten, die sie hatte hüten sollen. Nach Stunden kam ein alter Mann auf einem Esel vorbei, der sie losgeschnitten hat. Sie bat ihn, sie zu verstecken und ihr zu helfen, zu ihrem Vater in die Berge zu fliehen. Doch ihr Vater war alles andere als erfreut, sie wiederzusehen, weil das Ärger mit seiner Frau bedeutete. Erneut musste Jmiaa für alle putzen und kochen. Ihr Leben war armselig, bis ihre Schwester, die in Agadir verheiratet war, sie zu sich in die Stadt holte. Dort hat Jmiaa einen gewalttätigen Alkoholiker geheiratet. Als sie eine Tochter bekamen, die Misshandlungen aber nicht aufhörten, zogen Mutter und Kind wieder zu Jmiaas Schwester. Bei dem großen Erdbeben[36] stürzte das Haus ein. Zwei Tage lang lag meine Oma mit ihrer siebenjährigen Tochter unter den Ruinen begraben. Ganz fest hielt sie die Hand der Kleinen, die immerzu weinte: Mama, Mama, ich will nicht sterben. Als endlich Hilfe kam, war es zu spät. Ihre Tochter war tot. Jmiaa wurde in eine Notunterkunft gebracht, wo sie meinen Großvater kennenlernte. Sie haben geheiratet und eine Tochter bekommen. Doch Jmiaa hatte mit schweren Depressionen zu kämpfen und jede Nacht Albträume, weshalb er sie eines Tages verließ. Als sie kurz darauf feststellte, dass sie wieder schwanger war, versprach er, sie erneut zur Frau zu nehmen, starb dann aber kurz vor der Geburt meiner Mutter an Krebs. Seine Familie will nichts von Jmiaa und ihren Töchtern wissen aus Angst, sie könnten irgendwelche Ansprüche erheben.«

Youssef ruft zum Weiterfahren. Beim Abschied drücke ich die zarte Jmiaa und frage mich, wie ein Mensch so viel Leid ertragen kann.

Wieder kommen wir nicht weit. Diesmal stranden wir am Haus von Nezhas Eltern, weil das Auto ein Problem mit der Elektronik hat und Youssef seinen Schwiegervater um Hilfe bitten möchte. Nezha und ich nutzen die Gelegenheit, um uns das Campingmobil anzusehen, das sie und Youssef sich vor zwei Jahren von ihrem ersten ersparten Geld gekauft haben. Einen Auto Union Camper, Baujahr 1960.

»Wir haben uns in Abdullahs Surfclub kennengelernt. Jahrelang waren wir beste Freunde, bis mein großer Bruder uns verpfiffen hat. Youssef hat mich gefragt, ob wir heiraten wollen, obwohl er unser System verabscheut. Youssef ist immer noch mein bester Freund und nun seit elf Jahren auch mein Mann. Anfangs hatten wir so gut wie nichts. Da-

36 Etwa 15.000 Menschen verloren bei dieser Naturkatastrophe am 29. Februar 1960 ihr Leben.

rum beschlossen wir, keine Familie zu gründen, sondern Geld zu verdienen. Aber das ist in Marokko alles andere als einfach. Vor allem als Frau musst du sehr viel dafür opfern. Zunächst haben wir bei Youssefs Familie gelebt, uns als Fotografen durchgeschlagen und Musikvideos produziert. Da tagsüber immer so viel los ist und das Internet langsam, haben wir uns angewöhnt, nachts zu arbeiten. Dann haben wir eine Firma gegründet, die auf Musikrechte spezialisiert ist. Ein Novum in Marokko.« Immer wenn Nezha von ihrer Arbeit spricht, sprüht sie vor Energie und strahlt übers ganze Gesicht, obwohl sie oft monatelang durcharbeitet und nie mehr als fünf Stunden am Tag schläft. »Ich mag diesen Lifestyle. Mit den Musikern. Das Unterwegssein. Unser Hippieleben. Das ist nicht selbstverständlich in unserem Land. Mein Traum ist es aber zu reisen. Bis jetzt haben wir es jedoch nicht mal geschafft, den Camper wieder flottzumachen. Schau, es gibt sogar ein ausklappbares Bett und einen Hörer, mit dem du zur Fahrerkabine Kontakt aufnehmen kannst.« Wehmütig lächelnd hält sie sich den vergilbten Plastikhörer ans Ohr.

»Habt ihr denn auch schon eine Idee, wohin ihr reisen wollt?«, frage ich.

»Youssefs Pläne ändern sich ständig.«

»Und was willst du?«

Sie zuckt mit den Schultern. »Danach fragt keiner.«

Als die Corona-Pandemie das gesamte Musik-Business lahmlegte, hat Youssef spontan angefangen, Sensoren für Beatmungsgeräte zu entwickeln. Und neulich hat er mir erklärt, dass er jetzt versuche, bezahlbare Wasserfilter herzustellen und Auffangsysteme für den Morgennebel in den Bergen zu erfinden: »Viele unserer Freunde wissen wegen des ausbleibenden Regens langsam nicht mehr, wie sie ihre Obst- und Gemüsegärten bewässern sollen.«

»Manchmal kommt mir Youssef vor wie ein genialischer Professor«, sage ich und zupfe an der Häkelgardine über der Spüle.

»Ja, Youssefs Kopf ist ein Hochleistungsmotor.«

Da sich das Problem mit der Elektronik als schwerwiegender entpuppt als gedacht, gehen wir schließlich zu Fuß zu dem Haus, in dem die Steuerberaterin arbeitet. Dort angekommen, klingelt Youssef kurz bei ihr durch, und nur wenige Minuten später hält ein schwarzer Sportwagen mit roten Außenspiegeln neben uns am Straßenrand. Heraus steigt eine wuchtige Frau mit künstlichen Fingernägeln und grellrotem Lippenstift. Latifa ist eine imposante Erscheinung, aber eine Hippiefrau habe ich mir doch etwas anders vorgestellt.

Dank ihr werde ich lernen, wie hart es für Frauen ist, sich in einem Job wie diesem zu behaupten, wie ungemein langsam die Mühlen in Marokko mahlen, wie viele Feier- und Ferientage es gibt, die dafür sorgen, dass Papiere derweil ihre Gültigkeit verlieren, dass ohne Schmiergelder quasi niemand einen Finger krumm macht, dabei hängt in vielen Ämtern das Plakat mit der offiziellen Nummer für Korruptionsmeldungen. Dich nervt die Bürokratie in Deutschland? Dann solltest du mal einen Marokkaner begleiten, der versucht, einen neuen Ausweis zu beantragen. Eine Mission, für die du dir mehrere Tage freinehmen solltest. Und wenn es dumm läuft, kommt der Ausweis mit einem Rechtschreibfehler an – und alles geht von vorn los. Natürlich auch der Bezahlvorgang. Ich bin fix und fertig und so was von genervt!

»Welcome to Morocco, Lena. Du machst alles, so gut du kannst, arbeitest hart, investierst Geld, Zeit, Mühe, Nerven, glaubst an dich und dein Projekt. Und dann, kurz vorm Ziel, steht da einer und sagt: ›Das war's, hier geht's nicht weiter‹«, lacht Youssef, aber es klingt etwas bitter. »Mein Rat: Schau immer nach der Lösung!«

Von Nezhas und Youssefs Geduld und von ihrer Kunst, nach jedem Rückschlag wieder aufzustehen, wenn nötig auch etwas Neues anzufangen, würde ich mir gerne eine dicke Scheibe abschneiden.[37]

---

37 Was ich nicht ahne: Die beiden stecken bereits mitten in einem millionenschweren Prozess gegen ein zutiefst korruptes Regierungsbüro, der sie nicht nur ihre Gesundheit, Firma und alle Ersparnisse, sondern auch ihre Ehe kosten wird.

Eh ich mich's versehe, kreiere ich das nächste Commitment.

Nezha, Karen und ich sitzen zusammen in der Abendsonne, die Füße entspannt aufs Geländer gelegt, trinken Tee und lauschen den an den Strand spülenden Wellen. In einem normalen Jahr tummeln sich da unten zahlreiche braun und rot gebrannte Surftouristen. Jetzt sind die Hunde unter sich.

»Mädels, ich kann dem ganzen Elend von Mensch und Tier nicht einfach nur zusehen«, sage ich und stelle meine Teetasse mit Nachdruck ab. »Wer weiß, wann hier jemals wieder Touristen herkommen. Neulich kam mir die Idee für ein Frauenprojekt: Zusammen mit Frauen aus der Region up- und recyceln wir Altkleider aus Europa. Wir kaufen auf den lokalen Märkten ein, machen neu aus alt und schicken quasi alles wieder dahin zurück, wo es hergekommen ist. Wir upcyceln aber auch marokkanische Kaftans und Djellabas[38], womit wir die Arbeit der Frauen, die sie gefertigt haben, wertschätzen. Wir vereinen ganz viele Talente, bauen gemeinsam etwas auf, wovon alle Beteiligten leben können und was den Planeten nicht zusätzlich quält. Und die verbotenen Fischernetze machen wir zu unserem Symbol für Veränderung.«

»Wow, so was wollte ich immer schon mal machen.« Nezha ist begeistert.

Auch Karen ist sofort dabei. »Ich bin überzeugt davon, dass du eine bessere Zukunft für die ganze Familie schaffst, sobald du Frauen in ihre Kraft bringst.«

Keine halbe Stunde später haben wir das grobe Konzept entworfen und auch schon einen Namen gefunden: Dihiya Inspired, benannt nach der sagenumwobenen Königin der Tamazight.

Ein Prozent der Einnahmen soll an Sea Shepard und an einen medizinischen Notfalltopf für arme Kinder vor Ort gehen. Noch ahnen wir nicht, wie schwer es ist, Frauen in der Region zu finden, die ebenso begeistert sind, die gute Arbeit machen, die dabei sein können und wol-

38 Charakteristisches Kleidungsstück mit Kapuze im Maghreb

len. Und dass unserem Projekt sogleich ein fetter Riegel zum internationalen Markt vorgeschoben wird. Denn Marokko steht bei Online-Shops wie Etsy und bei Pinterest auf der schwarzen Liste. »Schau auf die Lösung« wird nun auch mein tägliches Mantra.

15 Always go with a friend

UGANDA (2010)

Eben noch am Rand,
zwei Minuten später
mittendrin

Unfassbar schöne Natur und Inseln
im riesigen Bunyonyi-See

Der Einbaum gleitet über die spiegelglatte Wasseroberfläche, die je nach Lichteinfall dunkelblau, steingrau oder moosgrün schimmert und lediglich für eine kurze Weile von der Schneise unseres Bootes unterbrochen wird. Wir sind auf dem Weg zu einer der vielen kleinen Inseln des sechzig Quadratkilometer großen Bunyonyi-Sees. Nach Ruanda bleiben mir nun noch drei Wochen für Uganda. Ich kann mich kaum sattsehen an diesem saftigen Grün von Schilf, Eukalyptusbäumen und Bananenstauden, in dem unzählige Vögel zwitschern. Es ist so paradiesisch hier, dass ich drauf und dran bin, auf den 500-Kilometer-Abstecher nach Kampala[39] am Weißen Nil zu verzichten. Aber dann siegt doch meine Neugier.

Zwischenstation mache ich in Kabale, wo ich meinen Ohren erst nicht traue, als ich plötzlich Blasmusik höre. Eine Blaskapelle. Dahinter Hunderte Schüler, die teils in schwarzem Frack und bunten Socken, ein Barett auf dem Kopf durch den Ort marschieren. Ich werde sofort eingefangen, mitgezogen und schließlich aufgefordert, eine kleine Rede vor der gesamten Schüler-, Lehrer- und Elternschaft zu halten. Ich bringe es nicht übers Herz, sie zu enttäuschen, weil ich ihnen offenbar eine Ehre damit erweise, dass ich den Schülern viel Glück fürs neue Schuljahr wünsche. Trotzdem bin ich erleichtert, als ich einem der Lehrer das Mikro zurückgeben kann und aus großen Boxen traditionelle Musik ertönt. Die älteren Kids fangen an, wild auf und ab zu springen, und der eine oder andere lässt sich so schwungvoll mit dem Po zuerst auf den Boden plumpsen, dass es kracht. Autsch! »Bababaababababaabababaa«, johlt unterdessen der ebenfalls auf und ab springender Lehrer ins Mikrofon, um die bereits ausgelassene Stimmung weiter anzuheizen. Hinter mir hält jemand ein handgeschriebenes Schild hoch, auf dem steht: *Always go with a friend.*

---

39 Die Hauptstadt Ugandas mit mehr als anderthalb Millionen Einwohnern liegt am Victoriasee, dem größten See Afrikas.

Die Erinnerungen an diesen lustigen Nachmittag lenken mich etwas davon ab, dass ich weder schlafen noch etwas von der vorbeiziehenden Landschaft sehen kann. Nachtfahrten sparen zwar Übernachtungskosten, sind allerdings auch ziemlich anstrengend, sodass ich morgens um vier völlig groggy in Kampala ankomme. Städte sind nicht mein Ding, weshalb ich Ugandas Hauptstadt bereits nach drei Tagen den Rücken kehre, um auf dem Weißen Nil zu raften. Meine erste Raftingtour, die mir noch dazu die intensivste Erfahrung auf dieser Reise bescheren wird.

Da der Fahrer der Agentur vergessen hat, mich abzuholen, komme ich als Letzte am Treffpunkt an und muss mit dem einzigen noch freien Platz in den beiden Schlauchbooten vorliebnehmen. Der befindet sich dummerweise just in dem Boot, das die »Easy«-Route abfahren wird. Neidisch schaue ich der Gruppe im »Action«-Boot zu, wie sie die Itanda Falls an den steileren und damit wilderen Stromschnellen hinunterjagt. Die Leute schreien vor Freude und Aufregung, während ich fast einschlafe. Enttäuscht, beleidigt und gelangweilt kann ich mich irgendwann nicht mehr beherrschen, werfe meine Manieren über Bord und maule den Guide voll, als am linken Flussufer plötzlich ein gigantischer Baum auftaucht, in dem bestimmt 500 Fledermäuse hängen. Ein Ast ist dem Gewicht der Tiere offenbar nicht gewachsen und bricht laut krachend ab. Zig Fledermäuse, die sich nicht rechtzeitig in Sicherheit bringen konnten, landen im Fluss. Panisch versuchen die Tiere, ihre Flügel hoch- und runterzuziehen, um sich über Wasser zu halten. Die Strömung ist erbarmungslos. Einige Tiere lassen sich – vielleicht instinktiv – von ihr gen Ufer treiben, andere kämpfen gegen die rauschenden Wassermassen an. Vergebens. Es kann sich nur noch um Minuten handeln, bis diese Tiere ertrinken werden.

»Wir müssen sie retten!«, rufe ich und paddele los. Auch alle anderen erwachen aus ihrer Schockstarre und greifen zu ihren Paddeln, obwohl uns die etwas gruselig aussehenden Fledermäuse nicht ganz geheuer sind. In Horrorgeschichten sind sie stets Blutsauger, die einen beißen und infizieren. Wie also ein solches Tier retten, ohne es anzufassen? Schon halte ich der ersten Fledermaus mein Paddel hin, die daraufhin verzweifelt probiert, sich daran festzukrallen, während unser Raft weiter flussabwärts jagt. Erst jetzt fallen mir die Krallen am Ende der Flügel auf. Als sie Halt hat, hebe ich das Paddel samt Fledermaus vorsichtig auf den breiten Rand des Gummiboots, wo das Tier erschöpft liegen bleibt. So fischen wir eine Fledermaus nach der anderen aus dem Fluss, bis die erste sich erholt hat und vorwärtsrobbt. Krallen und Gummi sind eine Sache, doch als sie auch noch beginnt, am Arm der Engländerin hochzukrabbeln, kickt diese das Tier erschrocken von sich, sodass es wieder im Wasser landet.

»Nein!«, brülle ich und schaffe es gerade noch so, die schnell abtreibende Fledermaus zu erwischen. »Die tut doch nichts«, behaupte ich, ohne es zu wissen. »Die sieht nur unheimlich aus.« Erneut lege ich sie auf den Bootsrand, als eine ihrer unterarmgroßen Kolleginnen auf mich zukriecht und an meiner Schwimmweste hochzieht. Gespannt halte ich still. Offenbar findet sie hier mehr Halt als auf dem glitschigen Rand des Bootes. Dabei kratzt sie mich tüchtig am Arm, bleibt dann aber, als sie sich halbwegs sicher fühlt, in meiner Weste hängen. Eine dürre Kreatur mit einem Gesicht wie eine Skelettmaus und lederartigen Flügeln.

Wir sammeln so viele Tiere wie möglich ein und bringen sie ans sichere Ufer.

»Okay, Lena«, sagt der Guide, als die Rettungsaktion beendet ist, »du stehst offenbar auf Abenteuer. Eine letzte Stromschnelle haben wir noch vor uns. Für die kannst du dich ins andere Boot setzen. Nach ganz vorne, wo du jedoch kein Paddel und nichts zum Festhalten haben wirst.«

»Super, danke!«

Wir paddeln so nah an die anderen heran, dass ich umsteigen kann. Doch kaum sitze ich an besagtem Platz, wird mir ein wenig mulmig zumute. Überall sonst verfügt das Boot über Leinen, an denen wir uns, sollten wir kentern, festhalten können, somit jederzeit wissen, wo oben und wo unten ist, und nicht mit dem reißenden Wasser vom Boot abgetrieben werden. Hier vorne aber gibt es nur glattes Gummi.

Unaufhaltsam steuern wir auf das letzte und steilste Gefälle zu.

»So, und jetzt paddelt erst mal langsam rückwärts«, ordnet der Guide an.

Das Team paddelt vorwärts.

»Rüüückwärts!«, ruft der Bootsführer nervös.

Das Team paddelt weiter vorwärts, sodass wir uns den Stromstellen in viel zu hohem Tempo nähern.

»Rückwärts verdammt!«

Doch es ist zu spät. Das Boot legt sich zur Seite, und wir überschlagen uns. Sofort verliere ich jegliche Orientierung, um mich herum ist alles schwarz. Als ich unter dem Boot hochkomme, tauche ich erneut ab, um mit einer Hand nach der Leine an der Außenseite zu suchen. In dem Augenblick umklammern zwei Beine meinen Hals und drücken mich tiefer unter Wasser. Der beleibte Japaner versucht, sich über Wasser zu halten, indem er sich auf mir abstützt. Ich merke, dass ich panisch werde. Hilfe, ich brauche Luft! Eine innere Stimme sagt besänftigend: Bleib ganz ruhig, sonst gehst du drauf. Ich habe keine Ahnung, wie lange mein Kampf mit dem Japaner dauert, ich habe das Gefühl, jeden Moment zu ersticken, als es mir endlich gelingt, ihn abzuschütteln, um meine Hand mit letzter Kraft aus dem Wasser zu strecken und nach der Bootswand zu greifen. Da ist sie, die Sicherheitsleine. Als ich auftauche, fühlt es sich an wie eine Wiedergeburt. Ich kann atmen, was für ein Geschenk. Prustend und keuchend atme ich so viel Luft wie möglich ein. Dann schaue ich mich nach den anderen um, zähle nach. Keiner fehlt. Alle haben sich schon beim Kentern am Seil festgehalten und es nicht mehr losgelassen. Der Japaner kann mir jedoch nicht in die Augen sehen.

Ich und meine große Klappe, denke ich, als wir das Boot gemeinsam umdrehen und uns wieder hineinhieven. Erneut nehme ich vorne Platz und realisiere allmählich, wie knapp es gerade war – und dass Menschen, die Angst um ihr Leben haben, zur Lebensgefahr für andere Menschen werden.

Erst Ruanda, dann Uganda – was für eine Reise ... Mein Rückflug geht wieder von Kigali aus. Während ich aufs Boarding warte, lese ich die letzten Zeilen von Immaculée Llibagizas Erinnerungen: »Ich glaube, dass wir die Welt heilen können, indem wir ein Herz nach dem anderen heilen.« Der Mut der Autorin, ihr Glaube, ihre Weisheit und ihr Mitgefühl machen mich sprachlos. Wenn sie es schafft, ihren Nachbarn, einstigen Freunden und Bekannten zu verzeihen, obwohl sie ihre Familie ausgerottet, Angehörige vor ihren Augen zerstückelt haben, wie kann ich dann jemals irgendjemandem gegenüber noch nachtragend sein? Auf einem harten Sessel in der Abflughalle sitzend beginne ich, eine Liste zu schreiben mit den Namen jener Menschen, denen ich noch etwas nachtrage. Als ich fertig bin, schaue ich mir jeden Namen einzeln an, schließe die Augen, stelle mir kurz das Gesicht der Person hinter dem Namen vor und lasse meine Gefühle ihr gegenüber weich werden. Weit oben auf der Liste steht der Japaner.

16

AOURIR

Mit Mehdi auf zum Surfen, wo uns keiner sieht!

Fantasia-Training

Alibaba – Liebe auf den ersten Blick

Milo kraulend hocke ich, noch im Schlafshirt und mit Zahnbürste im Mund, auf dem kalten Fußboden meines leeren Wohnzimmers, als ich höre, wie sich die gelbe Slackline spannt. »Slab«. Kurz darauf erscheint erst eine lange, dünne Hand, dann die nächste und schließlich Mehdis Kopf, nachdem er sich, mit einem Kaffeebecher zwischen den Zähnen, das Seil hochgehangelt hat.

»Hallo, Hübsche, 3teni bussa!« (Gib mir einen Kuss!), grinst er und gibt mir schon einen auf die Wange. Reflexartig bekommt er von mir auch einen auf die Abdrücke der »Schlafbank« in seinem Gesicht.

»Sbah al kher 3chiri! (Guten Morgen, mein Bester!) Na los, lass uns surfen gehen.«

Lachend stupst er Milo an, um ihn zum Spielen zu animieren.

Seit wir wieder surfen dürfen, ist die Welt für mich in Ordnung. Sogar mit der Tatsache, momentan nicht reisen zu können, komme ich klar, solange ich aufs Meer darf.

Glücklicherweise sind auch meine drei Boards genau zum richtigen Zeitpunkt hier gelandet. Meine Mutter hatte sie mit einem der Transporter auf den Weg gebracht, die endlich wieder zwischen Marokko und Deutschland pendeln, und jetzt haben sie ihren Platz neben meiner Matratze, sodass sie jeden Morgen das Erste sind, auf das ich nach dem Aufwachen schaue.

Mehdi und ich haben inzwischen Routine darin, abwechselnd in der Morgendämmerung die Wellen zu checken. Anschließend wird der jeweils andere über die aktuelle Wellenlage informiert: Ist die noch so kleinste Welle zu erkennen, wird gesurft, andernfalls wird weitergeschlafen.

Mehdi, der jetzt auf der Pferdefarm gegenüber wohnt und arbeitet, ist zu einem engen Freund geworden. Mein Fenster steht immer offen für ihn, was er auch gerne nutzt, um den Weg zum Kiosk abzukürzen. Und ich seile mich zurzeit jeden Abend ab, um ihm dabei zu helfen, aus einer alten Pferdebox ein Zuhause für ihn zu machen. Mit Erde, Stroh, Sand und Wasser stehen wir bis Mitternacht im Schein seiner Handytaschenlampe und kleistern damit Paletten zu, die als Wände dienen.

Nicht selten mündet das in eine ausgelassene Schlammschlacht. Es beeindruckt mich, mit welcher Ausdauer er sich all sein Wissen über YouTube-Videos aneignet, ob Longboard surfen, Möbel bauen, Strom verlegen, streichen, Häuser sanieren oder neuerdings auch reiten.

Auf dem Weg nach draußen rufe ich Mehdi über die Schulter zu: »Ich muss noch kurz was gucken ... Ich glaube, Bali hat mir jemanden ins Treppenhaus gesetzt.«

»Wen denn?«, fragt Mehdi und läuft hinter mir her.

Tatsächlich sitzt im Hausflur unter den Treppenstufen ein unterarmgroßer, grauer Vogel auf einem Haufen scheußlicher Kacheln.

»Wieso hat Bali dir diesen lahmen Vogel ins Haus gesetzt?«

»Er hat ihn heute Nacht gefunden und wusste nicht, wohin mit ihm.«

Bali, eigentlich Ali, ist Surflehrer und träumt davon, eines Tages in Indonesien zu surfen, weshalb er das B vor seinen Namen gesetzt hat. Er hat blonde Locken, ist klein und drahtig und pest meist wie ein aufgezogener Hase durch die Gegend. Ein charmantes Schlitzohr mit großem Herzen und noch größerem Stolz. Und wenn einer Fettnäpfchen sammelt, dann Bali. Seit ein paar Tagen scheint er mal wieder nicht bei seinen Eltern und Geschwistern schlafen zu wollen; lieber verbringt er die Nächte bei Freunden auf der Couch oder pennt zwischen den Wänden der Apartmentblocks.

Ich stelle dem Vogel etwas Wasser und ein paar Körner hin – und ab geht's an den Strand. »Vom Bett aufs Brett ... Juchuu«, pruste ich übermütig und lasse mich ins Wasser fallen. Ich liebe es, unterzutauchen und schwerelos unter der Wasseroberfläche des gigantischen Ozeans zu treiben. Dann ziehe ich mich wieder aufs Board und lasse meine Füße ins Meer baumeln, um auf die nächste Welle zu warten.

Der Vogel, ein junger Strandläufer, überlebt leider nicht. Als Mehdi und ich nach zwei Stunden ausgepowert zurückkommen, liegt er gekrümmt in seiner dunklen Ecke. »Gute Reise, Kleiner.« Sanft streichele ich seinen Kopf und beerdige ihn neben dem Flussbett.

Nun habe ich es eilig, mich umzuziehen, stecke mir ein paar Datteln zum Frühstück in den Mund und laufe zu Karen hinüber. Mittlerweile treffen Nezha, Karen und ich uns dort einmal die Woche, um an unserem Dihiya Inspired-Projekt zu arbeiten.

»Lamia hat die ersten Schuhe fertig.« Nezha zeigt uns ein paar Fotos. Handgearbeitete, wunderschöne schwarze und naturfarbene Sommerschuhe aus Bast im Babouche[40]-Stil.

»Great! Aber wenn wir unsere eigenen Produkte so sehr mögen, dass wir sie alle selbst behalten wollen, wird's echt schwierig«, lacht Karen.

»Auch Zahras erster Teppich ist mega geworden, nur leider ist ihr Asthma wieder so schlimm, dass ihr der Arzt dringend davon abgeraten hat, weiterhin zu weben«, berichte ich traurig. Zahra ist in der Nähe der berühmten Wüstenstadt Ouarzazate aufgewachsen und gehört neben Lamia, Khadija und Rahma zu unserem Startteam. Bereits als Kind hat sie wie so viele marokkanische Mädchen Teppiche gewebt, statt zur Schule zu gehen. »Als sie mir die Nachricht überbrachte, hat sie dicke Tränen geweint.« Denn Zahra braucht dringend das Geld, das sie mit Dihiya Inspired verdienen könnte. Sie ist alleinerziehend mit zwei Söhnen; Adam ist 14, Amin 18. Als ihr Mann vor zehn Jahren starb, hat seine Familie die drei einfach vor die Tür gesetzt. Amin hatte einen Job in einem Restaurant, doch den hat er verloren, als es wegen Corona schließen musste.

Unser Tribe, zu dem inzwischen auch ein paar Männer gehören, fertigt Schuhe, Jacken, Taschen, Kissen und Teppiche, was die Künstler und ihre Familien finanziell unterstützt. Anfangs standen sie der Upcycling-Idee skeptisch gegenüber. »Wer will denn Geld für etwas Altes ausgeben?«, hat Lamia gefragt und war dann von den ersten Produkten selbst so inspiriert, dass sie begann, Taschen aus alten Kaffeesäcken und Secondhand-Pyjamas zu kreieren. Bis Dihiya Inspired rund läuft und wir damit nennenswerte Einnahmen erzielen, ist es jedoch ein beschwerlicher Weg. Vor allem die Frauen sind zwischen Haushalt und Familie oft so eingespannt, dass es bisweilen mehrere Wochen dauert, bis ein Produkt fertig ist. Zum anderen haben wir erst spät gemerkt,

---

40 Marokkanische Pantoffeln, besonders flach und spitz zulaufend

dass sich keine von ihnen traute nachzufragen, wenn sie etwas nicht verstanden hatte, oder sich zu melden, wenn ihr ein Fehler unterlaufen war. So konnten wir zum Beispiel die ersten sechs von Narjet gewebten Kissenhüllen nicht verkaufen.

Frustriert blickte Karen auf die Wollerzeugnisse. »Die sind schön gearbeitet, aber wie soll daraus eine Kissenhülle werden, wenn die Vorderseite länger ist als die Rückseite? Und diese hier ist verfärbt.«

»Bezahlen müssen wir sie ihr aber trotzdem«, sagte Nezha. »Gerade bei den ersten Versuchen hätten wir viel öfter bei ihr vorbeischauen sollen.«

So haben wir ordentlich an der Kommunikation gefeilt, bis jedem im Dihiya-Team klar war, dass wir in einem Boot sitzen, dass wir miteinander reden müssen und ein Fehler kein Beinbruch ist, dass allerdings auch jeder Eigenverantwortung für sein Produkt übernehmen muss, da wir nur verkaufen können, was sorgfältig gefertigt ist.

Abgesehen von unseren wöchentlichen Arbeitstreffen sehe ich Nezha und Karen kaum. Dafür haben wir alle drei viel zu viel um die Ohren. Mich fordert unter anderem der Online-Sprachkurs, denn wenn du Darija-Worte ohne die typischen Würge- und Brechlaute aussprichst, versteht dich kein Marokkaner. Da kann es schon mal passieren, dass du versehentlich statt Kaffee (9ahwa)[41] einen Penis (9alwa) bestellst. Und warum ich mir »Wie geht es deinen Kindern?« partout nicht merken kann, sich dafür aber seit meinem ersten Marokkobesuch »schwuler Esel« eingebrannt hat, werde ich nie kapieren.

Hätte ich gewusst, wie schnell das Meer wieder zur Sperrzone erklärt werden sollte, wäre ich in den vergangenen Wochen gar nicht aus dem Wasser gekommen. Während der Sommerferien sind die Apartments und Hotels rund um Agadir komplett ausgebucht gewesen. Alle Marokkaner, die es sich leisten konnten, flohen ans Meer, denn im Landesinneren wird es mitunter bis zu fünfzig Grad heiß. Gefühlt war es ein

41 Die »9« ist ein Rachen-K.

ganz normaler Sommer, in dem es allerdings trendy war, eine Maske am Arm zu tragen. Sie diente den Urlaubern vor allem dazu, sich den Schweiß abzutupfen oder um sie beim Sonnenbaden über die Augen zu ziehen.

Jetzt sind die Ferienwochen vorbei und die Hotels wieder leer, die Infektionszahlen allerdings derart in die Höhe geschnellt, dass uns die gerade erst wiedergewonnene Freiheit förmlich über Nacht genommen wird.

Antriebs- und mutlos liege ich auf der hohen Mauer vor meinem Fenster, lausche dem leisen Schnauben der Pferde, das mich immerhin ein wenig entspannt. Wie schön wäre es, mal wieder auf dem Rücken eines Pferdes sitzen zu können, mal wieder den Geruch von gefettetem Leder und Pferdehaar in der Nase, den runden warmen Pferderücken zwischen den Beinen, das Schwingen meines Körpers im Rhythmus der weiten Schritte, das Adrenalin, der Wind, das Gefühl zu fliegen. Verflixt ... Ich muss mich bewegen, diese negative Energie loswerden. Vorsichtig stelle ich mich auf und balanciere zurück zu meinem Fenster, wo ich mit einem Satz ins Wohnzimmer springe. Sicher gelandet, schnappe ich mir das Skateboard, pfeife nach Milo und laufe nach draußen in Richtung Strandpromenade.

Bis auf zwei berittene Gendarmen ist der kilometerlange Strand menschenleer. Plötzlich kommt ein schmaler Mann mit schwarzem Kinnbart, vor allem aber mit einem grauweißen Araberhengst auf mich zu.

»Kannst du reiten?«, fragt er, als er vor mir steht.

Ich glaube, ich träume. »Klar«, sage ich, und schon drückt er mir die Zügel in die Hand.

»Das ist Express«, seine Stimme ist ungewöhnlich leise, »er muss bewegt werden. Aber ich bin müde von der Arbeit auf der Farm und brauche eine Pause. Gib mir dein Skateboard, ich setze mich hier auf den Stein, rauch eine und warte solange auf dich.«

Fragend schaue ich den Pferdebesitzer an. »Einfach so?«

»Ja, bitte. Ein bisschen Schritt, Trab, Galopp. Das schaffst du doch, oder?«

Mein Herz hüpft vor Freude, als ich den weichen Hals des gepflegten Tieres streichele, das mich dabei neugierig mustert. Du brauchst also auch Bewegung, denke ich. »Und wie heißt *du*?«, frage ich den Mann, den ich hier noch nie gesehen habe.

»Abdou Sammad, aber nenn mich einfach Abdou.«

»Ich bin Lena.« Erst reiche ich ihm meine Hand, dann das Skateboard, und schon sitze ich im Sattel. In kurzen Hosen, ohne Helm und ohne Krankenversicherung (Sorry, Mama!). Mein Körper weiß sofort, was zu tun ist. Neben Atmen, Kauen, Tanzen und Gehen ist Reiten für mich das Natürlichste der Welt. Express und ich verstehen uns vom ersten Moment an. Wir drehen ein paar Runden, während Milo aufgeregt neben uns herläuft, dann galoppieren wir den Sandweg zurück zu Abdou.

Es wird zu unserem allabendlichen Ritual. Kurz vor Sonnenuntergang holt Abdou mich ab, mal hat er Express dabei, mal den Hengst Mbrok. Mbrok heißt übersetzt Glück und gehört dem Besitzer der Farm, auf der Abdou als Stallbursche arbeitet. Ein wunderhübscher, grauweiß gescheckter Berber-Araber[42].

»Bei dem musst du aufpassen, der ist nicht so lieb wie Express«, warnt Abdou unnötigerweise, denn kaum sitze ich auf Mbroks breitem Rücken, der so weich ist wie ein Sofa, bin ich schon in dieses Pferd verliebt, das bei jedem Tempowechsel kurz übermütig buckelt und es liebt, im Meer zu baden. Wäre ich ein Pferd, wäre ich Mbrok.

Da Abdous Französisch fast so schlecht ist wie mein Darija, unterhalten wir uns überwiegend mit Händen und Füßen. Ich erfahre, dass er aus einer sehr armen Familie in Marrakesch stammt und nie zur Schule gegangen ist.

»Nti ferhana?« (Bist du glücklich?), ruft Abdou jedes Mal, wenn ich angeritten komme.

---

42 Berber gehören zu den ältesten kultivierten Pferderassen der Welt. Reine Berberpferde sind heute allerdings selten; meist handelt es sich um Kreuzungen. Der Berber-Araber gilt inzwischen als eigene Rasse.

Und jedes Mal antworte ich aus vollem Herzen: »Ieh bzaf. Nta ferhan?« (Ja, sehr. Und du?)

»Dima.« (Immer.)

Als sich eine Bekannte bei ihm meldet, weil sie gemeinsam mit ihrem Sohn ausreiten möchte – nicht zuletzt um Abdou damit finanziell zu unterstützen –, soll ich vorsichtshalber neben Mbrok herlaufen. Dass Abdou mich dafür bezahlt, ist mir unangenehm, aber er besteht darauf. Die Bekannte heißt Patricia und wird für ihn und mich zu einer wertvollen Verbündeten in den harten Zeiten, die uns bevorstehen sollten …

Abdou und ich reiten immer öfter gemeinsam aus, sodass ich nach und nach mitbekomme, wie sein Leben vor Corona aussah und wie es sich seitdem verändert hat.

»Ich bin schon vor Jahren hierhergezogen. Weg vom Druck der Familie.« Wir reiten durch die laue Sommernacht. Obwohl die ganze Welt stillzustehen scheint, werden links und rechts von uns weitere Hotels und Apartmenthäuser hochgezogen. »Genau hier«, sagt Abdou, »haben Express und ich immer geschlafen. In der Mulde war es windgeschützt. Express konnte von den Sträuchern fressen und sich ausruhen, während ich die Sterne gezählt habe.« Vor uns erstreckt sich ein frisch ausgerollter Rasen, daneben eine steinerne Fläche mit neuen Plastikliegen und einem großen Pool in der Mitte. Über die vermüllte Mulde führt jetzt eine Holzbrücke direkt zur Strandpromenade. »Sobald das Hotel öffnet, soll ein Zimmer 300 Euro die Nacht kosten. Für Arme ist hier kein Platz mehr. Um Geld zu verdienen, werde ich mich mit Express auf die protzige Strandpromenade stellen und den Leuten auf den Hotelbalkonen zurufen«, er richtet sich im Sattel auf, zieht sein Cap mit übertriebener Geste vom Kopf und verbeugt sich. »Guten Tag, die Dame! Wären Sie so frei, sich aus Ihrer noblen Herberge herauszubequemen und eine Runde reiten zu gehen?« Sein Lachen klingt bedrückt.

Zwischen drei und fünf Euro hat Abdou vor der Corona-Pandemie von einem Touristen dafür erhalten, dass dieser ein bisschen am Strand hin und her reiten und Fotos mit Araberpferd von sich machen kann.

Wie fast jedes Pferd der Strandcowboys ist Express es gewohnt, Volldampf loszugaloppieren, ohne sich vorher aufzuwärmen.

»Das ist es, was die meisten Marokkaner und europäischen Touristen wollen«, erklärt Abdou.

Von dem guten Geld, das er bis vor ein paar Monaten verdient hat, musste er lediglich ein paar Schmiergelder an die Gendarmerie abdrücken, weil das Reiten an den besonders frequentierten Abschnitten am Strand verboten ist, seit ein Badegast umgeritten wurde und an seinen Verletzungen gestorben ist. Abdou zeigt mir Fotos auf seinem ziemlich zerbeulten Handy: Express und er unter einem roten Sonnenschirm mit Eiscremewerbung bei dem Versuch, zwischendurch etwas Schatten zu finden. Als ich entdecke, dass Abdou aus Jux alle vier Hufe seines Pferdes im Sand eingebuddelt hat, muss ich herzlich lachen und merke mal wieder, wie gern ich die beiden habe.

Am nächsten Tag begleite ich Abdou auf die Farm. Das auffallend große Grundstück liegt inmitten des Gartenlabyrinths, das mich von Anfang an magisch angezogen hat. Die Gärten sind eine eigene Welt und haben den Ruf, besonders gefährlich zu sein. Hinter einem Bambuszaun, dessen Tor mit einer Metallkette verschlossen ist, befindet sich ein Feld, auf dem das Futter für sieben Rinder wächst. Gleich daneben sitzen vier Männer unter einem Dach aus Palmenblättern und grillen Sardinen, die sie mit Brot und rohen Zwiebeln verspeisen. Abdou stellt mich vor, ich schüttele jedem die Hand, unter anderem dem Farmbesitzer, und werde sofort zum Essen eingeladen. Einer der vier kann etwas Französisch; er erzählt mir, dass er und seine Kollegen am Hafen arbeiten und die Farm ein Ort ist, an dem sie abschalten können. Tatsächlich scheinen viele marokkanische Männer am liebsten dort »abzuschalten«, wo weder ihre Frauen noch ihre Kinder sind. Beim Angeln an irgendeinem Kliff, in einem Café mit Freunden Tee trinkend oder mit WhatsApp, Facebook oder Instagram irgendwo am Strand oder Straßenrand im Auto sitzend.

Ich will gerade auf ihre Fragen antworten und ihnen erzählen, was ich hier in Aourir mache, als ein graubärtiger Mann mit Melkeimer und

Schemel aus dem Rinderstall kommt. Er lächelt freundlich und wirft mir einen neugierigen Blick zu.

»Das ist Mourad«, sagt Abdou. »Er lebt schon lange auf der Farm und passt auf alles auf.«

»Salam smiti Lena« (Ich heiße Lena), begrüße ich ihn und schüttele seine erstaunlich dicke Hand, die meine kräftig drückt.

»Tkellim Darija?« (Du sprichst Darija?), fragt Mourad.

»Chwya, machi bzaf.« (Ein bisschen, nicht viel.)

Mourads Augen blitzen amüsiert. »Auch Tamazight?«

»Mein Hund spricht Tamazight. Achkitsri, Gauwa, Fis« (Komm, Sitz, Hör auf), erkläre ich lachend, und prompt fallen sechs Männer in mein Lachen ein.

»Willkommen, Madame Lena, möchtest du Tee oder lieber ein Glas Milch?«

Als ich mich einen Tee später von allen verabschiede, bietet mir der Farmbesitzer an, jederzeit vorbeizukommen und mich um die Pferde zu kümmern, als wären es meine eigenen. Ich bin ja so ein Glückskind, denke ich und schicke ein Dankeschön ans Universum. Mourad und ich werden Freunde. Wann immer ich ihn brauche, ist er da. Auch jedes Mal, wenn ich versuche, die schwere Tür beiseitezutragen, die vor dem maroden Stall lehnt, um die Hengste vom Ausbrechen abzuhalten.

»Wo bleibt dein Yoga, Madame Lena?«, witzelt er, während er das Monster zur Seite räumt, als wäre es eine Spanplatte.

»Und deins?«, kontere ich.

Statt zu antworten, hebt er sein rechtes Bein mit der notdürftig geflickten Sandale am Fuß und zieht es fast bis an den Kopf.

»Wahnsinn!«, staune ich.

»Kuhstallyoga.«

Für Mourad sind die Tiere auf der Farm sein Ein und Alles. Selten verlässt er das Gelände, und niemand kommt ihn besuchen. Stattdessen redet er mit den Hühnern, gurrt wie die Tauben, muht wie die Rinder und gibt Mbrok, obwohl er Angst vor Pferden hat, nach jedem Füttern einen liebevollen Kuss auf die helle Pferdestirn, gutmütig beäugt von einer jungen orangebeigen Hündin, die er Rosa getauft hat.

»Hunde sind meine Lieblingstiere«, sagt er und sortiert die Hühnerfüße, die er für Rosa und zwei andere Hunde beim Schlachter gekauft hat.

Wie Abdou, so schläft auch Mourad auf einer dünnen Matratze in einem dunklen, mit Wellblech abgedeckten Verschlag. Mourad ist daran gewöhnt, aber wie mag es sich für Abdou anfühlen, auf dem Grundstück eines »Chefs« leben zu müssen?

Neben Mbrok und Express gibt es noch zwei weitere Pferde. Als ich die Stute und den Hengst das erste Mal sehe, zucke ich zusammen. Sie stehen in engen, fensterlosen Boxen.

»Was ist mit den beiden?«, frage ich Abdou, während ich den Kopf des Hengstes streichele, der aussieht, als habe er lauter Sommersprossen. Seine Vorderbeine sind mit einem dicken Seil an den Fesseln zusammengebunden. Ich atme tief durch.

»Vorsicht, Lena, der ist böse«, warnt Abdou. »Das ist ein Fantasia-Hengst, und die dort«, er zeigt auf die Stute, »ist seine Frau. Mein Boss hat sie gekauft, weil es schick ist, sie zu besitzen. Wenn du mich fragst, hat er einfach zu viel Geld und keine Ahnung von Pferden. Er denkt, füttern reicht aus. Aber allein schaffe ich es nicht, sie auch noch zu bewegen.«

»Wie heißen sie denn?«

»Die haben keine Namen.«

Ich greife nach der Trense, die neben der Box hängt. Ein breites Baumwollband, an dem Augenklappen und ein großer metallener Ring befestigt sind.

»Da kommt die Zunge durch«, erklärt Abdou. »Damit hast du die Kontrolle, denn sobald du daran ziehst, tut das dem Pferd so weh, dass es keinen Quatsch macht.« Geschockt halte ich mir die Hand vor den Mund. »Anders kannst du den Hengst nicht reiten. Mit einem normalen Gebiss bleibt er nicht stehen. Glaub mir, das haben schon einige probiert.«

Ich habe bereits viel von der Fantasia gehört. Vermutlich ist diese jahrhundertealte Tradition ein Grund dafür, dass insbesondere männliche Marokkaner davon träumen, einmal mit so einem imposanten

Pferd den Strand entlangzujagen. Hinter den Gärten liegt ein Stall, in dem ausschließlich Fantasia-Pferde trainiert werden. Es sieht eindrucksvoll aus, wenn die Berber-Hengste mit den großen hohen Satteln und dem bunt bestickten Geschirr in Reih und Glied galoppieren; geritten von Männern in Wüstengewändern und mit Gewehren in der Hand. Ziel ist es, dass die Tiere auf Kommando gleichzeitig zum Stehen kommen, woraufhin alle Reiter einen Schuss abgeben, was möglichst wie aus einer Waffe klingen soll.

»Einmal im Jahr findet das große Fantasia-Festival statt, das Pferde-Tbourida mit verschiedenen Wettbewerben zwischen diversen Reitgruppen des Landes«, hat mir stolz ein alter Marokkaner erklärt, der ebenfalls beim Training zuschaute. »Mittlerweile ist die Tbourida sogar Weltkulturerbe.« In dem aufgewirbelten Staub vor der untergehenden Sonne erinnert mich die Gruppe Reiter jedes Mal an *Ali Baba und die vierzig Räuber*.

Die zierliche dunkelbraune Stute mit dem weißen Strich auf der Stirn ist so verstört, dass sie jedem, der sich der Box nähert, ihr Hinterteil zudreht.

»Hi«, flüstere ich. »Wer bist du denn?« Dann warte ich schweigend ab. Erst linst nur ein Auge zu mir, doch nach wenigen Minuten überwiegt ihre Neugier, und sie dreht sich komplett um. Als ich ihr schließlich die Nüstern streicheln darf, ist sie immer noch äußerst angespannt.

»Sprichst du Pferdesprache?«, ruft Mourad fröhlich, der neben Abdou und mir auftaucht. »Ich spreche leider nur Kuhsprache.« Das jüngste Kalb im Stall hinter uns muht. »Muuuh«, erwidert Mourad.

»Und worüber habt ihr euch ausgetauscht?«, frage ich grinsend.

»Muh heißt: Ich habe Hunger, und Muuuh: Ich bin gleich bei dir.«

Als ich am nächsten Tag auf die Farm komme, ist Mourad völlig aufgelöst. »Rosa ist krank. Sie frisst und trinkt nicht mehr, liegt nur noch da und schreit, als hätte sie den Teufel gesehen.« Zitternd führt er mich zu ihr. Um die Hündin vor Fliegen und Licht zu schützen, hat er ihr zwischen Strohballen ein Nest gebaut und sie mit einem weißen Tuch zugedeckt. Als Mourad das Tuch zur Seite zieht, weiß ich sofort, was er meint. Ihr Schrei geht durch Mark und Bein. Die Augen weit aufgerissen, kriegt sie sich nicht mehr ein. Verzweifelt versucht Mourad, seine kleine Lieblingshündin mit Streicheln und gutem Zureden zu beruhigen. Er reicht ihr Milch, die sie nicht annimmt, versucht dann, ihr diese mit den Fingern einzuflößen. »Was ist nur mit dir, meine Rosa«, Tränen kullern seine Wangen hinunter. Vorgestern noch haben er und Rosa zusammen Kohl gepflanzt, er mit beiden Händen in der Erde wühlend, sie ihm verspielt in den großen Zeh knibbelnd. Seine Augen suchen meine. »Wie kann ich ihr helfen, Madame Lena?«, flüstert er mit bebender Stimme. »Wie wird sie wieder gesund?«

Ich drehe ein kurzes Video von der Hündin und schicke es meiner Freundin Renata, die im Nachbarort eine kleine Tierhilfeorganisation[43] leitet.

Sofort ruft sie mich an und sagt: »Es könnte Staupe sein, aber wenn der Hund Wasser scheut, ist es sehr wahrscheinlich Tollwut.«

In dem Moment schreit Rosa erneut wie am Spieß. Auch mir kommen jetzt die Tränen. Sanft streichele ich Mourad den Rücken, der am ganzen Körper bebt, als läge sein Kind im Sterben. »Rosa, was ist mit dir, Rosa, ich bin's.«

Ich höre, dass auch Renata schlucken muss. »In all den Jahren habe ich es noch nie erlebt, dass ein Mann um seinen Hund weint«, sagt sie, aber ihre Diagnose ist klar. »Lena, Rosa stirbt, egal, was ihr macht. Sieh zu, dass kein anderes Tier zu ihr kann. Und wenn sie tot ist, muss ihr Körper unbedingt verbrannt werden. Ich weiß, das kommt in Marokko eigentlich gar nicht in die Tüte. Aber es muss sein.«

So einfühlsam wie möglich erkläre ich dem verzweifelten Mourad, was Sache und zu tun ist.

Am nächsten Tag finde ich ihn wie ein Häufchen Elend von Stall zu Stall schlurfend. Dicke Tränensäcke unter den Augen. »Rosa ist tot«, seine Stimme zittert.

---

43 Al-Nour Tierhilfe Marokko

Ihr Körper ist verschwunden, von einem Feuer jedoch keine Spur. »Du bist Beobachter«, geht mir Ankes Stimme mahnend durch den Kopf, »misch dich nicht in alles ein.«

Mindestens eine Woche lang kann Mourad kein noch so zärtliches Muhen trösten. Doch Rosas grausamer Tod hat zumindest ein Gutes. Der Farmbesitzer erklärt sich bereit, alle Hunde, die Pferde und das Eselsbaby, das Abdou neulich angeschleppt und Jaquebril getauft hat, gegen Tollwut impfen zu lassen. Ihm, der sich immer mehr Tiere leistet, sind die elf Euro für den Impfstoff allerdings zu viel, weshalb Mourad und Abdou von ihrem kargen Gehalt die Hälfte dazugeben.

Rosas gescheckte kleine Schwester wird zu Mourads neuer Rosa. Und als Renata ihm noch Kenza schenkt, eine durchgeimpfte junge Hündin, kehrt die Freude zusehends in sein Herz zurück.

Eines Tages vertraut mir der knauserige Farmbesitzer auch seine kostbare Stute an. Abdou soll den Hengst reiten. Keine Ahnung, wie lange die beiden edlen Pferde nicht mehr aus dem Stall gekommen sind. Wie muss es sich für die muskulösen, auf Bewegung ausgerichteten Tiere anfühlen, wenn sie nach Wochen auf engstem Raum plötzlich ihre Beine wieder frei bewegen können. Ich bin froh, dass Abdou vorschlägt, erst einmal im Schritt in ein nahe gelegenes Dorf am Berg zu reiten. »Küken gucken«, wie er sagt. Als Einstieg für die Pferde und für uns als ihre Reiter.

»Sie brauchen einen Namen«, sage ich, während wir nach dem Hühnerküken gucken in einem Rohbau – Abdou befand sie allesamt als zu mickrig – durch die Dunkelheit zurückreiten.

»Hast du eine Idee?«, fragt er.

»Wie wäre es mit Luna für die Stute ... So hieß das Pferd, auf dem ich reiten gelernt habe. Und der Hengst ... Hm ... Sultan oder Ali Baba?«

»Luna ist super. Sultan? Nee. Aber Ali Baba, das passt.«

Bevor wir die große Hauptstraße kreuzen, steige ich kurz ab und nehme Milo, der uns wie immer begleitet hat, an die Leine. Danach geht es den steilen Abhang hinab zum Meer und unter einem imposanten Sternenhimmel zur Farm zurück. Mourad sitzt neben einer Öllampe und kocht für Abdou und sich zu Abend. Es gibt mal wieder Gamila: Erbsen, Oliven, Zwiebeln, Tomaten, Knoblauch. Fertig.

»Madame Lena! Wie war der Ausritt? Iss mit uns.«

»Super war's. Ein andermal wieder gerne, danke.«

»Dann nimm wenigstens Datteln mit«, sagt er und füllt mir die Hälfte eines Kartons in eine Tüte.

»Das ist viel zu viel«, wehre ich das Geschenk erfolglos ab. »Die Pferde haben wir übrigens Luna und Ali Baba genannt. Timinsiwin! (Gute Nacht!)«

»Timinsiwin, Madame Lena, komm morgen wieder!«

Als ich um die Hausecke biege, stolpere ich fast über Bali, der vor meiner Tür auf dem Boden hockt. »Hello, my sweet friend«, begrüßt er mich verschmitzt, »kannst du mir noch mal dein Skateboard leihen?«

»Klar, wäre aber schön, wenn du dich damit nicht wieder an Autos hängen würdest, um halb Marokko zu durchqueren.«

»So was würde ich nie machen«, sagt er, zwinkert mir zu und lenkt vom Thema ab. »Warum machst du es dir hier denn nicht gemütlich?«, fragt er, als er sich zu Milo auf die Hundedecke setzt.

»Ich will mir nichts Neues kaufen, eigentlich will ich ja nicht mal in einer Wohnung leben«, sage ich. »Am liebsten wäre ich nur draußen. Da fühle ich mich frei.«

»Eine wie dich hab ich echt noch nie kennengelernt ... Du Lena, ich muss dir was erzählen. Aber bitte rede mit niemandem darüber. Versprochen?«

»Oha, was kommt denn jetzt?«, sage ich und weiß, dass bei Bali mit fast allem zu rechnen ist.

»Ich will mit einem Surfbrett nach Spanien paddeln. Am Anfang war ich noch froh über Corona ... Mal ein bisschen freihaben nach dem stressigen Surflehrerleben in wechselnden Camps ... Aber es hört nicht auf, Lena – und ich hab keine Lust, die ganze Zeit meinen Eltern auf der Tasche zu liegen oder für ein paar Dirham zwölf Stunden am Tag im Hafen zu arbeiten.«

»Kann dir deine deutsche Freundin nicht helfen?«

»Du meinst, über sie nach Deutschland? Das geht gar nicht. Das würde sie mir ewig vorhalten, wenn wir streiten, und wir streiten echt viel. Nee, ich will frei sein, will es allein nach Europa schaffen. Und ich weiß schon genau, wie ich es mache. Ich besorge mir ein altes Softboard mit viel Volumen, und dann paddele ich nachts, ist ja nicht weit.«

Ich kann das, was ich da höre, kaum ernst nehmen. Wie kommt jemand ernsthaft auf die Idee, durch die Straße von Gibraltar zu paddeln, wo es heftige Strömungen gibt, massenhaft Containerschiffe fahren und das Wetter als unberechenbar gilt. Als ich das letzte Mal mit der Fähre nach Marokko übergesetzt bin, sind drei Meter hohe Wellen wie wild die Bootswände hochgeklatscht.

»Dir ist schon klar, dass du dabei ums Leben kommen kannst.«

»Ach Lena, ich bin fit, das passt schon. Ich sage dir auf jeden Fall vorher Tschüs, my sweet friend ... Kann ich heute Nacht bei dir schlafen?«

»Vergiss es«, sage ich lachend. »Nimm das Skateboard und dann ab!«

»Kriegst es morgen wieder.«

»Und, Bali ...«

»Ja?«

»Ich mein es ernst. Keine nächtlichen Talfahrten auf Hauptverkehrsstraßen bitte.«

»Versprochen, Mama Lena. Inschallah.«

17 Freundschaft

ÄTHIOPIEN UND DSCHIBUTI (2011)

Obamas Familie

Luck füttert mich mit Injera
aus der Hand als Freundschaftsbeweis

Ich bin fertig mit der Welt. Ich bin dreckig, stinke, bin müde, erschöpft, verzweifelt und verflucht wütend. Auf mich und alle anderen. Der Grenzübergang zwischen Dschibuti und Äthiopien ist winzig. Ein Bürohäuschen, ein Zaun und ein Miniknast. Alles ist staubig, grau, braun. Für die hundert Kilometer von der Hauptstadt bis hierher brauche er zweieinhalb Stunden, hat der Busfahrer gesagt. Stimmt genau. Er hat allerdings vergessen zu erwähnen, dass ich für das Drumherum noch mal gut 15 Stunden Reisezeit hinzurechnen muss. Hab ich alles gelassen gesehen. Das zermürbende Warten darauf, dass der Bus irgendwann voll ist – bei über vierzig Grad –, wobei es mich einige Nerven gekostet hat, in dem ganzen Gewusel meinen Platz zu verteidigen. Dass der Gepäck-aufs-Dach-Verlader plötzlich mehr Geld wollte, als mein Rucksack an der Reihe war, was mich dazu veranlasste, demonstrativ auszusteigen, um es selbst zu tun. Dass die finale Abfahrt des Busses zu einer Uhrzeit erfolgte, die uns die Grenze erst nach Feierabend der Grenzbeamten erreichen ließ. Auch die Nacht, geparkt vor der Schranke im stickigen Bus, auf dem durchgenudelten Sitz neben hustenden und schnarchenden Nachbarn sowie heulenden Kindern. Das Gruppenkacken auf dem Dreckplatz ohne den kleinsten Busch zum Hinterhocken. Das erneute Ausharren vor dem Grenzbüro bei morgendlichen dreißig Grad zwischen von Kackhaufen angelockten Fliegenschwärmen, bis die Grenzer ihren Kaffee getrunken hatten und bereit waren, uns zu empfangen. Dass ein Großteil der Mitreisenden aus Äthiopien, Eritrea und Somalia seine Pässe abgeben und in das kleine Gefängnis musste, um dann alle wieder zu entlassen und ihnen die Weiterfahrt nach Äthiopien zu gestatten. Nur mir nicht.

»Du hast kein Visum.«

Entgeistert zeige ich auf das Visum in meinem Pass. Doch der Grenzer schüttelt den Kopf. Keine Ahnung, was für ein Problem er hat.

»Du musst zurück nach Dschibuti[44], neues Visum machen, dann kannst du wiederkommen«, versucht sein Kollege mir zu verklickern.

44 Hauptstadt des gleichnamigen ostafrikanischen Staates

Haben die sie noch alle? Mein erster und bislang letzter Schmiergeldversuch scheitert, selbst Bitten, Betteln und Tränen nützen nichts. Dabei geht mein Flieger von Addis Abeba nach Hannover in acht Stunden. Völlig verzweifelt gebe ich auf, trete aus dem Grenzhäuschen und schaue dem Bus hinterher. Dazwischen zig Kackhaufen, die in der zunehmenden Hitze vor sich hin trocknen. Schöne Scheiße.

»Der Mann kommt aus Äthiopien«, hat meine Mama erklärt, als ich sie damals gefragt habe, wer der Mensch ist, der bei den Nachbarn in weißen Gewändern im Garten sitzt und betet. »Sie waren schon ein paar Mal bei ihm zu Besuch, und jetzt haben sie ihn zu sich eingeladen.« Ich war neun, und unsere Klassenfahrten fanden im Umkreis von 25 Kilometern statt; da kam mir die vierstündige Autofahrt in den Familienurlaub an der Ostsee schon vor wie eine Weltreise.

So fremd, wie der Mann im Nachbargarten auf mich wirkte, musste Äthiopien am anderen Ende der Welt liegen. Gleichzeitig aber nah genug, um sich gegenseitig besuchen zu können.

16 Jahre später weiß ich: Zwölf Stunden dauert der Flug in das Land, das ganz anders als alle afrikanischen Länder zu sein scheint, die ich bisher bereist habe. Schon bei meiner Ankunft in Addis Abeba bin ich völlig verwirrt, denn was 18 Uhr in Deutschland ist, ist in Äthiopien zwölf Uhr; und das Jahr hat hier nicht zwölf, sondern 13 Monate, weshalb ich nach äthiopischer Zeitrechnung gut sieben Jahre jünger bin. Zudem verzichtet fast das gesamte Land mittwochs und freitags auf tierische Produkte, was eine fantastische Vielfalt an vegetarischen und veganen Gerichten zur Folge hat, deren Grundlage meist das Injera genannte Sauerteigbrot ist. Injera wird auf riesigen Tabletts serviert und schmeckt pur wie feuchter Lappen mit Geschirrspülmittel. Kombiniert mit Soßen und diversen Gemüsebeilagen wird es jedoch zu einem köstlichen Essen. Schweinefleisch steht übrigens ebenso selten auf der Speisekarte der hauptsächlich christlich-orthodoxen Bevölkerung wie bei den Muslimen. Tatsächlich hat Äthiopien das Christentum eher zur Staatsreligion erklärt als Rom, nämlich schon um das Jahr 340. Auch

wurde das ostafrikanische Gebiet, das damals noch zum Königreich Abessinien gehörte, zwar ein Jahr lang von Italien besetzt, jedoch nie kolonialisiert. In Äthiopien sind zudem siebzig Prozent aller Berge auf dem afrikanischen Kontinent zu finden, weshalb es auch das Dach Afrikas genannt wird. Der höchste von ihnen, der Ras Dashen (»Ras« heißt in der amharischen Landessprache »Kopf«), ist über 4500 Meter hoch. Auch Lucy, das gut drei Millionen Jahre alte Teilskelett eines bereits aufrecht gehenden weiblichen Vormenschen, stammt von hier und befindet sich heute im hiesigen Nationalmuseum. Nur wenige Monate nachdem ein US-amerikanischer Forscher im November 1974 über die Knochen der Dame gestolpert war, starb Haile Selassie. Von der Rastafaribewegung als der Messias verehrt, war Lij-a Ras Täfäri Mäkonnen, wie sein Prinzenname lautete, ein Herrscher, der sein Land in die Moderne geführt hat, aber vor keiner Brutalität zurückschreckte, um seine Macht zu sichern. Grün, Gelb und Rot, die Farben der Rastafaris, sind auch die Farben der äthiopischen Nationalflagge, Farben, die hier für Fruchtbarkeit des Heimatbodens, für die Liebe zum Vaterland und für das im Kampf für das Land vergossene Blut stehen. Doch nicht nur die Rastafaris bedienten sich der äthiopischen Flagge, auch Länder wie Ghana und Südafrika orientierten sich nach ihrer Unabhängigkeit beim Flaggendesign an deren Farben.

Viele Äthiopier haben einen vergleichsweise hellen Teint, sehr hohe Wangenknochen und einen grazilen Körperbau. Fast jede Frau, der ich in den Straßen von Addis Abeba begegne, könnte ein Model sein. Besonders beeindruckt aber bin ich von dem Ehrgeiz, den hier Athletinnen und Athleten an den Tag legen. Wohl nicht umsonst kommen einige der weltbesten Langstreckenläufer*innen aus Äthiopien. Sport gilt als Tor zur westlichen Welt. Trainiert wird unter anderem frühmorgens, bevor Hitze und Verkehr losgehen, auf dem Busbahnhof der Hauptstadt. Eine große ebene Fläche, wie sie im ansonsten bergigen Stadtgebiet selten ist; immerhin liegt Addis Abeba gut 2500 Meter hoch.

Den hiesigen starken Willen und eine beachtliche Durchsetzungskraft erlebe ich auch bei dem Versuch, mich mit öffentlichen Verkehrsmitteln durch die Metropole zu bewegen. Erst ist die Lage an dem von einem Schild als Haltestelle markierten Platz noch recht entspannt. Gefühlt alle fünf Minuten kommt ein spendensammelnder Priester vorbei. Und obwohl Äthiopien zu den ärmsten Ländern der Welt gehört, ist die Bereitschaft der Menschen erstaunlich groß, ihre letzten Münzen durch den Dosenschlitz zu schieben, um gesegnet zu werden und des Priesters Kreuz zu küssen. Doch sobald ein Minibus naht, ist es vorbei mit der Frömmigkeit. Wie auf Kommando spurtet die Gruppe Wartender zu dem geschätzten Haltepunkt des rostigen Transporters – und ab jetzt wird Wrestling trainiert. Ziehen, schubsen, anderen die Ellenbogen in die Rippen stoßen, alles ist erlaubt. Der erste Preis, sprich Einstieg in den Bus plus Sitzplatz, geht an jene mit dem stärksten Trizeps, dem härtesten Hüftschwung und der besten Ausweichtechnik. Nach drei verpassten Fahrzeugen – beim dritten hatte ich zumindest schon einen Fuß in der Tür, bis mich eine Frau mit Korb auf dem Kopf am Schlafittchen packte und auf die Straße zurückriss, um selbst einzusteigen – gebe ich auf. Somit lerne ich die Stadt bei stundenlangen Fußmärschen kennen, bevor ich mich aufmache, das Land zu erkunden.

In Äthiopien sind nicht nur die Menschen unfassbar schön, sondern auch seine Natur- und Kunstschätze. Grün, Blau, Braun und Orange sind die Farben der bergigen Landschaft, durchzogen von Flüssen wie dem Blauen Nil samt imposanten Wasserfällen, und immer wieder teils außergewöhnliche Bauwerke wie der Kaiserpalast in Gondar, der ein bisschen aussieht wie Klein-Camelot.

In einem klapprigen Bus reise ich in den hochgelegenen Wallfahrtsort Lalibela. Steile Serpentinenstraßen führen dorthin, und obwohl die Fahrt zehn Stunden dauert, drücke ich mir angesichts der atemberaubenden Bergpanoramen fast durchweg die Nase am Fenster platt. Lalibela, das auch Neu-Jerusalem genannt wird, ist berühmt für seine monolithischen Kirchen, die im 12. und 13. Jahrhundert aus dem rostroten Felsen gemeißelt wurden.

Für umgerechnet 1,50 Euro die Nacht bekomme ich ein Zimmer neben dem Lehmhaus der Vermieterfamilie. Ich liebe Eimerduschen, wenngleich mein innerer Schweinehund mich mehrfach fragt, ob der Kontakt mit kaltem Wasser bei einer Außentemperatur von nur 16 Grad wirklich sein muss.

Eigentlich hatte ich mir vorgenommen, die Felsenkirchen zu besuchen. Immerhin ein Weltkulturerbe. Doch als ich erfahre, wie viel der Eintritt kostet, hat sich das erledigt.

»Du gehst nicht rein?«, fragt mich ein Junge in blauem Zipper, zu großen Jeans und gelben Plastiksandalen, als ich mich umdrehe, um in die Richtung zu spazieren, aus der ich gekommen bin.

»Vierzig Euro, um in die Kirche zu gehen?«, erwidere ich.

»Die anderen Touristen zahlen das alle«, sagt ein kleinerer, auffallend dünner Junge, der in einem staubigen Overall steckt.

»Was passiert denn mit all dem Geld?«, frage ich die beiden. »Kommt davon irgendwas bei euren Familien oder im Ort selbst an?«

Der Größere schüttelt entschieden den Kopf. »Ein Teil ist für den Erhalt der Kirchen und der Rest ... Ich zeig dir, was mit dem Rest passiert«, sagt er und läuft los. Sein kleiner Kumpel und ich nebenher.

»Wie heißt ihr?«, will ich wissen, als ich zwischen den beiden bergauf, bergab über die steinigen Wege laufe.

»Ich bin Obama«, antwortet der Junge in Blau, »und das ist Luck.« Er schmunzelt.

»Ich bin Lena. Obama und Luck? So habt ihr euch selbst genannt, oder?«

»Ja. In echt heißen wir Eyob und Sisay, aber wir mögen unsere Spitznamen. Obama wegen Barack Obama und Luck, weil Sisay viel Glück hatte. Meine Familie hat ihn aufgenommen. Luck kommt nämlich vom Land. Seine Eltern haben ihn hierhergeschickt, damit er Geld verdient. Er hat seine Familie seit zwei Jahren nicht gesehen und weiß nicht mal, ob von denen überhaupt noch einer lebt. Auf dem Land gibt es ja immer wieder gewalttätige Auseinandersetzungen.«

Luck nickt hin und wieder, hält den Kopf aber meist gesenkt. Dann tastet er nach meiner Hand. Ich merke, wie dringend er diese Nähe braucht, und nehme die zerbrechlich wirkende Kinderhand in meine.

Er ist bestimmt über zehn, allerdings so unterernährt, dass er für acht durchginge.

»Luck ist wie mein Bruder. Er wohnt und isst bei uns und arbeitet nachmittags als Shoe-Shine-Boy, um die Schule bezahlen zu können.«

Wieder nickt Luck, diesmal offenkundig stolz. Dann überlegt er: »Wenn du nicht zu den Kirchen gehst, dann hast du ja den ganzen Weg hierher umsonst gemacht.«

»Wieso das denn? Ich hab doch euch kennengelernt. Ihr könnt mir ja stattdessen euren Lieblingsplatz zeigen.«

»Sehr gern, aber erst, wenn es nicht mehr so heiß ist, weil wir dafür klettern müssen.« Luck drückt meine Hand. »Von da oben kannst du über ganz Lalibela gucken.«

Abrupt bleibt Obama stehen. »Siehst du das Hotel dahinten?«, fragt er und zeigt auf ein zweistöckiges klobiges Gebäude mit großem Carport davor. »Das ist das Priester-Hotel, und das da ist das Priester-Auto«, ein glänzend weißer Toyota Land Cruiser.

»Oha«, mein Bauch verkrampft sich, dann kommt mir eine Idee. »Wisst ihr was ... Ich habe ja jetzt vierzig Euro gespart. Was könnt ihr beiden gut gebrauchen?«

»Schulbücher«, sagt Obama wie aus der Pistole geschossen.

»Na, dann besorgen wir welche«, antworte ich.

Während wir das Schreibwarengeschäft ansteuern, wächst unsere Gruppe zusehends; und am Ende betreten wir zu siebt den Laden, an dessen Wellblechwänden sich in wackeligen Regalen diverse Hefte, Stifte, Lineale und Radiergummis stapeln. Kurz frage ich mich, ob das Geld, das ich dabeihabe, ausreicht, um Schulbücher für sieben Kinder zu kaufen.

»Guck mal da«, flüstert Obama andächtig, »das Lexikon hätten wir gerne.«

»Wirklich nur ein Buch für alle?«, frage ich.

Er nickt.

Also kaufe ich das dicke Buch und drücke es Luck stellvertretend für alle in die Hand. Als wäre es der größte Schatz auf der Welt, nimmt er es in seine dünnen Arme. Es hat haargenau den Eintrittspreis für die Kirchen gekostet, und den Rest des Nachmittags wandert es von Kind zu Kind; mal liest eines für sich allein, mal wird den anderen daraus vorgelesen.

Für heute ist der Lieblingsplatz hoch über Lalibela vergessen. Der kleinste der Jungs legt mir zum Dank ein kleines orthodoxes Holzkreuz an einem schwarzen, dünnen Faden um den Hals. »Das beschützt dich«, sagt er. Ich bin zwar nicht religiös, aber das Kreuz trage ich sechs Jahre lang, bis der Faden schließlich reißt. Seitdem begleitet es mich in meinem Portemonnaie.

Obama, Luck und ich werden unzertrennlich. Und als ich sie zu Hause besuchen soll, nimmt mich die Familie ebenso herzlich auf wie den kleinen Luck. In dem angenehm kühlen kleinen Haus ist es ziemlich dunkel, aber gemütlich. Die Oma sieht aus wie eine Wachsfigur, wie sie da auf der Matratze sitzt mit einer Kreuzkette aus dicken Holzperlen um den Hals und einem weißen, zum Turban gebundenen Schal auf dem Kopf. Ihre Tochter, Obamas Mutter, ist eine stille Frau, die mich mit ernstem Gesicht, aber einem warmherzigen Blick willkommen heißt. Sie trägt ein langes gelbes Kleid.

Kaffee habe ich noch nie gemocht, aber in Äthiopien, dem Ursprungsland des bitteren Getränks, gehören Kaffeezeremonien zur Tradition. Unter Kaffee verstehen sie hier zähflüssigen schwarzbraunen Sud voller Zucker, der aus winzigen Tassen getrunken wird, und eine Kaffeezeremonie besteht aus drei Aufgussrunden, wobei jede eine andere Bedeutung hat. Die erste soll Gesundheit und Genuss bringen, bei der zweiten werden Probleme besprochen, die dritte sorgt für den Segen.

Obamas Onkel trinkt die erste Tasse Kaffee, während seine wunderschöne große Schwester Meaza, die mit weißem Pullover und schwarzen Jeans auffallend modern gekleidet ist, bereits den zweiten Aufguss vorbereitet.

»Probier!«, lacht Luck, als ich vorsichtig an dem Gebräu rieche.

Ich mache die Augen zu und nippe. »Wow.« Das nussig-süße Aroma mit seiner leicht würzigen Note ist ein Geschmackserlebnis im besten Sinne. »Der erste Kaffee, den ich mag«, freue ich mich.

Alle lachen. Indes sitzen Meazas etwa vierjährige Zwillingssöhne aufgeregt in der Ecke und starren mich grinsend an. Schließlich kommt auch Obamas Vater in blauem Jeansanzug herein und begrüßt mich freundlich. Es gibt Injera mit Soße, und Luck füttert mich als Zeichen der Freundschaft aus seiner Hand.

Diese Stunden in Obamas Familie, die Gesichter und Energien werden wohl immer so präsent bleiben, als wäre ich gestern erst dort gewesen. Doch Obamas Familie, Lucks Familie, ganz Äthiopien wird in Zukunft viel Leid erleben. Dürren und Krieg. Und während ich an diesem Buch arbeite, töten Milizen der Volksbefreiungsfront TPLF Obamas Onkel. Sein Neffe schickt mir kommentarlos ein Foto, das ich völlig unvorbereitet öffne. Das geschundene Gesicht eines Mannes, den ich sofort wiedererkenne. Die Kugel hat ihn zwischen die Augen getroffen.

»Wir wissen nicht weiter«, schreibt Obama. Umzingelt von Terroristen leben die Bewohner von Lalibela in Angst. »Keine Touristen mehr, keine Arbeit. Und jetzt ist auch noch mein Onkel tot.«

An jenem lauen Dezemberabend vor elf Jahren aber klettern Obama, Luck und ich fröhlich zu ihrem Lieblingsplatz, wo wir uns auf den warmen Felsen niederlassen, um über Lalibela und die prächtigen Berge zu schauen. Luck hängt an mir, als wäre ich seine große Schwester, und ich streichele ihm über seine kurzen, krausen Haare.

»Lena, du kannst aber nicht wegfahren, ohne äthiopischen Schultertanz gesehen zu haben«, erklärt Obama und lenkt Luck und mich nach dem Abstieg in eine kleine Bar, wo er es sich nicht nehmen lässt, jedem von uns einen Kaffee auszugeben. Wir sitzen in der hintersten Ecke, von wo aus wir bestens die Frauen beim Tanzen beobachten können. So etwas habe ich nie wieder gesehen, und ich frage mich noch immer, wie es möglich ist, seine Schultern so locker-lässig, schnell und dabei so sexy zu bewegen.

Zum Abschied wollen Luck und Obama unbedingt noch ein Geschenk für mich besorgen: Sandalen aus Autoreifen. Doch der Schuhmacher scheint bereits Feierabend zu haben.

»Was kann ich euch denn dalassen?«, möchte ich von meinen zwei kleinen Brüdern wissen.

»Kannst du mir vielleicht deine SIM-Karte schicken, sobald du sie nicht mehr brauchst?«, fragt Obama. Ich muss lachen, denn ich weiß nur zu gut, wie schwer es hier ist, an eine SIM-Karte zu kommen. Zwei Tage habe ich es versucht, bis ich in Addis jemanden fand, der mir eine bereits registrierte Karte verkauft hat.

»Das mach ich«, verspreche ich. »Und für dich?«, ich schaue Luck an. »Was soll ich für dich einpacken, wenn ich die Karte schicke?«

Der kleine Junge mit den langen, dichten Wimpern denkt kurz nach, dann sagt er schüchtern: »Ein Ballack-Trikot.«

Wie gerne hätte ich sein Gesicht gesehen, als er es ausgepackt hat ...

Am nächsten Tag mache ich mich auf nach Dschibuti, in das Land, das ich bislang nur aus den Nachrichten im Zusammenhang mit Bürgerkrieg kenne. Doch seit ich in meinem Reiseführer entdeckt habe, dass dort zwischen Oktober und Januar die meisten Walhaie der Welt zusammenkommen, kriege ich den Wunsch, sie zu erleben, nicht mehr aus dem Kopf.

Auf dem Weg verbringe ich eine Nacht in der tausendjährigen Stadt Harar, die im Osten des äthiopischen Hochlandes liegt. Interessanterweise ist es hier Tradition, jeden Abend die Hyänen vor der berühmten Stadtmauer mit Fleisch zu füttern.

»Damit die nicht vor lauter Hunger zu unseren Häusern kommen«, erklärt Abbas, den ich an einem kleinen Imbiss kennengelernt habe, wo ich selbst super hungrig über eine leckere Injera hergefallen bin. Für ein paar Münzen darf jeder, der sich traut, mitfüttern. Und so sitze ich nun, kaum in Harar angekommen, auf den Knien neben Abbas. In der Hand halte ich einen Holzstab, auf dessen Ende ein Stück rohes Fleisch liegt. Vor mir im Halbkreis zwölf hungrige, erstaunlich große Tüpfelhyänen.

»Eine ausgewachsene Hyäne kann bis zu 130 Kilo wiegen«, sagt Abbas.

Obwohl jede von ihnen mich binnen weniger Sekunden töten könnte, fühle ich mich nicht eine Sekunde lang von ihnen bedroht. Offensichtlich wissen sie genau, dass sie hier mühelos ihr Futter bekommen, wenn sie sich an die Regeln halten. Eine Win-win-Situation für Tier und Mensch. Fasziniert betrachte ich die majestätischen Räuber. Grauer Kopf, fast runde Ohren, orangefarbener Haarkamm am Hinterkopf, schwarze Punkte entlang von Nacken, Rücken und Beinen im ansonsten sandbraunen Fell. Ich habe großen Respekt vor diesen Tieren, die in von Weibchen dominierten Clans leben und ein unter Raubtieren einzigartiges Sozialverhalten aufweisen. In ihren Augen entdecke ich eine Intelligenz und Klarheit, die jedes Klischee über ihre Spezies ad absurdum führt.

Abbas hat die Hyänen bereits als Kind zusammen mit seinem Vater gefüttert. Ich zögere keine Sekunde, als er sagt: »Steck dir den Stock zwischen die Zähne.« Er legt mir noch ein Stück Fleisch auf das Stockende, das im nächsten Moment behutsam von einer Hyäne gegriffen wird. Die anderen warten manierlich, bis sie an der Reihe sind, während sich zwei Junge balgen.

Als alle Fleischstücke verfüttert und die Hyänen gesättigt von dannen gezogen sind, frage ich: »Und es ist noch niemandem etwas passiert?«

Abbas lacht. »Hier seit 200 Jahren nicht mehr. Wenige Kilometer von Harar entfernt sieht das anders aus.«

Dschibuti ist das erste französischsprachige afrikanische Land, das ich bereise. Im Vergleich zu dem landschaftlich imposanten, von kräftigen Grün- und Blautönen geprägten Äthiopien, ist es hier eintönig graubraun. Das Land ist kleiner als Mecklenburg-Vorpommern, Landwirtschaft ist kaum möglich, das meiste wird importiert und ist für die überwiegend arme Bevölkerung oft unerschwinglich. Als ich in der Hauptstadt Dschibuti für ein schlichtes Zimmer mit Metallbett und Mülleimer umgerechnet 28 Euro die Nacht zahlen muss, bleibt mir kurz die Luft weg. Und so werden am Straßenrand gekochte Spaghetti und trockenes Baguette zu meinen Hauptmahlzeiten.

Auf der Suche nach der Agentur, die Ausflüge zu den Walhaien anbietet, komme ich durch sehr ärmliche Gegenden, bevor ich plötzlich vor einem riesigen Fünfsternehotel stehe, auf dessen Einfahrt mehrere Rote-Kreuz-Autos parken. Müssen die Mitarbeiter so luxuriös wohnen? Nachdenklich gehe ich weiter, während die Hitze von Minute zu Minute drückender zu werden scheint. Umso erleichterter bin ich, als ich das gesuchte Büro samt Klimaanlage betrete und schließlich ein Ticket für den Trip zu der größten Fischart der Erde in den Händen halte. Ich kann es kaum erwarten, morgen früh aufs Schiff zu steigen.

Wie verabredet holt mich der Tauchlehrer mit dem Auto ab und fährt mit mir zum Hafen, wo bereits drei Männer auf uns warten, die sich mir als »Nick, Marc und Richard aus Amerika« vorstellen.

Der Ausflug übertrifft alle meine Erwartungen. Nach nicht einmal zwanzig Minuten auf dem Wasser begegnen wir schon drei Walhaien. Nervös hocke ich auf einer kleinen Bank und spucke in die Taucherbrille. Maske und Schwimmflossen habe ich mir gut ausgesucht, denn ich möchte nicht wieder mit beschlagenen Gläsern zu kämpfen haben; in Australien habe ich kaum etwas von den Mantas gesehen.

»Okay, Leute, es geht los. Achtet darauf, immer ausreichend Abstand zu den Tieren zu halten und sie auf keinen Fall zu berühren«, gibt uns der Tauchlehrer mit auf den Weg. »Ich warte hier auf euch.«

Er hat kaum ausgesprochen, da hechte ich mit einem entschlossenen Satz in den warmen Golf von Tadjoura. Knapp unter der Wasseroberfläche schnorchelnd ist die Welt eine ganz andere. Um mich herum nichts außer dem sanften Grün des Wassers – als plötzlich ein bestimmt zehn Meter langer Fisch auftaucht. Ein tonnenschwerer Koloss mit lauter weißen Punkten auf dem grauen Körper, die im brechenden Sonnenlicht magisch schimmern. Wie schwerelos schwebt er nur wenige Meter unter der Oberfläche durch das Wasser. Und ich neben ihm her. Gebannt vergesse ich Raum und Zeit. Es ist, als gäbe es nur noch den Walhai und mich. Ich passe mich seinem Rhythmus an. Da kommt auf einmal ein zweiter Walhai auf mich zu. Haarscharf weiche ich aus. Es dauert eine gefühlte Ewigkeit, bis auch seine Schwanzflosse an mir vorüber ist. Ich lasse beide Fische davongleiten und hebe schließlich den Kopf aus dem Wasser, erfüllt von Adrenalin und einem unbeschreiblichen Glücksgefühl. Ich schiebe die Brille hoch und schlage gleichmäßig mit den Flossen hin und her, um mich in der Senkrechten und nach dem kleinen Boot Ausschau zu halten. Nie hätte ich gedacht, dass ich so weit geschwommen bin. Die vier Männer winken mir zu, während das Boot näher kommt.

»Mann, du hast ja Eier«, ruft Richard und reicht mir die Hand.

»Und Ausdauer«, sagt Nick. »Wir sind schon seit einer Stunde wieder aus dem Wasser.«

Richard will ein Foto mit mir und hebt mich dafür hoch. »Heidi Klum mit Mumm, bist du schon vergeben?«, lacht er. »Was machst du eigentlich allein in Dschibuti?«

»Urlaub«, antworte ich. »Und ihr?«

Der Tauchlehrer versorgt uns mit Sandwichs und Wasser.

»Wir sind bei der Army«, sagt Marc. »Ich verlade Waffen, Richard ist Pilot, und Nick gehört zu einer Spezialeinheit, die nachts über Terrorzellen abspringt, um sie hochgehen zu lassen.«

»Das heißt, wenn ich schlafe, fliegst du aus, um Menschen abzuknallen?«

»Jupp«, murmelt Nick, der völlig übermüdet vor sich hin döst. Mit seinem kindlichen Gesicht schätze ich ihn auf höchstens Mitte zwanzig, dabei wirken seine Augen auf mich besonders melancholisch und hart.

»Dschibuti ist die Basis. Von hier aus werden diverse Einsätze geflogen«, sagt Richard.

»Und du hast keine Schuldgefühle, wenn du Waffen verlädst, mit denen Krieg geführt wird?«, frage ich Marc.

»Ich sehe es als Job. Krieg gibt es sowieso, und mit dem, was ich mache, verdiene ich viel Geld und komme rum. Vielleicht werde ich bald in Deutschland stationiert«, sagt er und strahlt mich an. Tatsächlich bekomme ich ein Jahr später eine Nachricht von ihm: »Bin jetzt in Deutschland, würde mich freuen, dich zu treffen.«

Aber so nett ich ihn und die beiden anderen auch finde, kann ich es mir einfach nicht vorstellen, mit Menschen befreundet zu sein, die ihr Geld mit Krieg verdienen.

»Hi!« Der Grenzer winkt mir zu. Immer noch stehe ich verloren in der Gegend herum. Offenbar hat er doch so etwas wie Mitleid und sieht zu, dass er mich in den nächsten Transporter bugsiert, der zurück nach Dschibuti fährt.

»Mach ein neues Visum und komm wieder«, sagt er, als ich mich zwischen den Fahrer und vier weitere Männer auf die vordere Sitzbank quetsche. Scherzkeks. Schwitzend versuche ich, meinen müden Geist auf die Suche nach Lösungen zu schicken, während sich meine feuchte Haut mit der meiner Nachbarn und dem zerfetzten Polster verbindet. Ein Flug ... Vielleicht gibt's ja einen Flug von Dschibuti City nach Addis Abeba. Das könnte ich gerade noch so schaffen, denke ich, als plötzlich die Häkeldecke auf der Lüftung in Flammen aufgeht. Der Fahrer macht eine Vollbremsung, und mit einem Satz sind wir alle aus dem Fahrzeug. Sofort wird jede verfügbare Wasserflasche über Armaturenbrett und Motor geleert. Nach vierzig Minuten geht die Fahrt weiter. Zum Glück ist es jetzt nicht mehr weit.

Was für ein Scheißgefühl, nach 24 harten Stunden wieder dort anzukommen, wo ich losgefahren bin. Aber ich habe keine Zeit für Selbstmitleid, sondern beeile mich, das einzige Reisebüro der Stadt zu erreichen, bevor es schließt. Der Angestellte hat seinen Rechner schon heruntergefahren, als ich durch die Tür stürme. In knappen Sätzen erkläre ich, was passiert ist, und zum Glück kapiert er sofort, wie eilig ich es habe. Kurzerhand fährt er den Rechner wieder hoch und bucht mir ein Ticket für eine Maschine, die in anderthalb Stunden abfliegt.

»Das ist zu schaffen«, sagt er seelenruhig.

»Auf jeden Fall!«, antworte ich entschlossen und bedanke mich für seine Hilfe, obwohl ich den Flug angeblich nur samt Rückflug buchen konnte. Für satte 200 Euro. Ich habe jedoch keine Zeit, mir darüber Gedanken zu machen, und sprinte mit dem Rucksack auf dem Rücken zur

Hauptstraße, wo ich das nächstbeste Taxi anhalte, um damit zum Flughafen zu düsen. Und siehe da, kaum habe ich losgelassen, klappt alles wie von allein: Ich kriege nicht nur meinen Flieger, sondern habe sogar noch Zeit, zum Abschied in der Sonne vor dem Flughafengebäude von Addis Abeba zu sitzen und damit zu beginnen, die vergangenen Wochen zu verdauen. Das ist auch der Grund, warum ich lange Rückflüge schätze.

18

AOURIR

Auch ein leeres Zuhause ist ein Zuhause

Mohamed

Kein Visum, kein gültiger Pass, keine Krankenversicherung mehr, dafür ein Hund, eine Firma und eine leere Wohnung.

»Hast du deinen Residenzantrag heute abgegeben?«, fragt Mehdi.

Hoch motiviert, mein Zuhause zu verschönern, hat er vorgeschlagen, die Wände anzumalen. »Im Ziegelmuster, am besten in einem Naturbraun. Total schick. Hab ich neulich auf YouTube gesehen. Ich brauche nur Pinsel, Kreppband und Farbe.«

Nach einem trüben Morgen mit Latifa bei der Gendarmerie habe ich mich so über Mehdis Idee gefreut, dass wir schon auf dem Weg zum Baumarkt beziehungsweise zu der sechs Quadratmeter kleinen Garage sind.

Ich seufze. »Nichts habe ich abgegeben. Diesmal ist es daran gescheitert, dass mein Pass abgelaufen ist«, total frustriert schaue ich erst auf den Mann mit dem kugelrunden Gesicht hinter dem Tresen, dann auf die Regale, die voller Schrauben, Seile, Farbdosen und -tuben sind, während Mehdi die Qualität der Pinsel prüft. Es hat ewig gedauert, die Firma zu gründen und die nötigen Papiere zusammenzusammeln, um eine legale Aufenthaltsgenehmigung zu bekommen. Heute habe ich mit dem Stapel legalisierter Kopien den sage und schreibe neunten Anlauf gestartet, um den Antrag abzugeben. Jedes Mal hatte dem zuständigen Beamten eine weitere Übersetzung oder die siebzigste Beglaubigung gefehlt, sodass jetzt nicht nur mein Reisepass abgelaufen ist, sondern alle anderen Papiere offenbar auch. Für den Antrag dürften die nicht älter als drei Monate sein, wurde mir mitgeteilt, als wäre es das Normalste der Welt, dass ich nun wieder komplett von vorne anfangen muss. Zudem tritt laut Latifa in einigen Tagen eine neue Bestimmung in Kraft: Dann braucht jeder Antragsteller 10.000 Euro auf dem marokkanischen Firmenkonto.

Mehdi legt den Pinsel, den er zuvor kräftig an den Borsten gezogen hat, zufrieden zurück auf den Tresen. Meine Stirn sieht anscheinend so knittrig aus, dass nur ein freundschaftlicher Arm auf der Schulter sie wieder geradebügeln kann. »Dann bleibst du halt weiter illegal, was soll schon passieren«, grinst er.

»Braun ist aus«, erklärt der Ladenbesitzer und zeigt uns auf der Farbpalette, was er noch da hat.

»Wir kaufen einfach Rot und Weiß und mischen das. Das passt«, entscheidet Mehdi. Meiner Erfahrung nach kommt dabei zwar Rosa heraus, aber der Profi wird wissen, was er tut.

Mehdi fängt mit Abkleben an, was allein Stunden dauert, dann kippt er hoch konzentriert die Farben ineinander und rührt. Milo und mich schickt er derweil zu Musti, um Zigaretten für ihn zu kaufen; vermutlich kann er laienhafte Ratschläge und kritische Blicke gerade nicht gebrauchen.

Milo ist längst wieder topfit, und es fühlt sich an, als wären wir schon jahrelang zusammen. Nur leider legt er sich oft mit anderen Hunden an, wenn sie seine Dominanz infrage stellen. Heute ist Stefan an der Reihe. Ein Straßenhund, den die Surfjungs so getauft haben und dessen Mutter offensichtlich Spaß mit einem Golden Retriever hatte. Stefan ist ebenso hübsch wie dominant und scheint den Bereich rund um Mustis Shop in sein Revier integriert zu haben, seit dieser einen Mülleimer angeschafft hat. Im Nu leisten Milo und er sich einen ernsthaften Kampf. Da ich so schnell keinen Stock finde, um die beiden voneinander zu trennen, trete ich den Erstbesten in die Seite, und im nächsten Moment habe ich einen Riss in Jeans und Wade. Es blutet heftig, aber immerhin gehen die Hunde unverletzt auseinander. Ich scheuche Stefan davon, greife mir Milos Halsband und schimpfe, dass er und seine Eier sich nun verabschieden können, während ich zurückhumple. Ungläubig schaut er mich aus seinen großen weißen Augen an. Mehdi ist nicht da, als ich mich ins Badezimmer schleppe, um meine Wunde zu desinfizieren. Im Nu ist der weiß geflieste Fußboden voller Blut. Als ich versuche, die Haut über dem Riss halbwegs zusammenzuhalten und mit Alleskleber zu fixieren, wird mir schwindelig. Der Riss ist tief, daumenlang und müsste sicher genäht werden, aber auf Arzt habe ich überhaupt keine Lust.

Ich bin froh, als ich Mehdis Stimme draußen höre, und humple ans Fenster, um hinunterzuschauen.

»Doktor Mehdi, bitte in die Notaufnahme.«

»Was ist los?«, fragt er erschrocken und beginnt, das Seil hinaufzuklettern. »Du bist ja ganz bleich.«

»Ein Hundekampf und ich dumme Nuss dazwischen«, stöhne ich.

»Mensch, Lena, ab zum Arzt.«

»Nee. Mach dir einfach die Hände sauber, und dann halte ich die Wunde zusammen, während du Kleber draufmachst.«

»Kleber?«

»Jupp.«

»Du spinnst«, sagt Mehdi, steht aber auf und wäscht sich die Hände, bevor er einmal tief einatmet und dann probiert, den Riss zu kitten. Und siehe da: Nach dem dritten Anlauf hält alles so gut zusammen, dass kein Blut mehr auf den Boden tropft. »Aber morgen ab zum Onkel Doktor, die Tollwutimpfung ist kostenlos!« Mehdi klingt fast wie meine Mutter.

»Inschallah«, weiche ich aus und wechsele das Thema. »Interessantes Braun übrigens.« Die »Ziegelsteine« an den Wänden leuchten grell pink.

»Ähm, ja, ist auch nicht schlecht, oder?«, lächelt Mehdi etwas unsicher.

»Ist mega«, antworte ich, bin mir allerdings noch nicht im Klaren darüber, ob ich es auch so meine; schließlich handelt es sich nicht um ein Kunstwerk an einer Kreuzberger Hauswand, sondern um mein Wohnzimmer.

»Meine Vision geht aber noch weiter ... Morgen bastele ich aus Palettenfüßen Halterungen für Blumen, dann suchen wir Äste, mit denen wir deine Surfbretter an die Wand bringen, und daneben schrauben wir den Flechtkorb an. Das wird grandios aussehen.«

»Bestimmt, Doktor Mehdi Angelo«, lache ich und werfe ihm sein Päckchen Zigaretten zu.

Mit meinem Skateboard unterm Arm laufe ich sehnsüchtig aufs Meer schauend die Strandgrenze entlang und cruise dann mit meinem geklebten, zum Glück nur leicht geschwollenen Bein am leeren Campingplatz vorbei, wo mein Kumpel Ellahoussine glücklicherweise weiterhin als Platzwart beschäftigt ist, aber ein bisschen wirkt wie reine Staffage.

Als ich das Café erreiche, wo gleich der Akrobatikyoga-Kurs stattfinden soll, kann ich es kaum glauben, nach sechs Monaten Lockdown endlich wieder in einer Gruppe von Menschen trainieren zu dürfen. Eine Marokkanerin und der amerikanische Übungsleiter Kevin, ein großer Kerl mit wilden rotbraunen Locken, sind bereits dort. Kurz nach mir stoßen vier weitere Männer und Frauen dazu.

»Jetzt fehlt nur noch Mohamed«, sagt Kevin und schiebt seine runde Brille die Nase hoch.

In dem Moment ruft ein Mann, ebenfalls mit wilden, wenn auch schwarzen Locken: »Sorry, bin ich etwa zu spät?«, und lacht ein ansteckendes Lachen.

»Im Gegenteil, du kommst genau richtig, Mohamed. Wie schön, dich nach so langer Zeit zu sehen!«

Für mich ist es das erste Mal, dass ich Akroyoga ausprobiere, und so mache ich einen Nachmittag lang Figuren, von denen ich nie gedacht hätte, dass ich dazu fähig bin. Kopfüber hänge ich an Kevins ausgestreckten Beinen, der mich, auf dem Rücken liegend, auf seinen Füßen balanciert, und greife dabei meine eigenen. Danach werde ich selbst zur Basis und trage erst einen 1,90 Meter großen Deutschen auf meinen Füßen, dann Mohamed, der auch nicht gerade ein Federgewicht ist. Die Anziehung zwischen uns wächst von Minute zu Minute, während meine Füße seine Hüften halten und sein Oberkörper bäuchlings meine Beine hinunterhängt, sodass mir seine weichen Locken ins Gesicht fallen.

»Jetzt weiß ich auf jeden Fall, wie deine Haare riechen«, lache ich.

»Und? Riechen sie gut? Ich wasche sie nämlich nur mit Wasser und ab und zu mit Naturseife.«

»Umso besser!«, sage ich und versuche, ihn weiterhin möglichst ruhig und gerade mit den nackten Füßen zu balancieren. Dabei fange ich an, seinen Rücken zu massieren und auszuklopfen. Es ist so wunderbar, wieder berühren zu können. Noch dazu einen muskulösen Mann, der verdammt gut riecht. Keine Spur von Parfum, einfach er. Mohameds

Körper antwortet mit Tiefenentspannung. Dann wechseln wir. Ich könnte stundenlang an ihm herunterhängen und mir dabei von seinen starken Händen Nacken, Schultern und Rücken massieren lassen.

Schließlich ruhe ich selig auf den weichen Matten und habe überhaupt keine Lust aufzustehen. Aber der Kurs ist um.

Mohamed und ich haben uns weder verabredet noch Nummern ausgetauscht, aber als ich in der Abendsonne zurückskate, weiß ich, dass wir uns wiedersehen werden. Ich kann nicht aufhören zu lächeln, beseelt und getragen von dieser einzigartigen Mischung aus Kribbeln, Klarheit und fließender Entspannung.

Nur zwei Abende später ist es so weit. Abdou und ich reiten kurz vor Sonnenuntergang die Promenade entlang, um uns später noch an den Strand zu schleichen. Ich fühle mich reich wie eine Königin, als ich die frische Meeresbrise einatme – und noch bevor ich Mohamed entdecke, kann ich ihn fühlen. Mohamed erkennt mich ebenfalls, joggt auf mich zu.

»Hi!«

»Hi!«

Mehr Dialog ist nicht nötig, denn als sich unsere Blicke berühren, verbinden sich unsere Energien. Noch weiß ich nicht, wen ich soeben gewonnen habe und wen ich in Kürze verlieren werde ...

Mohamed und ich fangen an, uns erste Insta-Nachrichten zu Kevins Akrobatikfotos zu schreiben. Er überrascht mich immer wieder aufs Neue, macht mich neugierig, und mit seiner aufrichtigen Art lädt er mich ein, ihm mein Herz zu öffnen.

Bei unserem ersten Date gehen wir mit Milo spazieren, und er zeigt mir das stylische Surfcamp, in dem er gemeinsam mit Kater Carlos lebt.

»Ich hab hier als Rezeptionist angefangen und sollte gerade zum Manager befördert werden, als der Lockdown kam. Jetzt bin ich so was wie Wächter, Gärtner, Anruf- und Mailbeantworter, bloß ohne Bezahlung.«

»Du arbeitest hier und bekommst kein Geld?«

Er zuckt mit den Schultern. »Natürlich bin ich erst davon ausgegangen, dass ich die staatliche Unterstützung bekomme, musste dann aber feststellen, dass meine Chefs mich nie richtig angemeldet haben. Als klar war, dass Corona nicht so bald verschwindet, haben die beiden gesagt, sie würden mir Geld schicken, davon ist aber nichts angekommen. Ich esse Brot mit Olivenöl und ab und zu Linsen oder Bohnen. So verspeise ich allmählich das Flugticket nach Ägypten, auf das ich die ganze Zeit gespart habe. Es wäre die erste Reise meines Lebens gewesen. Und ich wollte so gern die Pyramiden sehen. Außerdem muss ich als ältester Sohn meine Familie unterstützen.«

Ich klettere auf die Schaukel über dem wasserlosen Pool, neben dem ein weitläufiger Garten mit Kletterwand und Skatebowl angelegt ist. Die Betreiber haben sich hier fraglos einen Traum erfüllt. Ärgerlich nur, dass sie für diesen nicht auch die Verantwortung übernehmen.

»Anfangs dachte ich, ich könnte die Corona-Zeit nutzen, indem ich mich übers Internet fortbilde, aber das war das Erste, was sie abgestellt haben.«

»Und was machst du hier dann den ganzen Tag?«

»Ich verbessere meinen Handstand, zeichne Porträts, schreibe, kümmere mich um den Garten.«

»Warum gehst du nicht einfach zurück zu deiner Familie?«

»Wenn du so ein Haus allein lässt, wird sofort eingebrochen und alles ausgeräumt. Und am Ende bin ich schuld. Abgesehen davon käme es mir vor, als würde ich aufgeben. Ich liebe diesen Ort. Du musst das Camp mal sehen, wenn es belebt ist.«

Ich bewundere Mohamed für seine Haltung und Begeisterung; umso wütender bin ich auf die deutschen Betreiber. Ich kann beim besten Willen nicht verstehen, weshalb es denen nicht möglich sein soll, jemandem, der für sie arbeitet, wenigstens so viel Geld zu schicken, dass dieser für sich und seine Familie Essen kaufen kann.

»Sei nicht wütend, alles ist gut.« Damit wird Mohamed mich in den nächsten Monaten immer wieder beruhigen. Als seine Chefs wollen, dass er sie regelmäßig telefonisch über die aktuelle Situation informiert, dabei aber übersehen, dass ihn allein das Aufladen seiner Prepaid-Karte Geld kostet. Als sie die Stromrechnung nicht mehr begleichen, sodass er plötzlich im Dunkeln sitzt und seine Vorräte während des Ramadan verderben. Als sie eine Crowdfunding-Kampagne mit den Gesichtern der Mitarbeiter starten, um Geld für die Wiedereröffnung des Hotels zu sammeln, und sich damit rühmen, »in Afrika ein Projekt gegen Hunger und Armut« auf den Weg gebracht zu haben.

»Wo nimmst du nur diese Geduld her?«, frage ich.

»Die habe ich mir antrainiert. Geduld ist mittlerweile meine größte Stärke«, sagt er lachend.

»Und meine größte Schwäche«, gestehe ich.

Schon bald verbringen Mohamed und ich fast jede freie Minute miteinander, was auch deshalb gut passt, weil Mehdis russische Freundin Olga es trotz der vielen gestrichenen Flüge geschafft hat, über die Türkei nach Marokko zu kommen. Nach monatelanger Fernbeziehung ist jetzt natürlich erst mal Pärchenzeit angesagt.

Mohamed übersetzt für mich seine in Darija verfassten Gedichte über das Leben in Marokko, mit denen er auf Poetry Slams aufgetreten ist, zeigt mir von ihm gemalte Porträts, bringt mir das Pfeifen auf zwei Fingern bei, gibt mir Tipps in Sachen Handstand und versorgt mich mit fünf Decken und einem aus alten Kleidern geknüpften Boucherouite[45] seiner Oma, damit ich in meiner zugigen Wohnung weniger friere, wenn es draußen frisch wird. Seine Mutter räumt sogar ihre halbe Küche aus, um mir eine Teekanne und Besteck zu schenken, obwohl sie mich noch nie gesehen hat.

Mohamed und ich können uns endlos unterhalten, ob auf langen Spaziergängen oder nach stundenlangem Skaten auf dem warmen Parkplatzboden hockend, mal albern, mal ernst erzählen wir uns aus unseren Leben. So erfahre ich, dass seine Familie arm ist, dass seine Eltern aus Marrakesch stammen und dass das jüngste seiner vier kleineren Geschwister ein »Unfall« war, wofür sich seine Eltern bei

45 Überwiegend farbenfrohe Berberteppiche, die grundsätzlich aus recycelten Stoffresten hergestellt werden und früher als Teppiche der Armen galten

Mohamed entschuldigt haben, weil er nun auch für dessen Zukunft aufkommen muss.

»Weißt du denn noch, wann du dich zum ersten Mal arm gefühlt hast?« Wir sitzen auf unserem Lieblingsfelsen über dem Banana Surfsport und schauen auf das Meer, auf dem erste Herbststürme allmählich die ersehnten größeren Wellen hinterlassen. Milo sammelt währenddessen mal wieder leere Plastikflaschen, um dann darauf herumzukauen.

»Als ich rechnen gelernt habe und auf einmal verstand, was es bedeutet, dass mein Vater, wenn er morgens aus dem Haus ging, meiner Mutter genau zwanzig DH daließ, um die achtköpfige Familie den Tag über zu ernähren. Ich habe mitgekriegt, was Lebensmittel kosten. Ein Brot: ein DH, ein Kilo Orangen: acht DH. Bei acht Personen brauchst du mindestens vier Kilo Orangen für ein Glas Orangensaft je Person, das macht 34 DH. Obst und auch die meisten Gemüsesorten sind Luxus. Darum habe ich versucht, mich möglichst außerhalb mit Bohnen oder Linsen satt zu essen, damit die anderen zu Hause mehr hatten. Und immer wieder frage ich mich, wie es sein kann, dass Menschen die Armut von Kindern ausnutzen. Mir haben Männer und Frauen Geld gegen Sex angeboten, weil sie mich mit meinen grünbraunen Augen hübsch fanden. Viele Bekannte von mir haben das mit sich machen lassen. Einige Kinder sind auf diesem Weg sogar für immer verschwunden«, sagt er mit feuchten Augen.

Ich sehe einen Mann, der weiß, wer er ist und was er kann. Inzwischen habe aber auch ich verstanden, dass es ohne Geld und Kontakte fast unmöglich ist, in Marokko etwas daraus zu machen.

»Es ist schon verrückt ... Ich habe zwei Studienabschlüsse und stehe immer noch vor dem Nichts. Ich will wirklich an mein Land glauben, aber es fällt mir immer schwerer. Früher hab ich gedacht, dass sich die anderen nur nicht genug Mühe gegeben haben, wenn sie mal wieder auf das System schimpften. Aber es ist die schmerzhafte Realität. Marokkos schlaueste Köpfe arbeiten im Callcenter. Da wollte ich auf keinen Fall landen. Doch als ich neben meinem ersten Studienabschluss noch genau hundert DH in der Tasche hatte, habe ich einen Job bei

Kentucky Fried Chicken angenommen. Danach habe ich es mit einem eigenen Crêpes-Wagen probiert, das hat aber gerade meine Ausgaben gedeckt. Ich hab Strom in Bergdörfer verlegt, auf Baustellen und in einem Bekleidungsgeschäft gearbeitet. Bis ich dann ein zweites Studium begonnen habe. Tourismus-Management hielt ich für aussichtsreicher. Meinen ersten Job hatte ich an der Rezeption eines Hotels, in dem vor allem Sextouristen aus Saudi-Arabien abstiegen. Mit dem Gehalt konnte ich meinem Bruder ElMehdi immerhin das Sportstudium und eine Unterkunft finanzieren. Aber als er den Abschluss gemacht hatte, habe ich sofort gekündigt, weil einfach nicht zu meinen Werten passt, was dort abgeht. Tja, und den Rest der Geschichte kennst du: Endlich hatte ich den erhofften Managerjob vor Augen, als Corona kam …«

»Welcher Wert ist dir denn am wichtigsten?«

»Meine Religion.«

»Oha«, sage ich überrascht. »Mein höchster Wert ist Freiheit, was meinem Verständnis nach das komplette Gegenteil von Religion ist.«

»Ohne meine Religion wäre ich verloren, Lena. Alles Gute in mir basiert auf meiner Religion. Wir Muslime teilen, auch wenn wir selbst kaum noch etwas haben. Wir vertrauen, stehen immer wieder auf und sind dankbar für das, was ist. Mein Glaube hat mir beigebracht, das Schöne zu sehen, auch wenn viel Hässliches um mich herum passiert. Ich habe einige Freunde, die aufgehört haben zu glauben. Für mich ist das kein Problem, aber sie haben oft ein Problem damit, dass ich weiterhin glaube. Und wenn ich sie heute treffe, wirken sie auf mich wie verlorene Seelen.«

»Ich glaube auch. Ich komme nur nicht damit klar, wenn mit Religion alles gerechtfertigt und Eigenverantwortung abgegeben wird, weil Allah oder Gott schon aufpasst.«

Tatsächlich ist Religion ein Thema, an dem ich in puncto Akzeptanz noch viel lernen kann. In der Art, wie Mohamed seine Religion lebt, erkenne ich jedoch genau das, was ich Universum und Gesetz der Anziehung nennen würde: Was du gibst, kommt zu dir zurück. Trotzdem ergeben seine Religiosität und mein Freigeist eine herausfordernde Mischung; und nachdem es keine Frage mehr ist, dass wir uns ineinander verliebt haben, steht die Frage im Raum: Kann ich den anderen so annehmen, wie er ist? Ohne Wenn und ohne Aber? Und die meisten Wenns und Abers zeigen sich bekanntlich erst mit der Zeit.

Ich habe das Fenster weit aufgerissen, um die frische Abendluft hereinzulassen, und hocke in dem Tanzrock, den meine Mutter mir genäht hat, auf dem Fensterbrett, neben mir eine hippe pinkfarbene Wand. Mir kommt es ganz unwirklich vor, dass ich seit ein paar Wochen immerhin an Online-Stunden meiner Tanzlehrerin Liza teilnehmen kann. Bei ihr Raqs Sharqi[46] zu tanzen hilft mir, mich weiblicher zu fühlen. Und es ist schön, die Energie der anderen Frauen zu spüren. Gerade machen wir eine Pause, und einige erzählen, wie sehr die Corona-Situation sie belastet, als Abdou mit Express und Jaquebril unter meinem Fenster auftaucht. Es hat angefangen zu regnen, was alle hoffen lässt, dass die Wasserreservoirs sich endlich wieder füllen, das Leben in den Gärten aber auch noch härter macht.

»Hi, Abdou, alles okay?«, rufe ich.

»Jaquebril, Express und ich sind weg von der Farm. Ich hab die Knechterei satt. Wollte dir nur Bescheid sagen, damit du uns nicht suchst.«

»Aber wo schlaft ihr denn jetzt?«

»Auf der Erde unter einer Plane, bis wir was gefunden haben.«

»Was ist mit den anderen Pferden?

»Für die will der Besitzer irre viel Geld. Nicht mal Mbrok könnte ich mitnehmen.«

»Aber wir können sie doch nicht einfach dalassen.«

»Mourad passt schon auf sie auf.«

»Wenn ich irgendwas für euch tun kann, sag es bitte. Ich komm gleich morgen früh, um nach euch zu schauen.«

»Mach dir keine Sorgen! Bis morgen, Lena. Inschallah.«

---

46 Bedeutet wörtlich übersetzt »Tanz des Orients«

Ich sehe ihnen nach, Abdou, seinem Esel und seinem Pferd. Am liebsten würde ich ihn einladen, bei mir zu wohnen, aber ich bin in Marokko. Hier käme das bei den Leuten völlig falsch an. Aufgewühlt kehre ich zu den Frauen auf dem Bildschirm zurück.

»He, Lena, was ist los?«, fragt Liza.

Ich schüttele den Kopf. Doch Liza schaut mich unverwandt an, und dann muss ich heulen. »Wir alle haben doch gar keine Probleme. Corona hin oder her. Wir haben ein Dach über dem Kopf, haben warme Kleidung, genug zu essen und Menschen, die für uns da sind. Wir müssen nicht bei Regen und Kälte im Dreck schlafen.«

Stille.

Schließlich flüstert Liza: »Danke, dass du uns daran erinnerst.«

»Tut mir leid«, schluchze ich, »es kam einfach so hoch.«

19 Wir sind eins

ELFENBEINKÜSTE (2017–2020)

Zwischen Kulturen, zwischen Ländern, zwischen Sonnenauf- und -untergängen

Mein Paradies auf Erden

31. Dezember 2019
Sonnenstrahlen fallen auf unser Bett, auf Tomars Haut, der sie den goldenen Schleier verleihen, den ich so liebe. Er schläft noch. Sein Gesicht ist so friedlich, sein Geist scheint entspannt. Vielleicht zum ersten Mal, seit ich vor vier Wochen hier angekommen bin. Und einmal mehr frage ich mich, ob es gut ist, dass ich eine so große Rolle dabei spiele. Wäre ich nicht da, würde er wahrscheinlich immer noch in dem Camp der Irin arbeiten. Nach all den Jahren mit den vereinzelten Zeitverträgen auf Plantagen für einen Tageslohn von umgerechnet 1,50 Euro war er überglücklich, diesen für hiesige Verhältnisse halbwegs gut bezahlten und vor allem festen Job zu haben. Jedoch war Tomar gewissermaßen der Mann für alles und hatte kaum einen Tag frei. Eigentlich als Nachtwächter eingestellt, musste er sich zudem tagsüber um den Garten kümmern, eine Bar bauen, die Einkäufe erledigen und manchmal sogar kochen. Wäre ich nicht gekommen, hätte er nichts davon infrage gestellt, hätte sich nicht mit seiner Chefin anlegen müssen, weil die nicht wollte, dass ich bei ihm, sprich auf dem gammeligen Sofa in ihrem Büro und ohne Moskitoschutz, schlafe, hätte er es hingenommen, dass sie ihn wie einen Sklaven behandelt, hätte sicher nicht den Mut gehabt, für seine Rechte zu kämpfen. Wäre das besser gewesen? Natürlich war es seine Entscheidung, sich zu wehren, aber hat er sie nicht nur getroffen, weil er mich an seiner Seite wusste? Ich bin allerdings bald wieder weg. Und dann? Ach, wir schaffen das schon, denke ich und küsse ihn zärtlich in den Nacken. Sein Körper reagiert mit einer Gänsehaut, er lächelt, dreht sich verschlafen zu mir um, streichelt sanft mein Gesicht. Sein Blick durchdringt meinen Körper, bis ich nicht anders kann, als ihn auf den Mund zu küssen. Liebevoll berührt er meine Brüste. Verzückt gibt mein Körper nach. Schon beim ersten Mal war es, als würden sich unsere Körper von jeher kennen. Und seit wir uns vor viereinhalb Jahren begegnet sind, weiß ich, dass unsere Seelen auf besondere Weise miteinander verbunden sind.

»Agalo!« (Guten Morgen!), flüstere ich.

Tomar umarmt mich, als wollte er mich nie wieder loslassen. »Ewamo!« (Ich liebe dich!)

3. Juli 2017

Es ist drei Uhr nachts, und ich liege nach einer bislang 23-stündigen Reise auf einer Bank an der Bushaltestelle von Adjame, ungeduldig darauf wartend, dass es Morgen wird und ich einen Transporter Richtung Sassandra[47] nehmen kann. Um mich vor den Moskitos zu verstecken, verkrieche ich mich unter meinem Pali-Tuch. Ob er noch dort ist? Ob er mich wiedererkennt? Ob er ebenfalls manchmal an mich gedacht hat? Immerhin haben wir seitdem keinen Kontakt gehabt ... Zwei Jahre ist es her, dass ich Tomar zum ersten Mal begegnet bin. Damals waren Ulli und ich mit dem Land Rover auf dem Weg nach Südafrika und hatten uns einen Traumstrand ausgeguckt, an dem wir uns von den Anstrengungen der vergangenen Monate erholen wollten. Dieser Traumstrand war Tomars Zuhause. Seitdem ist kein Tag vergangen, an dem ich nicht an ihn gedacht habe.

Ulli und ich haben unsere Beziehung vor einigen Wochen beendet. Unsere Lebensvorstellungen sind zu unterschiedlich. Ulli ist Sicherheit wichtig, Vorsorge, Planung, Ordnung, Klarheit und Struktur. Ich will frei, planlos, in der Natur sein, will Abenteuer, lachen, mich lebendig fühlen, barfuß in der Sonne tanzen. Ich will auf dem afrikanischen Kontinent ein einfaches Leben leben, meiner Intuition, meinem Herzen folgend. Und Intuition wie Herz sagen mir: Du musst Tomar wiedersehen.

Mein Blick wandert zu dem Mann, der in einen Teppich gewickelt auf der Erde schläft, während auf der Bank hinter mir ein weiterer Mann seine Jacke eng um sich geschlungen hat und döst. Wie mag es den Kids in den zwei Jahren ergangen sein? Nachdenklich lege ich eine Hand auf die große Surfboardtasche neben mir. Ich habe sie extra gekauft, um auch die beiden gebrauchten Surfbretter mitnehmen zu können, die mir zwei Jungs aus einer Internetgruppe für die Kinder im Dorf mitgegeben haben. Bislang surfen sie auf den Holzbrettern, mit deren Hilfe die Fischer ihre Boote ins Wasser lassen. Ich möchte, dass

47 Einst wichtige Hafenstadt am Golf von Guinea, die heute vor allem für ihre Strände bekannt ist

auch diese Kids die Chance haben, ihrem Lieblingssport vor ihrer Haustür nachzugehen, genauso wie die wohlhabenden Großstädter, die lange Fahrzeiten über kaputte Straßen für diese Welle auf sich nehmen. Allerdings werde ich die Bretter nicht verschenken, sondern tauschen. Denn Geschenke – das habe ich auf meinen Afrikareisen gelernt – sind viel weniger wert als Getauschtes und gehen auf Kosten der Augenhöhe. Wer diese Bretter surfen will, muss zur Schule gehen und Müll aufsammeln.

Verdammt hart diese Bank. Ich drehe mich auf die andere Seite, bevor auch diese nach kurzer Zeit wehtut und ich mich wieder zurückdrehe.

Besonders Ezechiel könnten mit ein bisschen Unterstützung alle Türen offenstehen. Er ist intelligent, sportlich und einfühlsam. Ich habe auch schon eine Idee ...

Zehn Stunden braucht der alte Mercedes-Transporter für die 200 Kilometer lange Küstenstraße. Wir fahren an endlosen Palmölplantagen vorbei, dazwischen angezapfte Kautschukbäume und in der Sonne trocknende Tücher voller Kakao. Elefanten und andere Wildtiere haben in der Elfenbeinküste immer weniger Platz. Es gibt Nationalparks, aber der Großteil des Dschungels wurde abgeholzt und durch Plantagen ersetzt. Die gesamte Fahrt über versucht ein dauerbrabbelnder Händler, den Fahrgästen erst Zahnpasta, dann Bibeltexte, schließlich eine Art Wunderpille für mehr Potenz zu verkaufen, während im Fernseher neben ihm ein Film läuft, in dem eine Familie auf Safari von Löwen zerfleischt wird. Es ist so brutal, dass ich weggucken muss. Neben mir kotzt ein kleiner Junge seiner Mutter auf den Schoß, die sofort reagiert, indem sie ihm das T-Shirt auszieht und es ihm vor den Mund hält.

»Hast du ein Boot dabei?«, fragt der Fahrer, als er die schwere Surfboardtasche vom Transporterdach herunterhebt. Wir haben die Endstation erreicht, eine der beiden Tankstellen in Sassandra.

»Nein«, lache ich, »das sind Surfboards.«

»Aha, dann willst du bestimmt weiter nach Drewin.«

»Genau«, sage ich und realisiere, dass ich vielleicht schon in einer Stunde Tomar sehen werde.

Für die letzten Kilometer bis zu dem Surfort mit seinen Kokospalmen und dem ockerfarbenen Sandstrand nehme ich ein Sammeltaxi, lasse mich aber frühzeitig absetzen, um den Rest trotz der insgesamt 45 Kilo Gepäck zu Fuß zu gehen. Ich will das Ankommen in vollen Zügen genießen. Und so schleppe ich mich, den Rucksack und die Surfboards Schritt für Schritt durch die warme Abenddämmerung den ausgetretenen Sandweg hinunter. Ich bin fix und fertig, aber vor gespannter Vorfreude klopft mein Herz wie wild. Endlich wieder an dem für mich schönsten Ort der Welt aufwachen, an jenem Ort, den ich vor zwei Jahren unter Tränen verlassen habe.

Im Halbdunkel sieht alles noch genauso aus, wie ich es in Erinnerung habe. Ich höre das Rauschen des Meeres, sehe das letzte Weiß der hereinrollenden Wellen, den Schein der Öllampen aus den Bambushütten links von mir, wo die Fischer mit ihren Familien leben.

Rechts liegt Jules' kleines Camp. Hier hat Tomar zusammen mit seinem Kollegen Cisco gearbeitet. Für Essen und Unterkunft und ab und zu einen Euro Taschengeld. Jules wohnt mit seiner Patchworkfamilie in dem brüchigen Kolonialhaus, in dessen Innenhof Tomar und Cisco für Gäste gekocht haben.

Auf einmal sehe ich die Geschwister Princes, Grace und Ange aus der Ruine kommen. Ich erkenne sie sofort, ihre Art, sich zu bewegen, ist einmalig. Bestimmt schleichen sie sich zum Shop von Ezechiels Vater, um dort im einzigen Fernseher des Dorfes einen Jackie-Chan-Film zu schauen. Ich werfe mein Gepäck ins trockene Gras und laufe auf sie zu. Als sie mich erkennen, stürzen sie sich mir »Leeena, Leeena!« schreiend in die Arme.

Offenbar hat Jules uns gehört, denn er schaut neugierig um die Ecke der Hausmauer. Aufgeregt ruft er: »Cisco, Lena ist wieder da!«, und kommt ebenfalls angerannt, um mich zu umarmen. Freudestrahlend räumt Cisco seine Bambushütte für mich, zieht in die Hütte der Kinder und bringt mir etwas zu essen, was ich dankend annehme und mit den

Kids teile. Danach spanne ich mehr schlecht als recht mein Moskitonetz, amüsiert beobachtet von Princes, Ange und Grace, die auf der Matratze sitzen, nebenher die Snacks vernaschen, die ich aus dem Flugzeug mitgenommen habe, und mich mit Fragen löchern:

»Wo warst du so lange? Wo ist Ulli? Wie lange bleibst du diesmal? Können wir bei dir schlafen?«

Als ich auch die letzte Frage beantwortet habe, stelle ich die Frage, die mich am meisten beschäftigt: »Wo ist Tomar?«

»Der arbeitet nicht mehr hier«, sagt die wie immer sehr direkte, mittlerweile elfjährige Princes.

Ihr kann keiner was vormachen. Nie werde ich vergessen, wie sie neben mir in der Hängematte hockte, einen Hähnchenschenkel samt Knochen verputzend, und mich dann in den Arm nahm mit den Worten: »Es gibt nichts auf der Welt, wovor du Angst haben musst.«

»Papa hat Mama geschlagen, und Tomar ist dazwischengegangen.«

Ihre Rasta mit Plastikperlen sind einem Kurzhaarschnitt gewichen, der ihre ausdrucksstarken Augen unter den prägnanten Augenbrauen noch mehr zur Geltung bringt. Sie hat das Gesicht ihres Vaters. Dass Jules Gras raucht und viel trinkt, wusste ich. Doch dass er auch seine Frau schlägt, ist neu.

»Euer Papa verprügelt eure Mama?«

»Ja, deswegen hört sie fast nichts mehr. Er haut ihr immer auf die Ohren«, sagt Princes.

Grace, die die gleiche Mutter hat, aber einen Vater, der weit weg lebt, schaut zu Boden, während der schüchterne Ange erst Princes und dann mich anstarrt. Ich muss schlucken.

»Und wo ist Tomar jetzt?«

»Im Dorf oben am Berg. Willst du ihn wiedersehen?«, fragt Grace mit einem kecken Grinsen.

»Auf jeden Fall. Aber das kann bis morgen warten. Jetzt gehen wir erst mal schwimmen«, sage ich, ziehe die drei der Reihe nach hoch und renne aus der Hütte, um meinen Kopf von den viel zu vielen Gedanken zu befreien.

Es ist Vollmond. Und als dieser sich im Meer spiegelt, weiß ich, dass ich nicht träume. Ich bin wirklich hier. Schnell befreie ich mich von T-Shirt und Shorts, nehme jedes Mädchen an eine Hand und stupse Ange an. Er ist der Einzige von ihnen, der zumindest ein bisschen schwimmen kann. Wir rennen ins Meer, und im Nu werden Anspannung, Müdigkeit und Schmutz weggespült. Ich lasse los, und das Meer nimmt mich ohne Widerworte auf, trägt alles Schwere davon, schenkt Klarheit und Leichtigkeit.

Klitschnass sitze ich auf den warmen Felsen, während die Kids sich in der Hütte was Trockenes anziehen, und tippe auf meinem Handy die Nummer, die Tomar mir genau hier vor zwei Jahren zugesteckt hat. Ich habe sie noch nie gewählt, den Zettel aber immer bei mir getragen. Was hätte ich auch sagen sollen? »Hi, hier ist Lena. Meine Beziehung ist zwar im Arsch, aber ich reise immer noch mit Ulli durch Westafrika, und bei dir auch alles gut?« Unmöglich. Bevor ich ging, habe ich »Je crois à toi« (Ich glaube an dich) in eine riesige Muschel geschrieben und sie Tomar gegeben, zusammen mit dem Versprechen, irgendwann zurückzukommen. »Sobald ich kann.«

Es tutet einmal ... Tomar geht sofort ran. »Hallo?«

Mir wird erst heiß, dann schwindelig. »Hi, hier ist Lena.«

Eine gefühlte Ewigkeit höre ich ihn nur atmen, dann sagt seine tiefe Stimme: »Ich habe auf dich gewartet.«

»Ich bin da.«

Mit dem ersten Morgenlicht joggt Tomar von Sassandra aus den Strand entlang, um mich zu sehen. Princes entdeckt ihn zuerst:

»Tomar, da kommt Tomar«, ruft sie hibbelig, weil sie spürt, wie aufgeregt ich bin.

Als ich ihn erblicke, weiß ich genau, dass es richtig war hierherzukommen. Tomar strahlt übers ganze Gesicht, hält mich an beiden Händen und versucht zu begreifen, dass ich mein Versprechen gehalten habe.

»Endlich bist du da«, sagt er leise, als seine Arme mich umschließen. Ich lasse mich fallen. »Du bist an einem Sonntag gefahren. Vor genau 23 Monaten. Jeden Tag hab ich an dich gedacht.«

»Und ich an dich«, antworte ich und schmiege mich an ihn.

Nachdem in der ersten Nacht Princes und Grace bei mir geschlafen haben, wie Klammeräffchen an mich gekuschelt, teile ich Ciscos Matratze ab jetzt mit Tomar. Zunächst überrascht, dass ich vor allem für ihn wiedergekommen bin, nimmt Jules seine Anwesenheit in Kauf; immerhin bringe ich ihm und seiner Familie ja Geld ein.

Es folgen Tage mit Surfen und endlos langen Spaziergängen an der herrlichen Küste. Wer auch immer diesen Teil der Welt entworfen haben mag, hat echt alles gegeben. Wenn die Abendsonne durch den Dschungel streicht und Felsen wie Fischerboote am Strand berührt, wenn die Schildkröte ihren Kopf aus dem Wasser streckt, während die Fischer singend ihre Netze aufwickeln, dann könnte ich vor lauter Schönheit weinen. Ja, das Leben hier ist hart, es gibt Malaria, Schlangen, Parasiten, die Menschen leben vom Fischfang, von der Feldarbeit und vom Verkauf von Speisen wie Attiéké[48], geräuchertem Fisch oder in Bananenblätter gewickelten und geräucherten Bananen. Palmwein ist billiger als Wasser, und während die Frauen nicht nur Haushalt und Kinder versorgen, sondern auch noch Geld verdienen müssen, verbringen viele Männer den Großteil ihrer Zeit damit, es wieder zu versaufen. Dennoch empfinde ich diese Art Leben, die Freiheit der Kinder, den von der Sonne vorgegebenen Rhythmus des Tages als natürlicher als den konstruierten Kosmos einer Stadt.

Entlang der Strände befinden sich vereinzelt die Ruinen jener Dörfer, die wegen des steigenden Meeresspiegels verlassen wurden, sowie die seit den politischen Unruhen 2011 verfallenden Hotels und Restaurants, dazwischen Kokosnuss- und Kakaoplantagen und immer wieder ein bisschen Dschungel hinter den rotbraunen Felsen im feinen Sand, der ins tiefblaue Meer übergeht. Wenn wir hungrig und durstig sind, sucht Tomar eine herabgefallene Kokosnuss, die uns mit ihrer Milch und ihrem Fleisch stärkt; oft sammeln wir auch die Früchte von Mandelbäumen, klopfen sie mit Steinen auf und pulen die Kerne heraus, um

48 Ähnlich wie Couscous, aber aus Maniok hergestellt

sie später mit Salz über dem Feuer zu rösten. Mein Lieblingsessen wird allerdings gegrillte Kokosnuss.

Als Tomar auf einem unserer Trips in den Busch einen Grillrost aus Bambus bauen will, hackt er sich mit der Machete ein Stück von der Fingerkuppe ab. In Strömen fließt das Blut seine linke Hand hinunter. Die Zähne zusammenbeißend geht er zur nächsten jungen Palme, zieht einen Ast aus ihrer Mitte heraus, schneidet das untere Ende ab, zerkaut es, bis der Saft herauskommt und verteilt den Brei auf der Wunde. Nach einer Weile legt er den Finger in die Asche des Feuers, dreht ihn ein paarmal hin und her, bis es schließlich aufhört zu bluten. Der Finger verheilt ohne jede Narbe.

Was mich etwas irritiert, ist Tomars neues Interesse an der Kirche. Zwei bis drei Mal wöchentlich läuft er nach Sassandra, um sich die Predigt eines Pastors anzuhören, der sich seiner angenommen hat. Eine Stunde hin, eine Stunde zurück. In der Zeit widme ich mich den Müllsammelaktionen mit den Kids – anfangs haben mich die Mädchen gefragt, was von dem Plastik und dem Laub eigentlich Abfall ist –; danach schrauben wir gemeinsam die Surfboards zusammen, üben Ding Repair und gehen wellenreiten.

An diesem Abend kommt Tomar spät zurück, setzt sich zu mir in meine Reisehängematte und erzählt, weshalb ihm die Kirche auf einmal so wichtig ist. »Ich hab nicht vergessen, was du mir damals gesagt hast, Lena ... Ich hab aufgehört, zu kiffen und zu trinken. Das hat mich allerdings viele Freunde und den Job gekostet. Als Jules mal wieder brutal auf seine Frau losgegangen ist, hab ich mich vor sie gestellt. Er hat mich angebrüllt wie ein Verrückter. Also bin ich ins Dorf zurück, in das freie Zimmer bei meinem Onkel. Der hat mich jedoch behandelt wie seinen Knecht, ständig sollte ich irgendwas für ihn tun. Eines Tages hat die Kirche aus Sassandra bei uns im Dorf ein Fest veranstaltet. Alle haben gesungen und gelacht, es gab eine richtige Gemeinschaft. Das hat mich fasziniert. Mittlerweile verbringe ich viel Zeit in der Gemeinde. Ich kann sogar da schlafen, wenn ich will.«

»Ist das der Grund, warum du dir deine Rasta abrasiert hast und jetzt immer eine Bibel mit dir herumträgst?«, frage ich. Ich weiß, wie stolz er auf seine Haare war und dass er nicht lesen kann.

»Ja, mein Pastor meint, dass Gott lange Haare ablehnt und die Bibel mich gegen schwarze Magie beschützt. Mein Pastor behandelt mich wie einen Sohn. Er will mir auch helfen, einen festen Job zu finden. Und sobald die Gemeinde ein Klavier hat, werde ich Klavierspielen lernen.« Tomar sprüht vor Begeisterung.

»Ich freu mich für dich. Ich versteh nur nicht, warum du dir für deinen Glauben die Haare abschneiden musst. Warum sollte Gott dir Haare geben und dann ein Problem mit ihnen haben?«

»So richtig versteh ich es auch nicht ... Und weißt du, was noch passiert ist? Ich hatte dem Pastor natürlich erzählt, dass du endlich da bist. Und heute hat er mich während des Gottesdienstes nach vorne geholt, wo ich mich vor alle anderen auf einen Stuhl setzen und beichten sollte, dass ich vor dem Gottesdienst Sex mit dir hatte. Dann hat er die gesamte Gemeinde aufgefordert, mich zu beschimpfen. Ich sei ein Sünder, hat er geschrien. Das macht er jedes Mal mit irgendjemandem wegen irgendwas. Diesmal war ich dran.«

»Tomar«, ich zwinge mich, ganz ruhig zu sprechen, obwohl es in mir brodelt, »ist das ein Mensch, zu dem du aufschaust?«

Tomar schweigt und starrt nach einer Antwort suchend in die Flammen.

Besagter Pastor wird Tomar tatsächlich einen Job besorgen, und zwar als Wächter eines Ferienhauses. Das Gehalt lässt er auf sein eigenes Konto überweisen, um es Tomar bar auszuzahlen. Was er dabei verschweigt: Die Hälfte behält er. Tomar wundert sich ein wenig über den geringen Lohn, ist aber vor allem froh, Arbeit zu haben und nicht mehr bei seinem Onkel wohnen zu müssen. Erst nach Monaten findet er die Wahrheit heraus, als er zufällig seinen Vorgänger kennenlernt. Kurzerhand stellt er den Pastor zur Rede, doch der schimpft ihn aus und sorgt dann dafür, dass Tomar seinen Job verliert. Die wohlhabende Hausbesitzerin, die so zufrieden mit ihrem neuen Wächter war, dass sie ihn sogar dabei unterstützen wollte, lesen und schreiben zu lernen und einen Reisepass zu bekommen, entschuldigt sich bei Tomar. Sie habe ihn wirklich gern, wolle aber keinesfalls bei dem Pastor in Ungnade fallen. Dieses Erlebnis wird Tomar den Boden unter den Füßen wegziehen. Sein Pastor ein Lügner und Betrüger. Keine Gemeinde, kein Glauben und kein Job mehr. Er muss wieder bei seinem Onkel einziehen.

Ich begreife mehr von Tomars Geschichte, als ich seine Familie besser kennenlerne und erfahre, dass seine Mutter vor dreißig Jahren plötzlich allein dastand. Mit acht Kindern und wieder schwanger. Mit Tomar. Sie und ich verstehen uns sofort, obgleich ich kaum ein Wort Neo spreche und »la vieille«, wie Tomar seine Mutter liebevoll nennt, nur wenige Brocken Französisch. Sie ist eine schlanke, herbe Frau, die täglich mit ihrer Machete aufs Feld geht und ackert, selbst wenn sie wie zurzeit Malaria hat. Als ich mir ebenfalls eine Machete schnappe, um ihr zu helfen, ist sie zunächst perplex, dann aber zeigt sie mir, wie es geht, beobachtet und verbessert mich kritisch, bis sie schließlich zufrieden ist, mich machen lässt und sich in einer anderen Ecke um das Unkraut kümmert. Meine Mithilfe hat jedoch ein abruptes Ende, als die Nachbarn mich entdecken, neugierig herüberschauen und anfangen, Sprüche zu machen.

»Du musst gehen«, sagt sie und nimmt mir die Machete ab.

»In der Vorstellung der Menschen hier arbeiten Weiße Frauen nicht«, erklärt Tomar, als ich verstört neben ihm zurück ins Dorf laufe. »Und wenn dir eine Weiße sogar auf deinem Feld hilft, wirst du schnell zum Dorfgespräch, was zu einem großen Problem für dich werden kann. Im schlimmsten Fall ist jemand so neidisch, dass er dich verflucht und dir was Schlimmes zustößt. So hat mein Onkel sein Bein verloren. Er war völlig gesund, als er aus der Stadt zurück aufs Dorf gekommen ist, um hier seinen Ruhestand zu genießen. Andere waren neidisch auf seine Rente, und aus einem Kratzer am Knie ist ein amputierter Unterschenkel geworden.«

Reflexartig lege ich eine Hand auf meinen Brustkorb, wo noch immer die vernarbten Striche zu sehen sind, die mir ein Magier in Ghana während einer Zeremonie in die Haut geschnitten hat, bevor er eine Asche-Kräuter-Mischung in die Wunden rieb. Ich hatte unbedingt mehr über Magie erfahren wollen und mich von Freunden zu dem Juju-Mann[49] ihres Vertrauens mitnehmen lassen. In der Nacht davor hatte ich geträumt, dass dieser mich in die Brust ritzt und die Spuren nie mehr verschwinden werden. Wie ein Tattoo. Und genau das ist passiert. An Brust, Waden, Hand- und Fußgelenken trage ich die Juju-Zeichen, die mich angeblich vor bösen Blicken schützen.

»Nimm es nicht persönlich ... Meine Mama hat dich sehr, sehr gern«, versucht Tomar mich zu trösten. »Nicht mal uns Geschwistern hat sie je gesagt, dass sie das Kind vor mir verloren hat. Nur dir.« Tatsächlich hat sie das gestern Nachmittag fast beiläufig erwähnt, als ich sie mit Händen und Füßen über ihr Leben ausgefragt habe. Ich habe ungeheuren Respekt vor ihr. Neun Kinder zur Welt zu bringen und sie alle allein großzuziehen, dazu wäre ich vermutlich niemals imstande.

Tomar zeigt mir sein Zimmer im Haus des Onkels. Es ist ein vergleichsweise großes Haus aus Beton mit Wellblechdach. In Tomars Zimmer ist aber nichts außer einer Matratze, einem Moskitonetz und ein paar Utensilien in einer Ecke.

Ich setze mich auf die Matratze und nehme die Muschel in die Hand, die ich ihm damals geschenkt habe. Er hat alles aufgehoben. Auch den Zettel mit meiner Handynummer, die er nie erreichen konnte, weil ich nicht in Deutschland war.

»Hab ich dir eigentlich mal erzählt, dass ich gelernter Friseur bin? Ich hab in einem Geschäft nahe der liberianischen Grenze gearbeitet, bis der Krieg kam und ich nach Sassandra zurückkehren musste. Virginie hat mir dann einen Job in einem Salon besorgt.« Tomars Schwester Virginie, die ebenfalls alleinerziehende Mutter ist, schlägt sich durch, indem sie für die Stadt Standtickets an die Markthändler verkauft. Außerdem geht sie seit zwei Jahren in die Abendschule, um Lesen und Schreiben zu lernen. »Aber als mein Onkel in Rente ging, hat er mich

---

49 Juju ist ein spirituelles Glaubenssystem in Westafrika.

aufgefordert, zu ihm und meiner Mutter ins Dorf zu ziehen. Er werde mir einen eigenen Salon bauen, mit dem ich mehr verdienen könne. Ich habe gemacht, was er gesagt hat. Den Salon gibt es bis heute nicht.«

Ich schaue mir die wenigen vergilbten Fotos an, die neben der Matratze auf dem Boden liegen. Tomar als Teenager mit einem Surfboard posend, das ihm jemand für das Foto geliehen hat; er und seine zwei Lieblingsschwestern Virginie und Clarice; seine Mutter, ausnahmsweise in einem Batikkleid mit einem passenden Tuch auf dem Kopf. Auch ein vergilbter Ausweis ist darunter. »Du heißt Patrice?«, frage ich erstaunt.

»Nein. Das ist der Name, den mir der Mann gegeben hat, dem meine Mutter ihre Schwangerschaft unterjubeln wollte. Als ich drei war, hat er dann gemerkt, dass ich nicht sein Sohn bin, und ist abgehauen. Deshalb bin ich der Einzige in der Familie, der einen anderen Nachnamen hat. Meine Mutter hat mir damals erzählt, er sei gestorben. Erst mit 17 erfuhr ich von meinen Geschwistern die Wahrheit. Dass wir alle denselben Vater haben und dass er nur wenige Dörfer weiter lebt. Ich habe ihn aufgesucht, und er hat mich, ohne zu zögern, in die Arme geschlossen. Als seinen Sohn. Virginie und ich sind danach zu ihm gezogen, er hat meine Ausbildung zum Friseur bezahlt. Leider ist er kurz darauf gestorben. Virginie hat seine Hütte geerbt. Ich weiß echt nicht, wie meine Mutter mir das antun konnte. Bis heute sagt sie mir nicht die volle Wahrheit. Ich habe mir selbst den Namen Tomar gegeben, weil ich alles ablehne, was mit diesem Mann zu tun hat, den sie mir als Vater verkauft hat.«

Sein Schmerz ist so präsent, dass Tomar zittert. Für die drei jüngsten Kinder, Clarice, Virginie und ihn, war kein Geld da, um sie zur Schule zu schicken. Und inzwischen ist er gesellschaftlich außen vor; zu den wenigen, die ihn noch respektieren, gehören seine Mutter und seine Geschwister. Das ändert sich allerdings, sobald ich an seiner Seite bin. Dann sind sie plötzlich alle seine Freunde, ja, seine »Familie«, und wünschen ihm nur das Beste für sein Leben in Europa.

Ich nehme ihn fest in die Arme. »Du liebst deine Mama, richtig?«

»Ja.«

»Und sie liebt dich. So weh es auch tut, damals hat sie getan, was sie konnte und für richtig hielt, um euch alle irgendwie durchzubringen.« Tomar hat ein so geringes Selbstwertgefühl, dass ich oft zerrissen bin zwischen Mitleid und Wut. Aber ich will weder das eine noch das andere ihm gegenüber fühlen. »Eines ist mir wirklich wichtig«, sage ich. »Du bist selbst verantwortlich für dein Leben. Also fang an, es in die Hand zu nehmen.«

Zuspruch, Austausch, Ideen saugt er auf wie ein Schwamm. Keine Frage, es ist verflucht schwierig, Teil einer ebenso engstirnigen wie missgünstigen »Gemeinschaft« zu sein. Gleichzeitig kann und will ich nicht seine Lehrerin oder Psychologin sein, denn dann sind wir keine Liebenden auf Augenhöhe mehr.

Es ist mein letzter Abend. Tomar und ich sitzen auf »unserem« Felsen, essen Attiéké mit Fisch und Chilisoße und trinken dazu Moringa-Tee[50], als Princes, Ange und Grace anmarschiert kommen, in ihrer Mitte ein Roboter aus Kartons, wohinter nur Ezechiel stecken kann. Vor Lachen verschlucke ich mich fast an einem Bissen Fisch. Die Kids sind immer für Überraschungen gut, und alles, was ihnen draußen vor die Nase kommt, wird zu Spielzeug umfunktioniert: leere Dosen zu Autos, Hölzer und Zahnbürsten zu Schiffen, umgekippte Palmen zu Wippen, Palmenblätter zu Schlitten, mit denen sie juchzend den Hang hinunterrutschen. Zu teilen und aufeinander aufzupassen ist für sie selbstverständlich. Sie geben einander das, was viele von ihnen sonst selten bekommen – Geborgenheit und Aufmerksamkeit.

Bevor ich am Morgen abfahre, besuche ich Ezechiels Familie. Im Dorffernseher läuft diesmal ein Cowboyfilm. Zwei Kinder sitzen auf der Bank, neben ihnen in einer Plastikdose die fettigen Teigwaren, die Ezechiels Mutter gegrillt hat, damit die Kids sie später im Ort verkaufen. Sie selbst döst am anderen Ende der Bank, wobei sie immer wieder ein

50 Gewonnen aus den Blättern des gleichnamigen Baumes (in Deutschland Meerrettichbaum genannt), enthält der Tee viele Vitamine und Mineralstoffe.

paar Fliegen verscheucht. Als Ezechiel mich sieht, kommt er angelaufen und schlägt ein.

»Lena, ich bin so traurig, dass du gehst.«

»Ich auch«, sage ich. »Aber ich komme wieder. Versprochen. Kann ich deinen Papa und dich was fragen?«

Neugierig guckt er mich an. »Klar! Komm mit ...«

Er führt mich in eine Kammer, in der sich Packungen mit Teebeuteln, Zucker, Milch und Maggiwürfeln stapeln. Rechts neben der Tür laden vier altmodische Handys, unter anderem meins, denn der Shop ist der einzige Ort im Dorf, an dem es Strom gibt.

»Papa, Lena möchte sich verabschieden und dich was fragen.«

Ezechiels Vater, den ich sehr schätze, unterbricht das Sortieren von Münzen und schaut fragend auf.

»Salut, ça va?« (Hallo, wie geht's?), sage ich zur Begrüßung und atme einmal tief durch, bevor ich fortfahre. »Ich möchte gerne versuchen, Ezechiel für einen besonderen Wettbewerb anzumelden.« Wenn bloß mein Französisch besser wäre. Im Augenwinkel sehe ich, dass Ezechiel aufgeregt von einem Bein aufs andere tritt. »Ich halte große Stücke auf ihn und denke, dass er durchaus Chancen hat, das ausgeschriebene Stipendium einer internationalen Surfing Association zu gewinnen. Surfkids aus ärmeren Ländern sind aufgefordert, Videos und Fotos von sich einzureichen. Das Geld soll den Gewinnern helfen, im Surfen und bei der Schulausbildung voranzukommen. Mitmachen kann, wer surft, zur Schule geht und ein Vorbild in seiner Gemeinschaft ist«, erkläre ich.

Lange habe ich mit mir gerungen, diesen Vorschlag zu machen, weil ich keine falschen Hoffnungen wecken will und natürlich nicht möchte, dass Ezechiel, sollte er gewinnen, Schwierigkeiten durch Neider bekommt. Dennoch wünsche ich mir so sehr, dass er all sein Potenzial einsetzen und entwickeln kann. Ezechiel steht mit offenem Mund neben den ladenden Handys und schaut erwartungsvoll zwischen seinem hochgewachsenen Vater und mir hin und her. Als dieser aus dem Laden tritt und seine Frau aufweckt, um sich mit ihr zu besprechen, flüstert er:

»Danke für alles, was du für mich machst, Lena.«

Ezechiels Mama ist einverstanden. Und so nehme ich sofort ein Handyvideo auf: Ezechiel erzählt nervös, aber souverän von seinem Traum, ein erfolgreicher Surfer zu werden. In Deutschland werde ich daraus einen kurzen Bewerbungsfilm schneiden, indem ich Aufnahmen integriere, die Ezechiel unter anderem beim Surftraining zeigen, erst auf den Holzbrettern der Fischer, dann auf den getauschten Boards.[51] Tomar hilft mir unterdessen dabei, alle nötigen Unterlagen wie Schulbescheinigung und Ausweiskopie zusammenzubekommen. Ich frage mich, wie ein Kind oder Jugendlicher aus einem Dorf in einem Entwicklungsland jemals ohne Unterstützung an diesem Wettbewerb teilnehmen soll … Ezechiel hat auch weder den erfragten Facebook-Account, noch gibt es ein Foto, auf dem alle Familienmitglieder zu sehen sind. Stattdessen bekomme ich elf Einzelbilder. Die ganze Familie setzt inzwischen große Hoffnungen in den Wettbewerb, und sein Vater legt wie gewünscht seine Einnahmen offen. Mit tausend Euro im Jahr muss die fußballmannschaftgroße Familie über die Runden kommen.

»Ezechiel hält es vor Aufregung kaum aus«, schreibt Tomar. Im Mai 2018 soll die Entscheidung fallen. Doch als ich im Juli und August wieder in Drewin bin, gibt es immer noch keine Informationen über die Gewinner. Im November dann endlich die Nachricht: Ezechiel bekommt hundert Euro. Für ihn ein riesiger Erfolg. Für mich eine herbe Enttäuschung. So sehr hätte ich ihm gewünscht, dass sein Schulgeld gesichert ist. Letztlich ist es aber nicht die gewonnene Geldsumme, die den eigentlichen Erfolg ausmacht, sondern das gewonnene Selbstbewusstsein. Ezechiel wird ungemein ehrgeizig in der Schule. »Er will sogar studieren«, erzählt mir sein Vater stolz, als Tomar ihm bei unserem wöchentlichen Telefonat den Hörer in die Hand drückt.

»Deutsch ist mein Lieblingsfach«, ruft Ezechiel aus dem Hintergrund auf Deutsch. »Wenn du wiederkommst, sprechen wir.«

»Er surft jeden Tag, und die Kinder passen gut auf die Bretter auf«, spricht sein Vater weiter.

---

51 https://www.youtube.com/watch?v=us70HcBj1HU

Offensichtlich hat mein Deal mit den Kids funktioniert, freue ich mich.

31. Dezember 2019
Mittlerweile ist es das fünfte Mal, dass ich in der Elfenbeinküste bin, gerade allerdings nicht in Drewin, sondern bei Tomar in Grand Bassam. Auch diesmal ist uns beiden klar, dass ich wieder gehen und ihn mit seinen Zukunftssorgen zurückzulassen werde. Nach der furchtbaren Zeit im Camp der Irin und dem gestrigen Termin vor dem Arbeitsgericht ist Tomar alles andere als zuversichtlich, was das neue Jahr betrifft. Um in Ruhe und fernab von allem über eine langfristige Lösung nachzudenken, haben wir uns für ein paar Tage eine kleine Hütte hinter dem Strand von Assinie gemietet. Das gigantische Feuerwerk kommt mir total absurd vor. Die Libanesen und Franzosen, denen fast alle Hotels und Restaurants entlang dieses Traumstrands gehören, ballern mehr Feuerwerkskörper in die Luft als die ganze Stadt Hamburg, während betrunkene halb nackte Teenager in den Geländewagen ihrer Väter grölend auf und ab rasen, vorbei an den unscheinbaren Holzhütten, deren Bewohner nicht wissen, von welchem Geld sie morgen etwas zu essen kaufen sollen.

»Ich wollte dir das eigentlich nie sagen«, Tomar spricht so leise, dass ich ihn kaum verstehe, »aber ich glaub, es ist wichtig, damit du meine Situation nachvollziehen kannst …« Er seufzt. »Als du vor zwei Jahren wieder weggefahren bist, hat mein Onkel mich aus dem Haus gejagt. Du bist nichts wert, nicht mal die Weiße will dich, hat er gesagt. Alle dachten, du würdest mich nach Europa mitnehmen. Wenn du nicht da bist, bin ich Luft für sie. Ich pack es nicht, wieder bei meinem Onkel anzuklopfen, während du für ein weiteres Jahr verschwindest.«

Hand in Hand gehen wir den schier endlosen Strand entlang. Überall knallt und zischt es, die Luft riecht nach Böllern. Rechts von uns lässt eine Gruppe Weißer Frauen und Männer Himmelslaternen mit ihren Wünschen entschweben. Gedankenverloren blicke ich den tanzenden Laternen nach …

In dieser Nacht beschließen Tomar und ich, ein Grundstück am Strand von Drewin zu pachten und darauf eine Hütte zu setzen, in der Tomar leben kann, bis wir sie zur Bar ausbauen und schließlich ein Eco-Surfcamp auf die Beine stellen. Tomars Traum: ein festes Einkommen, Unabhängigkeit, Wachstum, Stabilität, eine Familie. Mein Traum: ein Surf- und Umweltprojekt für die Kids vor Ort sowie ein Zentrum für Leute, die Lust haben, etwas von ihrem Wissen weiterzugeben und etwas von dem Wissen der Einheimischen mitzunehmen.

Wir haben allerdings nur noch zwei Wochen Zeit, um den Grundstein dafür zu legen. Dann bin ich erst mal wieder weg.

Ich unterschreibe den Pachtvertrag für unser Paradies. Dreißig Jahre für 120 Euro im Jahr. Wir kaufen Spaten, Macheten und eine Hacke, schuften von Sonnenaufgang bis Sonnenuntergang. Ezechiel und Ange packen mit an, sobald sie aus der Schule kommen, sowie ein Pärchen aus Deutschland. Dabei legen wir vier Gräber frei, in denen – wie uns die Dorfältesten erzählen – die Gebeine von zwei Deutschen und zwei Franzosen liegen, die hier während der Kolonialzeit verstorben sind. Doch nur auf einem Grabstein ist die Inschrift noch zu entziffern:

ICI REPOSE
Madeleine CERTAIN
Nèe SERENO
le 31 Octobre 1862
DÉCÉDÉE
Le 4 Mai 1920
À DREWIN

Tomar und ich sitzen auf der Anhöhe, auf der einmal unser gemeinsames Haus stehen soll. Da unsere Hände voller Blasen sind, tunken wir sie in heißes Wasser – ein Hausmittel von Tomars Mama.

»Morgen sind die trocken, und wir können weitermachen«, sagt er, nimmt sein T-Shirt und lässt es ebenfalls kurz im kochend heißen Wasser versinken, bevor er damit sanft um die entzündete Stelle an meinem Bein herum tupft.

»Warum helfen deine Behandlungen eigentlich jedes Mal? Wenn ich es selbst mache, wird's nur noch schlimmer«, lache ich und küsse Tomars zarte Stirn.

»Weil ich dich liebe«, sagt er und zieht vorsichtig den Gummistiefel aus, durch den er heute mit der Machete gezogen ist. Sein Fuß ist voller getrocknetem Blut.

»Alles okay?«, frage ich besorgt, als ich sein schmerzverzerrtes Gesicht sehe.

»Ja, alles okay.«

Die Abendsonne scheint durch die Palmen, über die vier Gräber, den Sandstrand und lässt das Meer türkisblau leuchten. Zufrieden schaue ich auf die bereits geleistete Arbeit, auf unser freigehauenes Stück Land mit der ersten kleinen Hütte, freue mich, dass Tomar hier gut versorgt mit Matratze, Werkzeug und Küchenutensilien leben und unser Projekt weiterentwickeln wird, solange ich unterwegs bin.

»Willst du die Gräber eigentlich lassen?«, fragt er plötzlich.

»Hm, ich weiß nicht recht, ich hatte bisher weder Gräber noch ein Grundstück.« Aufmerksam beobachte ich, wie geschickt Tomar seinen Fuß verarztet. »Hast du schon mal über einen Namen für unser neues Zuhause nachgedacht?«

Als hätte er auf diese Frage gewartet, sagt er: »Wie wäre es mit Anunu?«

»Anunu? Klingt schön. Was heißt das denn?«

»Wir sind eins.«

20

AOURIR

Mourad auf dem Weg zu den Kühen

Ghizlane in ihrem schönsten traditionellen Kleid

Es ist so kalt, dass es mir schwerfällt einzuschlafen. Der schwere, kratzige Teppich, unter dem wir zu viert liegen, reicht an meinem Rücken nicht bis nach unten, weshalb es ordentlich zieht, doch wenn ich den Schlitz an meiner Seite schließe, vermache ich ihn womöglich Fatima auf der anderen Seite. Ein Stapel weiterer handgewebter Teppiche dient uns als Unterlage und verhindert zumindest, dass die Kälte von dem frostigen Fußboden in unsere Körper kriecht. Außerdem werden die Kunstwerke dadurch, dass wir nachts auf ihnen schlafen und tagsüber auf ihnen sitzen, von Tag zu Tag und Nacht zu Nacht weicher.

Fatima schätze ich auf 16, neben ihr liegt die etwas jüngere Khadija, dann kommt Ghizlane, die Jüngste, und schließlich ich. Das einzige Licht in dem fensterlosen Raum ist der gelbe Standby-Punkt des Fernsehers.

Als ich den vorhin sah, meinte mein Kopf sofort: Ein Fernseher? Hier, am Arsch der Welt? Bei einer Familie, die nur ein paar Schafe und einen Webstuhl besitzt? Die Mädchen dachten, ich wolle fernsehen, und schalteten ihn sofort ein. Eine Dokumentation über Kanada. Da erst kapierte ich, dass dieses Gerät für sie das Tor zur Welt jenseits des Atlasgebirges ist. Sie saugen alle Bilder auf, die aus dem Fernseher in das grün gestrichene Zimmer flimmern. Bilder von fremden Landschaften und Tieren, Bilder von westlichen Metropolen. Ihre Welt ist ihr Bergdorf. Eine Welt, die wiederum ich in mich aufsauge. Doch auch diese Welt dreht sich langsam weiter. So hat Fatima inzwischen ein altes Smartphone, mit dem sie ihren Freundinnen WhatsApp-Nachrichten schickt, und Ghizlane ist die Erste von ihnen, die zur Schule gehen darf, weshalb sie stolz die wichtige Rolle der Übersetzerin spielt.

Ich ziehe mir die Kapuze meines Pullovers über den Kopf, um nicht auch noch das letzte bisschen Wärme zu verlieren.

Sanft pustet mir Ghizlane ihren warmen Atem ins Gesicht.

»Timinsiwin, chti« (Gute Nacht, meine Schwester), flüstere ich in einem Mix aus Tamazigh und Darija.

»Timinsiwin«, nuschelt Ghizlane, drückt mir ein Küsschen auf die kalte Nase und schläft schon im nächsten Moment tief und fest.

Ein wärmendes Gefühl der Dankbarkeit durchströmt mich. Es ist ein so großes Geschenk, das Leben dieser Familie für ein paar Tage teilen zu dürfen.

Acht Wochen zuvor ... Mohamed und ich stehen in Renatas Garage und durchsuchen die Massen an Kleiderspenden nach warmen Jacken und Schuhen für meine Freunde. Renata wuppt nicht nur seit Jahren die Al-Nour-Tierhilfe, sondern unterstützt auch bedürftige Familien in abgelegenen Bergdörfern, wo jetzt Schnee und Eis Einzug gehalten haben. Keine Ahnung, wie die zierliche Schweizerin es allein geschafft hat, die Kleiderkartons bis unter die Garagendecke zu stapeln. Mohamed und ich müssen höllisch aufpassen, nicht von einem dieser Kartontürme erschlagen zu werden, während wir eine Box nach der anderen herunterholen.

»Ich wünschte«, sage ich beim Durchwühlen der sechsten Kiste, »wir würden einfach mal damit aufhören, ständig Neues zu produzieren, um dann die lokale Wirtschaft anderer Länder mit unserem Überfluss zu zerstören.«

»Haha, träum weiter«, lacht Renata. »Nächste Woche kommt wieder eine Lkw-Ladung. Eine Tonne Altkleider aus Liechtenstein. Die sprengt dann sicher meine Garage.«

Wegen der aktuellen Reisebeschränkungen kann Renata die Spenden nicht wie üblich über ihren Verein in den Bergdörfern verteilen. Aber auch unsere Freunde in Aourir können bei Nachttemperaturen um die fünf Grad dringend etwas Warmes zum Anziehen gebrauchen. Imen und Amin tragen immer noch ihre Flipflops an den nackten Füßen. Abdou schläft unter der Plastikplane im Matsch neben Express und Jaquebril, die er in Plastiktüten eingewickelt hat, um sie vor dem häufigen Regen zu schützen. Und auch Mourad watet bestimmt weiterhin in seinen kaputten Latschen durch den zentimeterdicken kalten Schlamm.

»Das sind zum Teil nagelneue Sachen, nie getragen«, reißt Renata mich aus meinen Gedanken und hebt ungläubig ein Paar Marken-Kinderturnschuhe in die Höhe.

»Hast du vielleicht auch noch zwei Paar Winterstiefel für Männer im Angebot?«, frage ich. »Einmal 42, einmal 41 wäre gut. Für die Kids habe ich schon Schuhe gefunden.«

»Schaut euch mal die hier an, die sind super«, sagt Renata und reicht uns ein Paar orthopädische Lederschuhe mit spezieller Sohle.

»Boah, die sind was für meine Oma«, staunt Mohamed. »Die hatte noch nie geschlossene Schuhe und kann in ihren Pantoffeln mittlerweile so schlecht laufen.«

Seine Oma ist täglich fast zwei Stunden zu Fuß unterwegs, um Familienmitglieder und Freunde zu besuchen.

»Na, mit denen hier wird sie ein Tempo draufhaben, dass die Nachbarn nur noch eine Staubwolke sehen«, kichere ich, und Mohamed lehnt sich lachend gegen einen der Kartontürme. Der gerät gefährlich ins Wanken, und prompt schießt ein Memory-Spiel herab, das mich nur knapp verfehlt.

»Nimm ihr die mit, aber reiß ja nicht meine Türme ein«, ruft Renata, die bereits kopfüber in einem Karton verschwunden ist, den sie beim Sortieren der Spenden mit »Socken und Unterwäsche« beschriftet hat. »Und vergiss nicht Socken für alle.« Schon fliegen rote, blaue und weiße Knäuel durch die Luft.

»Meinst du, ich kann mal mit meinen Geschwistern vorbeikommen, um für jeden ein Paar Schuhe und eine warme Jacke auszusuchen?«, fragt Mohamed und dreht schüchtern das Memory in seinen Händen hin und her.

»Logisch! Kommt einfach rum, und wir suchen was Passendes raus. Wir brauchen dann nur Beweisfotos, dass die Dinge auch bei Bedürftigen angekommen sind.«

»Klar, für meine Familie sind Fotos okay … Andere schämen sich vermutlich für solche Bilder.«

»Ja, für manche ist das echt ’ne Hürde, aber wer was haben will, der muss da durch. Das Memory kannst du deinen Geschwistern auch gleich mitbringen.«

Jeder von uns mit einem Müllsack voller Klamotten über der Schulter, Mohamed das Memory unterm Arm, ich einen ziehenden Milo an der Leine, dem mehr danach zumute ist, die Katzen im Dorf zu jagen, als mich nach Hause zu begleiten, schleppen wir uns spätabends über den Berg und den finsteren Strand entlang.

»Du, Mohamed, könntest du die Sachen verteilen und allen erklären, woher sie kommen? Ich möchte nicht, dass jemand meint, die kämen von mir.«

»Versteh ich, mach ich gern«, sagt er und zwinkert mir aufmunternd zu.

Gleich am nächsten Wochenende macht Mohamed aus dem geplanten Besuch bei Renata einen Ausflug für seine Geschwister. Seine Familie wohnt am anderen Ende von Agadir, in Tarrast, einem Bezirk, der für seine hohe Kriminalitätsrate bekannt ist. Der Alltag der Kinder findet zwischen Schule, Zuhause und direkt vor der Haustür auf dem Spielplatz Straße statt. Natur bekommen sie so gut wie nie zu sehen. Jahrelang hat die Familie zu acht in der kleinen Zweizimmerwohnung gelebt. Die älteste Schwester Rachida ist mittlerweile verheiratet, und Mohamed lebt nach wie vor als unbezahlter Wächter im leeren Hotel, doch ElMehdi ist wieder daheim, weil er seit seinem Studienabschluss auf die Zulassung als Sportlehrer wartet. Vor Kurzem hat Vater Mustafa ein weiteres Zimmer aufs Dach gebaut, das sich ElMehdi mit seinen kleineren Brüdern Suleyman, 13, und Abdullah, 11, teilt. So hat die 16-jährige Soukaina jetzt ihr eigenes Reich in dem fensterlosen Raum, in dem Mohamed früher geschlafen hat. Und das Sofa im Wohnzimmer ist nur noch Sofa, nachdem es bislang den Jungs auch als Bett diente.

Rund anderthalb Stunden dauert die Fahrt von Aourir nach Tarrast. Ich freue mich sehr darauf, seine Familie wiederzusehen, vor allem Mama Mina.

»Ich war schon viel zu lange nicht mehr da«, sagt Mohamed in dem Moment. »Meine Mutter hat schon ein paarmal gefragt, wann wir endlich wieder vorbeikommen.«

»Aber du warst doch erst Freitag vor zwei Wochen zu Hause«, wundere ich mich.

»Ja eben. Zwei Wochen«, sagt Mohamed völlig ernst. Für ihn ist es selbstverständlich, dass er jederzeit für seine Familie da ist. Seine Mutter, die ihm stets gesagt hat: »Geh, lerne, indem du andere Orte, andere Dinge siehst«, liebt er über alles. Das gespaltene Verhältnis zu seinem Vater hat er über die Jahre versucht zu überwinden, indem er es in Gedichtform reflektierte. In einem symbolisiert das Fahrrad, das er nie bekommen hat, die leeren Versprechen vieler marokkanischer Eltern, mit denen sie ihre Kinder zu Leistung antreiben, um sie dann bitter zu enttäuschen.

Unser Sammeltaxi fährt an einem der zahlreichen Schlösser des Königs vorbei. Mohammed IV., der seit 1999 auf dem Thron sitzt, soll einer der reichsten Könige weltweit sein.

»Sieht aus, als ob Seine Majestät höchstpersönlich kommt«, murmelt Mohamed und weist mich auf die Arbeiter am Straßenrand hin, die Rasen verlegen und Palmen pflanzen.

Dann wird die Stadt zum Randbezirk, Häuser und Straßen werden kleiner, familiärer, Obst- und Gemüseverkäufer sowie ein Mann mit einem Holzwagen voller Datteln stehen an der Straße, als wir aussteigen. Um nicht allzu sehr aufzufallen, wählen wir Schleichwege. Denn hier, wo so gut wie nie Europäer unterwegs sind, fallen wir besonders auf. Für Mohamed kann es großen Ärger bedeuten, ohne die Berechtigung als offizieller Guide oder ihr Ehemann mit einer Europäerin unterwegs zu sein.

Wir sind schon auf Höhe des kleinen Kiosks neben dem zweistöckigen Haus, in dem seine Familie wohnt, als Mohamed ruft:

»Lamin! Lauf schnell rein, Lena.«

Da wir auch Mohameds Oma, die über alles und jeden in der Nachbarschaft bestens Bescheid weiß, scherzhaft nennen wie die Spitzel des Kaids, halte ich sofort nach ihr Ausschau, bis ich endlich raffe, dass es Ernst ist, und im nächsten Moment in den Hauseingang stürze. Aber zu spät. Der echte Lamin hat mich schon entdeckt. Ich höre, dass er Mohamed zur Rede stellt, verstehe jedoch kaum ein Wort. Mama Mina begrüßt mich herzlich mit den typischen kurzen Küssen auf die Wangen und schaut dann besorgt aus dem Fenster.

»Unsere Familie hatte noch nie mit dem Lamin zu tun«, sagt sie kopfschüttelnd. »Der soll uns mal schön in Ruhe lassen.«

»Es tut mir so leid«, sage ich auf Darija.

»Mach dir keine Sorgen.« Sie umarmt mich. »Schön, dass du da bist. Ich habe Tee gemacht.«

Auch Mohameds Geschwister Abdullah, Suleyman und Soukaina begrüßen mich übermütig, was mir ein bisschen von meiner Anspannung nimmt.

»Lena, kannst du mir bitte mal deinen Pass geben?«, ruft Mohamed durchs Treppenhaus hoch.

Ich krame in meinem Beutel und bringe ihm meinen abgelaufenen Reisepass. »Sorry«, wispere ich, als er mir auf halber Treppe entgegenkommt.

»Der Lamin will wissen, wer du bist und woher du kommst. Zu deiner Sicherheit, wie er sagt. Ich soll nachher zu ihm ins Büro kommen. Aber das mach ich nicht. Er weiß, wo wir wohnen, wenn er noch mehr Fragen hat.«

Die Kids drängeln sich am Fenster, um ja nichts zu verpassen, während Mina versucht, mich auf andere Gedanken zu bringen, indem sie erst meinen Beutel aus dem *Dihiya*-Sortiment, bestehend aus malischem Waxstoff, marokkanischem Kaftan und altem Fischernetz, bewundert und danach meine Jacke anprobiert, die aus einer Djellaba hergestellt wurde.

»Zouina! (Schön!) Tbarkallah[52]«, sagt sie. »Es gefällt mir, dass ihr die Gewänder auf diese Weise wertschätzt. Warte mal, ich hab da was für dich.« Mina verschwindet in ihrem Schlafzimmer und kommt kurz darauf mit einem weißen Kaftan über dem Arm zurück. Ich erkenne ihn sofort an dem transparenten, orange-goldenen Überwurf wieder; das Foto, auf dem Mina ihn trägt, habe ich neulich im Familienalbum gesehen. »Hier ... Für euer Projekt.«

52 Ausdruck des Bewunderns und des gleichzeitigen Schutzes vor Neid, also dem damit verbundenen bösen Blick, um nur das Gute des Kompliments zu übermitteln

»Das kann ich nicht annehmen, Mina, das ist doch dein Hochzeitskleid«, sage ich gerührt.

»Bsa7tk.«[53] (Mit Gesundheit und Zufriedenheit.) Demonstrativ legt sie das Gewand auf meinen Beutel und geht in die Küche.

Als Mohamed endlich in die Wohnung kommt, stürmen seine Geschwister auf ihn zu. Er wuschelt ihnen durch die Haare und macht Beatbox-Sounds mit dem Mund. Sofort fängt Suleyman an, den Takt zu klatschen, Abdullah macht roboterähnliche Moves, Soukaina schnappt sich einen Löffel und schlägt ihn im Rhythmus gegen ein Teeglas, während ich drauflos singe. Lachend schaut Mina um die Ecke und stimmt ins Klatschen ein. In dem Moment kommt auch Vater Mustafa noch etwas verschlafen hinzu und widmet der munteren Truppe ein breites Grinsen. In dem Blick, den Mohamed mir schenkt, ist so viel Liebe, und doch weiß ich um die innere Zerrissenheit, die unsere Beziehung für ihn bedeutet, denn für seine Familie wie den Großteil der muslimisch geprägten Gesellschaft existiert so etwas wie »Freund und Freundin« nicht. Es gibt nur »Ehemann und Ehefrau« oder nichts. Fraglos lebt Mohamed seinen Glauben sehr tolerant; gleichzeitig hat er einen enormen Stellenwert für ihn, weshalb es ihn viel Kraft kostet, seine und meine Welt in Einklang zu bringen.

»Guckt mal, was ich euch mitgebracht habe!«, ruft er jetzt und zieht das Memory aus seiner Tasche. Im Nu wird es zum Familienspiel.

Mina versorgt uns noch mit Brot, köstlichem Olivenöl, Datteln und Tee, doch Suleyman und Abdullah sitzen bereits wie auf heißen Kohlen. Alles, was sie für das Wochenende mit dem großen Bruder einpacken, ist ein Tennisball.

»Wo ist ElMehdi eigentlich?«, frage ich Soukaina, die sich entschieden hat, zusammen mit Mina und Mustafa zu Hause zu bleiben.

»Der macht gerade ein Volontariat an einer Berufsschule und unterrichtet heute Badminton«, sagt sie und tunkt noch ein Stückchen Brot ins Olivenöl.

53 Die 7 wird wie ein gehauchtes h ausgesprochen.

»Packt ja auch eure Zahnbürsten ein«, mahnt Mohamed seine kleinen Brüder. Bis heute ärgert es ihn, dass sein Vater jeden Abend Süßigkeiten mitbrachte, es aber keine Zahnbürste in der Familie gab. »Oder wollt ihr so kaputte Zähne haben wie ich?«

»Könntest du etwas für mich aussuchen?« Schüchtern schaut Soukaina mich an, als ich sie zum Abschied umarme.

»Auf jeden Fall«, sage ich. »Und was kannst du gebrauchen, Mina?«

»Ich brauche nichts, Lena.« Sie küsst mich auf die Wange. »Danke für alles!«

»Ich danke dir«, sage ich mit einem Blick auf den seidenen Kaftan, den ich im Arm halte.

»Wir gehen erst zu Renata, und dann essen wir Pizza«, verspricht Mohamed den Jungs, nachdem es uns gelungen ist, den preisgünstigeren Bus zu erwischen. » ... und morgen gehen wir an den Strand.«

Als ich die beiden Jungs schließlich in Renatas Garage stehen sehe, zu bescheiden, um selbst in den Kartons nach Jacken zu suchen, bin ich so froh, dass Mohamed die Idee hatte, mit ihnen zusammen hierherzukommen, und bemühe mich, nicht irgendeine, sondern die bestmögliche Jacke für jeden von ihnen zu finden, während Mohamed Schuhe und Renata, was sonst, Socken sucht.

Suleyman strahlt übers ganze Gesicht, als er eine echt coole Skijacke anprobiert, die wie angegossen passt. Abdullah hingegen besteht auf einer ziemlich dünnen, in seinen Augen aber schönsten Daunenjacke der Welt. In grellem Hellblaumetallic.

Am nächsten Vormittag treffen wir uns am Strand, wo ich zur Überraschung der beiden Jungs mit Milo und Express auftauche. Einer darf Milo führen, der andere reiten, dann wird gewechselt. Ihre Jacken ziehen sie aber selbst bei Temperaturen von 22 Grad nicht aus.

»Sie haben sogar drin geschlafen«, lacht Mohamed.

Als es Zeit wird, dass er seine Brüder wieder heimbringt, vermacht Abdullah Milo seinen Tennisball. »Ich habe ja jetzt ein Memory«, sagt er. »Und Milo spielt so gern damit.«

Wenige Tage später begleite ich Mohamed zu Mourad, um ihm die warmen Sachen zu bringen. Viel zu lange schon habe ich ihn und die Pferde Luna, Mbrok und Ali Baba nicht gesehen. Hoffentlich geht es allen gut ...

»Wo warst du so lange, Madame Lena?«, ruft Mourad schon von Weitem und kommt mit dem Melkeimer in der Hand auf mich zugelaufen, gefolgt von Kenza und Rosa II. Nachdem ich die drei fest gedrückt habe, mache ich mich auf zu den Pferdeboxen. Ali Baba wiehert, als er mich sieht, woraufhin Luna, die wie immer mit dem Kopf zur Wand steht, sich zu mir umdreht; in Mbroks Augen allerdings meine ich so etwas wie Resignation zu erkennen. Ich streichele einen nach dem anderen und flüstere ihnen aufmunternde Worte ins Ohr. Dankbar knubbelt Ali Baba mir die Hand.

Als ich von den Boxen zurückkomme, steht Mourad bereits in dicker Daunenjacke und Winterstiefeln da. Tränen des Glücks laufen ihm die Wangen herunter.

»Danke, Madame Lena.«

»Nein, nein, das ist nicht von mir«, schüttele ich den Kopf, und Mohamed erklärt ihm, woher die Sachen stammen, während er das Foto für Renata macht.

»Oh, meinen Dank an Madame Renata. Aber ... Madame Lena, du verschwindest nicht wieder. Du kommst uns besuchen und gehst reiten, oder?« Es stellt sich heraus, dass die Pferde seit sechs Wochen nicht mehr aus der Box gekommen sind. »Der neue Stallbursche hat keine Lust zu reiten«, sagt Mourad mit einem Schulterzucken. Und er selbst hat Angst vor Pferden.

Am liebsten würde ich erst alle Pferde auf einen Paddock bringen, sodass sie sich austoben können. Doch so etwas gibt es hier nicht. Vor allem aber frage ich mich, wie es mir gelingen soll, den stürmischen Ali Baba nach so langer Zeit von seinen Fußfesseln zu befreien und aus der winzigen Box zu holen, ohne mich dabei zu verletzen.

Doch »Engel kommen, wenn sie gebraucht werden«, steht auf meiner Anke-Liste. In diesem Fall Patricia. Ich begegne ihr zufällig im Ort und erzähle ihr, welche Sorgen ich mir um Abdou mache, seit er nicht mehr auf der Farm arbeitet. Zusammen gehen wir zu ihm, sprechen mit ihm, und schließlich ist er damit einverstanden, dass Patricia ihm Geld gibt, sodass er zumindest die Hälfte eines Gartens für sich, Express und Jaquebril pachten kann. Sechzig Euro für ein Jahr. Als ich ihr dann von den Pferden auf der Farm erzähle, vermittelt sie mir eine Frau namens Farida, die sich mit Pferden auskennt und praktischerweise in meiner Nähe wohnt.

Im »Baumarkt« kaufe ich ein Seil und Schrauben, um daraus einen Ausbinder zu basteln, während Farida ein Gebiss auftreibt, das den bisherigen Folterring ersetzt. Wir haben Ali Baba gerade mühsam vor die Tür geführt, dem Hengst jedoch kaum etwas Seil gegeben, da steigt er. Endlich wieder die Beine bewegen, endlich raus, endlich Freiheit. Rasende 600 Kilo Pferd. Ali Baba steigt, buckelt, schlägt aus, so weit die Longe reicht. Farida hält ausreichend Sicherheitsabstand, ist aber bereit, im Ernstfall einzugreifen. Immer wieder setzt Ali Baba an, mich umzurennen, aber ich behalte ihn im Auge, bäume mich auf und zwinge ihn mit einem klaren »Ho« zum Stehen. Er braucht Beschäftigung und Grenzen; gleichzeitig spüre ich, dass er mich testet, weil er vertrauen will. Ich wechsele die Richtung, scheuche ihn fort, lasse ihm aber die Möglichkeit, wieder zu mir zu kommen. Bis auf eine Distanz, die für mich okay ist. Dauernd versucht Ali Baba, die Kontrolle zu übernehmen. Schließlich aber – wir sind beide erschöpft – respektiert er mich, gewillt, mir vertrauensvoll zu folgen.

»Bist du ein Dompteur?«, fragt Mourad, als er hinter dem Busch hervortritt, hinter dem er sich ängstlich versteckt hat.

»Nee, aber ich liebe Pferde«, sage ich und gebe Ali Baba einen dankbaren Kuss auf die Stirn.

Auch Mbrok und Luna sind froh, endlich mal wieder herauszukommen, doch wie erwartet ist es um ein Vielfaches einfacher, mit ihnen zu arbeiten. Da Farida selten Zeit hat, bewege ich die drei Pferde von nun an meist allein, und nach etwa zehn Tagen setze ich mich zum ersten Mal wieder in den Sattel. Der Sattelgurt hängt zwar nur noch an einem

Riemen, und die Zügel sind notdürftig mit Draht geflickt; trotzdem ist es ein herrliches Gefühl, die Pferde zu reiten, vor allem Ali Baba, dem sich weder Farida noch Patricia gewachsen fühlen. Allerdings habe ich deshalb keinen freien Tag mehr. Umso mehr freue ich mich, als ich eine junge Französin kennenlerne, die meint, sie könne reiten.

Gleich am nächsten Tag nehme ich sie mit in den Stall, reiche ihr Mbroks Sattel und Trense und mache mich daran, Ali Baba für den Ausritt fertig zu machen. »Wenn du ihn gesattelt hast, warte einfach vor der Farm auf mich«, sage ich. Doch als ich selbst vor das Tor reite, fehlt von Mbrok und seiner Reiterin jede Spur. Mit einem unguten Gefühl im Bauch reite ich hierhin und dorthin, kann sie aber nirgends finden. Endlich erblicke ich Mourad, der offenbar all seinen Mut zusammengenommen hat und Mbrok samt Reiterin neben sich herführt.

»Mbrok ist mit mir durch alle möglichen Gassen gelaufen«, stottert sie.

»Meinst du denn, dass du ihn im Schritt heimreiten kannst?«

»Ja.«

Aber kaum hat Mourad den Zügel losgelassen, rennt Mbrok rückwärts in Ali Baba hinein. Mit einem Aufschrei springt die Französin ab und läuft davon. Ali Baba steigt, Mbrok buckelt und schlägt nach ihm aus, wobei sich sein Vorderbein in Ali Babas Zügeln verfängt.

»Fuck!«, schreie ich und befürchte, dass er sich das Bein brechen könnte. Mir bleibt nichts anderes übrig, als ebenfalls sofort abzuspringen. Ali Babas Eisen verfehlen nur knapp meinen Kopf, als er versucht, sich gegen Mbrok zu wehren, der ihn in den Nacken beißt. Ali Babas Zügel reißen, Mbroks Bein ist frei. Schnell rolle ich mich zur Seite und greife nach dem nächstbesten langen Stock, um die beiden schlagenden Hengste zu trennen.

Mbrok weicht zurück, galoppiert dann aber den nächsten Angriff vorbereitend durch einen Haufen zerbrochener Bierflaschen. Ein grässliches Klirren und Knirschen. Ich bete, dass er sich dabei nichts getan hat.

»Madame Lena!«, ruft Mourad panisch.

»Mourad, fang Mbrok!«, brülle ich und greife nach Ali Babas zerrissenen Zügeln, die ich wie ein Lasso schwinge, um Mbrok zu verscheuchen, der gerade erneut auf uns zugerannt kommt. Es klappt. »Ho.« Mit tiefer und möglichst ruhiger Stimme rede ich auf Ali Baba ein. »Alles gut.« Langsam führe ich den bebenden Hengst zurück zum Stall. Von Mbrok und Mourad keine Spur.

Ich bin unendlich erleichtert, als Ali Baba wieder sicher und vor allem unversehrt in seiner Box steht. »Ali, Alter ...« Liebevoll klopfe ich ihm den muskulösen Hals.

Als ich aus dem Stall trete, kommt Mourad mit Mbrok am Zügel auf mich zu. Er ist leichenblass.

»Es tut mir so leid, Mourad, ich hab alle in Gefahr gebracht.«

»Schon okay, Madame Lena, aber das nächste Mal kommst du wieder allein, oder?«

Ich nicke und nehme ihn in den Arm. »Danke für deine Hilfe!« Sein blaues T-Shirt ist schweißnass. Es wird das letzte Mal sein, dass ich ihn in den Arm nehme.

Vielleicht wäre alles anders gekommen, wenn ich mehr verstanden hätte. Vielleicht wäre er noch da, wenn er etwas gesagt hätte. Als ich Mourad ein paar Tage nach dem Vorfall stöhnend vor Schmerzen in seinem Verschlag vorfinde, frage ich besorgt: »Was ist mit dir?« Rosa und Kenza springen aufgeregt um mich herum, bis ich ihnen den Kopf tätschele.

»Ich weiß nicht, mir tun die Seiten so weh«, sagt er mit gepresster Stimme und zeigt auf seine Nieren.

»Bitte, Mourad, wenn ich irgendetwas tun kann, sag es.«

»Danke, Madame Lena«, seine Stirn glänzt, seine Augen sind glasig.

»Ich bringe dir nachher etwas zum Einreiben, vielleicht hilft das.«

Am Abend treffe ich jedoch nur seinen Chef an, der höchstpersönlich auf dem Schemel in der Kuhscheiße sitzt und sich im Melken versucht.

»Mourad schläft«, sagt er, und so gebe ich ihm die Flasche mit dem Latschenkieferfluid für meinen Freund.

Tags darauf brechen Mohamed, Milo und ich zu einer gut zehnstündigen Fahrt nach Rabat[54] auf. Nach einem weiteren Bittschreiben, ausnahmsweise in Marokko einen neuen Reisepass beantragen zu dürfen, habe ich nun tatsächlich einen Termin bei der deutschen Botschaft. Auch Mohamed hat glücklicherweise eine zweckgebundene Reisegenehmigung erhalten. Aber ich kann auf keinen Fall losfahren, ohne zuvor noch einmal nach Mourad gesehen zu haben.

»Der ist mit dem Sammeltaxi ins Krankenhaus gefahren«, sagt sein Chef.

»Und niemand hat ihn begleitet?« Ich weiß, dass sein Chef, der nur genervt die Augenbrauen hebt, ein Auto hat, und könnte vor Wut in die Luft gehen, reiße mich aber zusammen. »In welches Krankenhaus?«

»In Tarrast, da lebt seine Schwester.«

Für mich heißt Krankenhaus, dass dort Ärzte sind, die sich jetzt um Mourad kümmern, weshalb ich nicht mehr allzu besorgt bin und mich, den Schlüssel für den Mietwagen in den Händen, sehr auf den dringend benötigten Tapetenwechsel freue.

Im Nu haben wir die Rückbank herausgeschraubt und eine Matratze hineingelegt. Wir fühlen uns wunderbar frei, als Mohamed und ich zusammen mit Milo durch die fantastischen Landschaften dieses Landes fahren. Vorbei an den schneebedeckten Bergketten des Atlas, an Feldern und Ziegenhirten. Je weiter wir nach Norden kommen, umso kühler und grüner wird es.

Wir übernachten in einer dunklen Seitenstraße eines Vororts von Rabat. Immer noch gilt die Ausgangssperre. Nach entsprechendem Rekordschnellpinkeln liegen Milo und ich gerade wieder neben Mohamed auf der Matratze, als ein Streifenwagen mit Blaulicht bereits zum zweiten Mal im Schritttempo an unserem Auto vorbeikriecht.

»Ich halte lieber bis morgen an«, flüstert Mohamed, obwohl er ebenfalls dringend muss. »Wenn die uns erwischen, gibt's richtig Ärger.«

Die Nacht verläuft ohne Zwischenfälle. Ganz anders der Termin bei

54 Hauptstadt und nach Casablanca die zweitgrößte Stadt Marokkos

der Botschaft am nächsten Morgen. Ein chaotisches Hin und Her, was mich ungemein viel Flexibilität und Geduld kostet. Doch nach drei Stunden ist der neue Pass beantragt – und Mohamed und ich beschließen erleichtert, nicht nur seine Tante zu besuchen, sondern gleich auch noch einen Großteil der Familie in Marrakesch. Wir verbringen eine Nacht im Atlasgebirge, machen eine großartige Wanderung und spüren, wie unsere Batterien allmählich wieder aufladen.

Als wir uns Aourir nähern, kehrt der Kloß in meinem Hals allerdings zurück. »Ich hoffe, Mourad geht es gut«, flüstere ich, als ich mich in der letzten Nacht unserer kleinen Reise in Mohameds Arm kuschele.

»Bestimmt.«

Kaum haben wir das Auto abgegeben, renne ich zur Farm. Das Tor ist verschlossen. Keiner macht mir auf.

»Mourad«, rufe ich. »Mourad!«

Zwischen Stall und dem Teeplatz, wo ich Mourad zum ersten Mal gesehen habe, erspähe ich den Chef. Ich rufe seinen Namen, aber er ignoriert mich. Ich bleibe hartnäckig, bis er mir endlich aufmacht.

»Du hast beim letzten Mal Ali Babas Boxentür nicht richtig verschlossen«, brummt er. Wovon redet er? »Ja, Ali Baba ist ausgebrochen, hat die Tür kaputt gemacht und sich mit Mbrok geschlagen. Was meinst du, was es kostet, das alles zu reparieren?« Böse funkelt er mich an. Ich habe keine Ahnung, wovon er redet. Aber dass die maroden Türen auf dieser Farm keinen Hengst aufhalten, der unbedingt raus will, ist klar.

»Wo ist Mourad? Wie geht es ihm?«

»Mourad? Der ist tot.«

»Das kann nicht sein.«

»Doch. Er ist tot.«

Tränen schießen mir in die Augen, fassungslos starre ich den Mann mir gegenüber an. Er weicht meinem Blick aus. »Was ist passiert?«

»Er hatte Nierensteine, und die Operation hat er nicht überlebt«, sagt er und dreht sich um. »Wenn du weiter hier reiten willst, dann konzentrier dich gefälligst.«

Ich halte mich an Ali Babas Stalltür fest, der mir seinen Kopf entgegenstreckt. Er hat ein großes, tiefes Loch in der Lippe, das sicher nicht von einem Kampf stammt. Rosa und Kenza kommen angelaufen und springen an mir hoch. Mir ist so übel, dass ich auf den dreckigen Stallboden sinke. Nach ein paar Minuten wähle ich fast blind vor Tränen Mohameds Nummer. Er geht sofort dran. Ich schluchze und schlucke, um irgendwie Raum für meine Stimme zu machen.

»Lena, was ist los?«, flüstert er.

»Mourad ... Mourad ist tot.«

»Oh nein«, sagt er erschrocken. »Ich komme sofort. Bist du noch auf der Farm?«

»Ja.« Wieder bricht meine Stimme. Schließlich presse ich heraus: »Ich hab hier noch was zu tun. Wir treffen uns nachher bei mir ...«

Als ich aufgelegt habe, atme ich tief durch und rappele mich hoch, um zu Ali Baba in die Box zu steigen, die mit Brettern und Nägeln notdürftig verrammelt ist. Die Ursache für seine Wunde sehe ich sofort: Ein rostiger langer Nagel ragt mit der Spitze nach vorn aus der Wand an der Futtertonne. Mit einem Hammer mache ich ihn unschädlich, danach gehe ich Box für Box ab und entdecke sieben weitere gefährliche Nägel in den gammeligen Planken.

»Ich hab euch alle so lieb«, flüstere ich, während ich mich unter Tränen von einem Tier nach dem anderen verabschiede. »Aber ich kann nicht mehr.«

Seitdem vergeht kein Tag, an dem ich nicht an Ali Baba, Mbrok und Luna denke, die keine fünf Minuten von mir entfernt eingesperrt im Stall stehen. Aber auf Dauer kann ich nicht die Verantwortung für sie übernehmen – und ihren herzlosen Besitzer will ich nie, nie wiedersehen.

Rosa und Kenza laufen mir bis vor meine Haustür hinterher, ich drücke die beiden fest, bevor sie von den anderen Hunden verscheucht werden. Mohamed hat Tee gemacht und legt mir eine Decke über die Schultern, lässt mich lange weinen, ohne etwas zu sagen, bis ich mit dem Kopf auf seinem Schoß einschlafe.

Als ich wieder erwacht bin und ein wenig von der heißen Suppe gegessen habe, die er inzwischen gekocht hat, sagt er:

»Ich wollte dir keine Angst machen. Aber das Krankenhaus, in das Mourad gefahren ist, ist das schlimmste der Stadt. Zweimal wäre ich dort fast gestorben. Das letzte Mal mit zwölf an einer Mandelentzündung.«

»Erzähl mal«, sage ich leise.

»Ich war tagelang dort, ohne dass jemand mich untersucht hat. Am Ende hat meine Mutter mich auf dem Rücken aus der Klinik rausgetragen, weil ich nicht mal mehr laufen konnte, und mich zu einem Friseur geschleppt. Der hatte ein selbst gebasteltes Instrument, eine Schere mit einem Löffel unten dran. Wenn er die vereiterte Stelle an den Mandeln abschneidet, fällt das Abgeschnittene in den Löffel. Der Friseur sagte: Wenn dir die Eiterstelle in den Rachen fällt, stirbst du. Ich habe den Mund ganz weit aufgehalten und mich nicht bewegt. Ein Kunde ist fast in Ohnmacht gefallen, meine Mutter hat nur noch geheult. Aber innerhalb weniger Sekunden war alles vorbei, und mir ging es schlagartig besser.«

Um auf andere Gedanken zu kommen, stürze ich mich ins *Dihiya*-Projekt, und als Mohamed eines Tages vorschlägt, eine Tour ins Atlasgebirge zu machen, um dort die Familie eines Freundes zu besuchen, bin ich sofort dabei. »Die Jungs brauchen deine Hilfe, um einen Imagefilm[55] über die Teppichherstellung zu machen«, zeigt er mir die entsprechende Nachricht auf seinem Handy.

Ich kann es kaum erwarten, endlich wieder zu filmen.

»Unsere Reisegenehmigung gilt allerdings nur für Rabat«, sagt er.

»Ist aber zeitlich unbegrenzt«, lache ich und halte das Papier in die Freiheit hoch.

Seit neun Stunden sind wir unterwegs, und es ist bereits dunkel. Die letzten drei Stunden schlängeln sich unsere beiden Autos Serpentinenstraßen hoch; rechts geht es steil bergab. Schließlich erreichen wir erste

---

55 https://www.youtube.com/watch?v=3UtenBpbFoE

einfache Lehmhäuser. Herrlich klare, wenn auch eiskalte Luft schlägt mir entgegen, als wir aussteigen. Hier oben, jenseits allen Lichtsmogs, leuchten die Sterne strahlend hell. Obwohl es schon spät ist, werden wir herzlich empfangen und in Teppiche eingewickelt auf dem Sofa des schlauchartigen Gemeinschaftsraums platziert, wo die Jungs sich Tee und Tagine schmecken lassen, beides serviert vom Vater und den beiden ältesten Söhnen. Ich kann so spät nichts mehr essen und begebe mich todmüde, aber zufrieden in Beobachterposition.

Das erste weibliche Wesen, das ich zu Gesicht bekomme, ist die etwa zehnjährige Ghizlane, der ich zuzwinkere, als sie neugierig um die Ecke lugt, und die sich kurz darauf unter dem Teppich an mich schmiegt. Dass ich die einzige Frau in unserer achtköpfigen Reisegruppe bin und Männer und Frauen hier strikt getrennt werden, kapiere ich erst so richtig, als wir schlafen gehen. Während Mohamed und die anderen im Gemeinschaftsraum Platz finden, nimmt Ghizlan mich an die Hand und führt mich durch das bitterkalte Haus in ein grün gestrichenes Zimmer, in dem mich Ghizlans ältere Schwestern schüchtern lächelnd begrüßen. Auch ihre Mutter Rahma kommt erst jetzt, um mich willkommen zu heißen. Herzlich drückt sie ihr freundliches, von Sonne und Kälte gerötetes Gesicht an meins.

»Sie will wissen, ob du noch etwas brauchst?«, sagt Ghizlane. Ich schüttele den Kopf und hoffe, dass die schweren Wollteppiche gegen die ungewohnte Kälte helfen.

Um fünf Uhr wecken die Jungs mich auf, damit wir den Sonnenaufgang nicht verpassen. Milo, der auf der Dachterrasse geschlafen hat, rennt voraus, während wir kurzatmig von der kalten Höhenluft den Berg hinterm Haus hochkraxeln. Langsam taucht der gelbe Feuerball hinter der dunkelblauen Gebirgskette auf. Wo seine Strahlen das Gras berühren, schmilzt der Bodenfrost. Die Berge sind erstaunlich grün, wenn auch voller Geröll, hier und da liegt ein Schneerest. Aus den Häusern weit unter uns qualmt Rauch.

»Die Frauen backen Brot in den Lehmöfen«, erklärt Mussmuss, der hier aufgewachsen ist. »Das ist unser Winterquartier.« Er ist der älteste

Sohn und wie die meisten Jungs nach Marrakesch gegangen, um dort irgendwie Geld für die Familie zu verdienen. »Im Sommer wird es hier zu heiß, und die Bewohner der drei Dörfer ziehen in ihre Häuser auf der anderen Seite des Berges.«

Als wir hungrig von unserem ersten Dreh zurückkehren, kommt Ghizlane mir bis über beide Ohren grinsend entgegen, nimmt meine Hand und bringt mich zu dem Lehmofen, wo Mama Rahma Brot backt. »Du kannst sie ruhig filmen«, sagt Ghizlane.

Zum Frühstück werde ich an einen Extratisch im vorderen Bereich des Gemeinschaftsraums gesetzt. Als Mohamed fertig ist, gesellt er sich zu mir, denn er weiß, wie schräg es sich für mich anfühlt, so abgesondert zu sein. Hinzu kommt, dass hier hauptsächlich Fleisch, Milch, Butter und Brot gegessen werden, ich aber inzwischen vegan lebe. Also knabbere ich an meinem Sondertisch Datteln und Mandeln, Salat und Tomaten, die mir Mussmuss in weiser Voraussicht besorgt hat.

Unser Drehplan ist eng getaktet, und ich begreife, dass die Jungs mich auch deshalb brauchen, weil ich als Frau die Einzige bin, von der die Tamazight-Frauen sich beim Färben der Wolle und beim Weben filmen lassen. Um jeweils die schönsten Perspektiven einzufangen, klettere ich auf Mauern und Hauswände, krieche in modrige Ecken und lasse mich von den farbenprächtigen Teppichen in dieser rauen Bergwelt berauschen.

Abends sinke ich im Mädchenzimmer ebenso selig wie müde auf den Teppichstapel, und Ghizlane übersetzt für mich Fatimas Wunsch. »Sie würde gerne Fotos von deiner Familie sehen.«

»Na klar, gerne«, sage ich, zücke mein Handy, und gemeinsam durchforsten wir den Speicher. Dabei stößt Fatima unter anderem auf ein Video zweier Freundinnen von mir, die in kurzer Hose und T-Shirt Ukulele spielen. Als das Video zu Ende ist, hat Fatima Tränen in den Augen. Ich nehme das wissensdurstige hübsche Mädchen, das nie unbeschwert lächelt, um seine kaputten Zähne zu verbergen, in den Arm.

21 Rhythmus

GAMBIA (2019)

Kebba und ich,
ready to spread the spirit

Es ist zwei Uhr nachts. Der Taxifahrer, der mich vom Flughafen Dakar[56] in die achtzig Kilometer entfernte Hafenstadt M'bour gebracht hat, läuft quer über die finstere Haltestelle und klopft hier und da an eine Autoscheibe. Ich mit meinem schweren Rucksack auf dem Rücken hinter ihm her. Erst heute früh habe ich mich von Tomar verabschiedet, um zu meinem Kumpel Kebba nach Gambia zu reisen. Und nun stehe ich im senegalesischen M'bour. Hier ist es spürbar kälter und trockener als in der Elfenbeinküste. Die nächtliche Haltestelle mit all den rostigen und verbeulten Fahrzeugen hat etwas von einem Autofriedhof. Vor mir ragt die gigantische rosa Moschee auf, von der ich nie gedacht hätte, dass ich sie je wiedersehe. Plötzlich öffnet sich mit einem lauten Knatschen die verbogene Hintertür eines Taxis. Der junge Senegalese auf der Rückbank reibt sich müde die Augen und blinzelt den Fahrer an, der mich lieber vom Flughafen in ein Hotel statt zur nächsten Sammelhaltestelle gefahren hätte.

»Ja?«, gähnt er.

»Sie will zur Grenze nach Gambia, wann geht das nächste Fahrzeug?«

»Sobald es hell wird«, kommt die brummelnde Antwort.

In dem Moment klettern zwei weitere Fahrer neugierig aus ihren Fahrzeugen. »Nimm dir bis dahin ein Hotelzimmer, das ist sicherer, es sind ja noch ein paar Stunden«, der eine.

»Das nächste Hotel ist gleich neben der Moschee«, der andere.

Die immer mit ihren Hotels. Ich schüttele den Kopf. »Nein danke, ich schlafe hier.«

Erstaunt schauen mich die vier Taxifahrer an. »Hier?«

»Ja, hier.«

Sie beratschlagen kurz, was sie mit dieser verrückten Blondine machen sollen. Ich hingegen weiß sehr wohl, was ich machen werde. Mich in die nächste Ecke verkriechen und dösen, bis es losgeht. Ich bevorzuge halt den günstigsten und somit meist härtesten Weg, weil es jedes Mal Geduldsprobe, Abenteuer, großartige Begegnungen, Wachstum,

56 Hauptstadt des Senegal

unvergessliche Erlebnisse und Dreck bedeutet. Außerdem ist es meiner Erfahrung nach besser, möglichst dicht am Geschehen zu bleiben, sonst sitze ich übermorgen noch hier.

Schließlich steigt der verpennte junge Kerl aus seinem Taxi und öffnet mir die Beifahrertür. »Okay, dann warte hier.« »Super, danke!«

Zufrieden steige ich ein, quetsche meinen Rucksack auf den Fahrersitz und winke meinem Fahrer Nummer 1, der immer noch ungläubig, aber offenbar beruhigt abzieht. Hinter mir geht die knatschende Tür zu, und ohne ein weiteres Wort drückt der Junge sein Gesicht erneut auf die Rückbank, um noch ein paar Stunden Schlaf zu bekommen.

Ich rolle mich ein, lege meinen Kopf auf den Rucksack, die Füße gegen die Autotür gestemmt, wobei ein Bein immer wieder in den leeren Fußraum rutscht. Außerdem tut mein Po vom stundenlangen Sitzen in Bus, Flieger und Taxi weh. Alles kein Problem. Problematisch ist nur, dass ich furchtbar dringend aufs Klo muss.

Ganz vorsichtig öffne ich die Tür, deren Knarren trotzdem über den gesamten Platz hallt, und schleiche zwischen den Fahrzeugen herum auf der Suche nach einer geeigneten Ecke.

Danach krieche ich zurück auf meinen Schlafplatz und dämmere vor mich hin, bis die ersten Mitfahrer eintrudeln.

Im Nu sind alle Tickets verkauft, und los geht's. Wie die Ölsardinen hocken wir zu acht in dem alten Mercedes, während die aufgehende Sonne durch die staubig-schmierigen Autoscheiben dringt. Ich kann nichts sehen, aber bin glücklich. Bei dem Fahrer scheint es genau andersrum.

An der Grenzstation angekommen, tausche ich meine letzten CFA[57] gegen gambische Dalasis und mache mich zu Fuß auf zur Fähre. Ich muss mir dringend die Beine vertreten, und so weit kann es ja nicht mehr sein.

---

57 CFA-Franc: Franc de la Communauté Financière d'Afrique; Währung der Westafrikanischen Wirtschafts- und Währungsunion (Benin, Burkina Faso, Elfenbeinküste, Guinea-Bissau, Mali, Niger, Senegal, Togo)

Ein Sammeltaxi nach dem anderen fährt an mir vorbei. Einige Fahrgäste schauen verwundert drein, und ab und zu hupt mir ein Fahrer zu. Selbstbewusst spaziere ich mit den 22 Kilo auf dem Rücken die staubige Hauptstraße entlang, während es minütlich heißer zu werden scheint. So vor mich hin schwitzend freue ich mich über die lustige Dekoration der Transportmittel; die Senegalesen haben ein besonderes Händchen dafür, ihre Pferde samt Wagen ebenso farbenfroh zu gestalten wie ihre durchgerosteten Autos. Auf so gut wie jedem Fahrzeug steht dick und fett Alhamdulillah (Gepriesen sei Allah).

Die Farben der Landschaft sind Orange und Trockengrau, ab und zu taucht ein knorpeliger Baobab auf. Imposant stehen diese Bäume in noch so verödet aussehenden Feldern und bieten oft den einzigen Schattenplatz weit und breit. Ich passiere Pferde, Esel und Ziegen, die an weiß gepinselten Lehmhäusern dösen. Leute schauen verdutzt aus ihren Hütten, während ich freundlich grüßend eine kleine Ortschaft nach der nächsten passiere. Meine anfangs sagenhafte Motivation, mich endlich mal wieder sportlich zu betätigen, sinkt allerdings mit jedem Kilometer. Mittlerweile marschiere ich seit über zwei Stunden, hinter jeder Kurve die verflixte Fähre oder zumindest den Fluss erwartend. Ich fange gerade an, mich zu fragen, ob das mit dem Spaziergang wirklich die beste Idee war, da hält ein tannengrüner Transporter neben mir.

»Was machst du da?«, lehnt sich der Fahrer aus dem Fenster. Er spricht französisch.

»Ich gehe zur Fähre.«

»Dir ist schon klar, dass es noch gut zwanzig Kilometer bis dorthin sind, oder?«

Mir fällt die Kinnlade runter.

»Komm, steig ein, ich nehm dich mit.« Erlöst und durchgeschwitzt klettere ich ins Fahrerhaus. »Samba«, begrüßt er mich lachend.

»Lena. Vielen Dank!«

Samba stammt aus Mali und sein Fahrzeug, laut Aufkleber, aus einem deutschen Forstbetrieb.

»Wo genau in Mali lebst du denn?«, frage ich.

»In Kayes.«

»Durch Kayes bin ich vor ein paar Jahren gekommen. Ganz schön heiß dort.«

»Da sagst du was ... Wie gefällt dir mein Land?«

»Ich liebe Mali. Die Menschen, die Landschaft, die Musik, das Essen, die Kultur.«

»Warst du auch im Dogonland?«

»Klar! Drei Tage lang sind wir durch die fantastischen Felsen von Badiagara gefahren.«

»Da kannst du heute gar nicht mehr hin. Mit dem Terrorismus ist es so schlimm geworden, dass ich seit beinah zwei Jahren nicht mehr zu Hause war.«

»Das tut mir sehr leid. Hoffentlich könnt ihr bald wieder in Frieden leben.«

»Inschallah«, antwortet Samba leise.

Dreißig Minuten später erreichen wir den trubeligen Hafen. »Samba, ohne dich wär ich wahrscheinlich morgen noch unterwegs gewesen. Tausend Dank fürs Mitnehmen!«, sage ich lachend.

Samba steigt aus und läuft, ehe ich es mich versehe, zum Ticketschalter. Dort kauft er mir nicht nur das Fährticket, sondern auch noch eine Flasche Wasser.

»Hast du Hunger?«, fragt er, als er mir beides vor einem kleinen Café in die Hand drückt. Entschieden schüttele ich den Kopf. Samba fordert den Mann hinterm Tresen auf, mir einen Stuhl zu geben und aufzupassen, dass ich auch ja aufs Boot komme. Dann schiebt er mir mit den Worten »Falls du doch noch Hunger kriegst« ein paar Dalasis rüber. »Mach's gut, Lena, viel Spaß in Gambia«, ruft er, steigt wieder in sein Forstauto und fährt davon.

Perplex sitze ich auf dem verblichenen Plastikstuhl. Mal wieder kann ich es nicht fassen, wie hilfsbereit und gastfreundlich die Menschen hier sind.

Als ich nach der kurzen Überfahrt, die ich auf dem Dach der übervollen Fähre genossen habe, meinen Freund Kebba in der Menschenmenge am Hafen von Banjul entdecke, macht mein Herz einen Sprung. Mit seiner muskulösen Statur, dem kurz geschorenen Schopf, der Armyhose und dem traditionellen Leinenshirt ist Kebba eine echte Erscheinung.

»Lena! Willkommen in Gambia, willkommen zu Hause«, freut er sich und umarmt mich brüderlich. Um den breiten Nacken trägt er eine Kette mit einer Djembe-Trommel im Miniaturformat und dicke Lederbänder mit weißen Muscheln zum Schutz gegen böse Geister. Das gleiche Outfit trägt Kebba, der in Gambia unter seinem richtigen Namen Pa Bojang oder dem Spitznamen Rasta bekannt ist, übrigens auch in Witten, wo er seit über 15 Jahren lebt. Deshalb habe ich ihn so gern, weil er ist, wie er ist, und niemandem vormacht, jemand anderes zu sein.

Kebba schnappt sich meinen Rucksack, und ich drängle mich hinter ihm her durch die Menschenmassen Richtung Ausgang. An einem silbernen Mercedes Baujahr Anno Dazumal bleibt er stehen, bereits erwartet von einem Mann mit Deutschland-Cap auf den langen Rasta und einer goldenen Mercedesstern-Kette um den Hals. Breit lächelnd und dabei eine beeindruckende Zahnlücke präsentierend kommt er auf mich zu.

»Hi, ich bin Stefan«, sagt er auf Deutsch. »Willkommen.«

»Hi, Stefan«, schüttele ich seine Hand.

Dann wendet er sich Kebba zu. »Du, sorry, aber ich glaub, ihr müsst ein Taxi nehmen, der Autoschlüssel ist im Schloss abgebrochen.«

»Mannomann«, stöhnt Kebba genervt, von dem ich weiß, wie sehr er sich darauf gefreut hat, nach zehn Monaten deutschen Stadtlebens mal wieder ein paar Wochen in seiner Heimat zu sein, gleichzeitig aber schon jetzt die Nase voll davon zu haben scheint, dass hier ständig etwas schiefläuft.

Kebba und ich nehmen ein Taxi für die Strecke bis zu seiner Familie, während Stefan, der sich, wie Kebba sagt, selbst so genannt hat, weil er alles toll findet, was aus Deutschland kommt, nach einer Lösung in Sachen Auto sucht.

»Wie geht's dir?«, will ich von Kebba wissen.

»Die Wahrheit?«

»Ja, logo.«

»Ich bin gerade echt sauer. Während ich weg war, hat der Besitzer des Hotels, wo ich einen Großteil meiner Trommeln eingelagert hatte, aus allen Djembes Blumentöpfe gemacht. Und niemand hat ihn davon abgehalten!«, flucht er. »Jetzt sind sie kaputt. Hier läuft alles nur, wenn ich da bin. Solange ich in Deutschland bin, macht keiner auch nur einen Finger krumm. Niemand sonst fühlt sich verantwortlich. Und dabei ist es doch ein Gemeinschaftsprojekt, von dem alle profitieren.«

Als Jugendlicher träumte Kebba davon, Trommler zu werden, und reiste in den Senegal, um Djembe spielen und bauen zu lernen. Zurück in Gambia, gründete er mit ein paar Freunden Mama Limbo. Trommeln wurde mehr und mehr zu ihrem Leben. Sie sind in Hotels und Restaurants aufgetreten und haben interessierte Touristen unterrichtet. Von Anfang an war es ihr Ziel, mit Mama Limbo mehr als nur ein Einkommen zu haben. Sie wollten die Gemeinschaft unterstützen. Von jeder Einnahme geht ein bestimmter Prozentsatz an das lokale Krankenhaus und an das Waisenhaus in Sanyang. Einige der Mama-Limbo-Gründer leben mittlerweile in Europa, von wo aus sie ihr Engagement in der Heimat fortsetzen. Sie haben sogar ein Stück Land in Sanyang Beach gekauft, auf dem Unterkünfte entstehen, um in Zukunft Trommel- und Tanzreisen anbieten zu können. Das bedeutet wiederum neue Arbeitsplätze.

»Der Nachwuchs im Verein kapiert einfach nicht, worum es hier geht und wie hart wir schuften, um das alles möglich zu machen. Die denken, in Europa wächst das Geld auf den Bäumen, und halten einfach nur die Hand auf.«

Kebba steckt merklich zwischen den Stühlen. Ich weiß, wie sehr er sein Land liebt. Und doch kostet die »deutsche Brille« ihn einiges an Nerven.

Das Taxi, das so langsam gefahren ist, dass ich mich schon gefragt habe, ob der Fahrer eingeschlafen ist, hält vor einem schwarzen Metalltor.

»Das Tor hat mein Bruder Bob gemacht«, sagt Kebba stolz, als er es aufdrückt. »Er ist Schweißer.« Zum Vorschein kommt ein geräumiger Innenhof, um den herum die Familie wohnt. Rechts und links befindet sich jeweils eine Reihe kleiner Lehmhütten, die sich eine überdachte Terrasse teilen. Drei Hühner picken im Sand unter einem einzelnen Baum.

»Rechts wohnen meine Mutter, meine Schwester und deren Kinder, links wohnt Bob mit seiner Frau, dann kommt Pabis Raum, das ist mein kleinster Bruder, dahinter wohnen meine Frau Emily und ich … Und das hier«, Kebba öffnet die graue Metalltür der letzten Lehmhütte und stellt meinen Rucksack in eine Ecke, »das ist dein Zuhause.«

»Mein Zuhause«, schmunzele ich und fühle mich sofort wohl. Es sind zwei durch einen Vorhang voneinander getrennte Räume. Im vorderen Zimmer steht ein rotes Kunstledersofa mit einem passenden Sessel dazu, im hinteren ein Bett mit Moskitonetz, über dem sich die Termiten zu schaffen machen. Somit hält das Netz nicht nur Mücken auf, sondern auch herabfallende Brocken Lehmerde. Besonders gut gefällt mir der kleine Innenhof mit einer Sitzbank aus Lehm vor einem Orangenbaum, der seine Äste über mein eigenes Badezimmer spannt. »Tschitschiptschitschiptschip«, singt ein Bulbul, als ich nach all den Strapazen einmal tief durchatme und mir kaltes Wasser ins Gesicht schütte. Ich schaue in den kleinen Spiegel, der neben der Tür befestigt ist, und sehe ein neugieriges sonnengebräuntes Gesicht, an dessen Rändern sich ein paar Dreckreste abzeichnen. »Hi, Gambia«, flüstere ich, »ich bin wieder da!«

Als ich vor die Tür trete, sitzt Kebbas Mutter Ma Nyima auf dem Boden vor ihrer Hütte und sortiert Steinchen aus dem Reis, den sie zum Abendessen kochen will. Sofort steht sie auf und schließt mich in ihre kräftigen Arme.

»Willkommen, meine Tochter, Kebba hat schon viel von dir erzählt.«

Neben ihr sitzen ein Junge und ein Mädchen. Die Kinder von Kebbas Schwester, die als Schneiderin arbeitet und noch nicht zu Hause ist. Maimouna ist neun, Sana acht. Die beiden beäugen mich interessiert.

Spontan hänge ich mich an den Ast des Baumes, ziehe mich daran hoch und zwinkere ihnen zu. Prompt kommen sie angelaufen und wollen, dass ich sie ebenfalls an den Ast hänge, wo sie etwas baumeln, um sich dann quietschend fallen zu lassen.

Es dauert nicht lange, dann ist mein Zuhause das neue Spielzimmer, in dem wir malen, uns Geschichten erzählen und in dem sie am liebsten jede Nacht schlafen würden. Das Longboard aber hat es ihnen besonders angetan. Maimouna hält mich an den Händen fest, sodass ich sie auf der Terrasse hin- und herziehen kann, während der kleine Sana am liebsten bäuchlings auf dem Board liegt und sich von mir vorwärtsschubsen und an den Füßen wieder zurückziehen lässt.

Von den Erwachsenen schließe ich besonders Emily und Kebbas Cousin Check Check ins Herz.

»Hi, Lena, how is the morning?«, grüßt der Mann mit dem schmalen Gesicht, um das dünne Rasta fliegen, als er mir das Frühstück bringt. Zwei gekochte Kartoffeln, ein gekochtes Ei. Nach dem dritten Tag beginnt mir das ebenso gesunde wie leckere Essen der Elfenbeinküste zu fehlen. Aber Obst ist hier immens teuer, weshalb es kein Wunder ist, dass sich die Familie hauptsächlich von Zucker, Brot, Reis, Kartoffeln, Zwiebeln, Ei, Milch, Maggipulver und Dosenwurst ernährt.

»Bist du auch Musiker?«, frage ich Check Check, den ich schon bald nur noch Checkie nenne, als wir zusammen durch den Ort laufen, um Farbe für ein Schild an der Trommelschule zu besorgen.

»Nee, mein Kumpel Papa und ich haben eine Bar, die Kinkelebar, wo Mama Limbo heute Abend auftritt. Und ansonsten bin ich Künstler.«

»Was für Kunst machst du?«

»Armbänder und Ketten. Aber meist bin ich das, was gerade gebraucht wird. Ich bin Guide, wenn du einen Guide brauchst, Koch, wenn du einen Koch brauchst, es ist praktisch, von allem etwas zu sein«, lacht er.

»Außer Musiker«, sage ich augenzwinkernd.

»Außer Musiker. Ich mache lieber mein eigenes Ding, das ist weniger stressig.«

Emily sehe ich leider viel zu selten, weil sie von früh bis spät in einer Bank arbeitet. Sie ist eine intelligente, herzliche Frau.

»Wie hältst du das aus, Kebba nur einmal im Jahr für ein paar Wochen zu sehen?«, frage ich.

»Wir telefonieren täglich. Es ist nicht einfach, aber das Leben als solches ist ja nicht einfach.« Die ersten Tage nach Kebbas Rückkehr hatte sie sich extra Urlaub für ihn genommen, doch Kebba steht nie still, ist immer auf Achse. Er muss überall gleichzeitig sein und wird von Stefan zwischen Waisenhaus, Krankenhaus, Gemeindeverwaltung und Mama Limbo hin- und hergefahren. Zwischendurch organisiert er Auftritte in Hotels und Restaurants, schließlich ist Januar und somit Hauptsaison in Gambia, er koordiniert den Ausbau der Unterkünfte auf dem Mama-Limbo-Grundstück, ist Ansprechpartner und Mentor für Familie und Freunde. In seinen seltenen Pausen lässt er sich erschöpft auf der Bank unter dem großen Baobab nieder, der an der Trommelschule Schatten spendet, und trommelt alle Anspannung raus. Spätabends, oft nach Konzerten, auf denen er erst mitspielt und dann die Abrechnung macht, verschwindet er todmüde zu Emily in die gemeinsame Hütte.

Jeden Morgen laufe ich barfuß die dreißig Minuten vom Hof der Familie zur Trommelschule an den Strand, Mama-Limbo-Musik auf den Ohren. Im Rhythmus der Trommeln marschierend nehme ich mit jedem Schritt die Energie des noch kühlen Sandbodens auf. Die Menschen, denen ich begegne, schauen mir immer erst in die Augen, dann auf die nackten Füße, woraufhin so gut wie jeder verwirrt wieder aufschaut, und manche wollen wissen, wo meine Schuhe sind. Meine ehrliche Antwort: »Keine Ahnung.« Laut Checkie laufen ausschließlich Obdachlose, Geistesgestörte und Landstreicher ohne Schuhe herum. »Und Lena«, sagt er lachend.

Am allerschönsten ist der Abschnitt mit den dichten Büschen und Bäumen voller Vögel, bevor ich die Lagune erreiche, an die das Grundstück von Mama Limbo grenzt.

Aus meinen Wochen in Gambia möchte ich so viel wie möglich mitnehmen. So habe ich morgens Tanzunterricht bei Ibrahim, der mir

Kokou, Sinte, Worrosodong und Sonko beibringt, und am Nachmittag nehme ich an den Djembe-Stunden teil, die Carl, den alle nur Master nennen, einer Belgierin gibt. Ich habe noch keinen Menschen kennengelernt, der autodidaktisch so begabt ist wie Carl. Die Musik liegt ihm im Blut. Egal, ob an der Trommel, an der Gitarre, am Balafon[58] oder beim Singen.

»Ich bin durch Guinea, Mali und Burkina Faso gereist, um zu lernen«, erzählt er mir bei einem Strandspaziergang, während er – als wäre es das Natürlichste der Welt – rücklings eine Melodie auf der Gitarre spielt, die er sich in den Nacken gelegt hat. »Jetzt schlage ich mich in Gambia als Musiklehrer und mit Auftritten in verschiedensten Gruppen durch, aber Mama Limbo steht immer an erster Stelle.« Carl ist Gründungsmitglied der Combo. »Sing!«, sagt er plötzlich.

Lächelnd schließe ich die Augen und stimme an, was mir zu dem Rhythmus in den Sinn kommt:

»This little light of mine, I am gonna let it shine ...«

»Jesus, babe, du kannst ja singen«, starrt er mich an, als er die Gitarre ausklingen lässt.

Von da an verbringen der Master und ich viele Nachmittage und Abende damit, gemeinsam Musik zu machen. Carl erklärt mir die Songs, die er in Mandinka[59] geschrieben hat und die ich im Duett mit ihm singen soll, zum Beispiel: »Dou Nu yaa Ada Taa Tenneh. Dol Laa Koro Dol Laa Saa Bou Nyee Maa ...« (So ist die Welt. Des einen Traurigkeit ist des anderen Glück). Er nimmt mich auch mit zu allen Tauf- und Hochzeitsfeiern, Babygeburtstagen und sonstigen Events, auf denen er auftritt, damit ich möglichst viel Musik und Energie des Landes in mich aufsaugen kann. Und in Gambia finden die Menschen dauernd einen Grund zu feiern. Das sieht dann meist so aus: In irgendeinem Hinterhof

58 Xylofon mit untergehängten Kalebassen

59 Amtssprache in Gambia ist Englisch, doch von den insgesamt zwanzig Sprachen sind vor allem neun verbreitet, wobei Mandinka die bekannteste von allen ist.

hat jemand einen Pavillon aufgebaut, unter dem eine Gruppe Musiker sitzt und voller Elan spielt. Einige Gäste hocken auf Plastikstühlen, doch die meisten stehen ringsum am Rand. Wenn die Party gut läuft, schlagen einige grell geschminkte Frauen in ihren schönsten Kleidern und Tüchern zwei Hölzer im Takt gegeneinander. Irgendwann springt eine von ihnen in die Mitte des Zeltes vor die Band und legt eine wilde Tanzeinlage hin. Jedoch nie länger als eine Minute, dann macht sie der nächsten Solotänzerin oder dem nächsten Solotänzer Platz und reiht sich wieder in die Umstehenden ein. Auch ich werde in die Mitte bugsiert, aber so viel Spaß es mir auch macht, fände ich es viel lustiger, wenn alle gleichzeitig ausgelassen tanzen könnten.

Ab und zu laufen Frauen zu den Musikern, um ihnen vor allen Augen Scheine zuzustecken oder in eine dafür vorgesehene Kiste zu werfen.

»Die haben für nichts Geld, nicht mal um ihren Kindern was Ordentliches zu essen zu kaufen, aber bei solchen Events lieben sie es, großzügig die Moneten zu zücken«, sagt Carl auf dem Nachhauseweg und lacht dieses melancholische Lachen einer oft harten Wirklichkeit. »Danke übrigens, dass du dir heute Schuhe angezogen hast, ich hatte echt Angst, mich für dich schämen zu müssen«, grinst er. Wieder so ein Halbspaßernst. Carl hat es sich längst angewöhnt, vor der Hütte des Schlappenverkäufers auf mich zu warten, wenn er irgendwo mit mir hinfährt. Für den Fall, dass er mich erst mal vernünftig ausstatten muss.

Es ist fantastisch, tagein, tagaus Musik um mich zu haben. Was ich allerdings vermisse, sind Tomar, mein Hund, der bei meiner Schwester auf mich wartet, sowie die Wellen, das Essen und das Grün der Elfenbeinküste, momentan jedoch vor allem ein starkes Antibiotikum gegen die Staphylokokken[60], die ich von dort mitgebracht habe. Checkie hat mir zwar eine Pflanze gezeigt, deren Saft angeblich hilft, aber bei all dem Dreck, Sand und meinem ganzen Barfußgetanze sind aus einem Kratzer sechs tiefe Krater geworden, die allmählich beängstigend aussehen.

60 Hochinfektiöse Bakterien, die häufig zur Abszessbildung führen

Hilfe kommt von Sarah und David, die gerade mit dem Auto durch Gambia reisen. Sie schicken ihrer Mutter, die Ärztin ist, Fotos von meinen Wunden und versorgen mich den prompten Anweisungen entsprechend aus ihrer gut ausgestatteten Reiseapotheke. Ich freue mich so darüber, dass die beiden hier sind. Wir haben uns vor einiger Zeit bei einem von Ullis und meinen Reisevorträgen kennengelernt. »Ihr müsst unbedingt auf unser Anunu-Grundstück in der Elfenbeinküste«, lade ich sie ein. »Und bleibt, solange ihr wollt.« Wer hätte geahnt, dass ihre Reise genau dort enden wird …

Ich bin erstaunt und gerührt, wie viele Menschen unseren Film gesehen und mein erstes Buch gelesen haben, die mir nun schreiben oder sogar hier in der Trommelschule vorbeikommen.

»Wir wollten dich mal live erleben«, sagt eine grauhaarige Frau einer deutschen Reisegruppe. Wir sitzen unter dem Mama-Limbo-Baobab und trinken Tee, während die Jungs die Djembes vorbereiten, um die Frauen gleich zu unterrichten.

»Du bist eine echte Überlebenskünstlerin«, sagt eine andere.

»Aus meiner Sicht ist fast jeder auf dem afrikanischen Kontinent ein Überlebenskünstler. Für die meisten Menschen ist es schon schwierig, ihre Grundbedürfnisse zu stillen. Nahrung, Trinkwasser, Gesundheit, ein Dach über dem Kopf, Bildung. Aber ich? Ich habe das alles immer gehabt.« Die Frauen nicken nachdenklich. »Unterhaltet euch mit den Jungs, die können euch eine Menge darüber erzählen, wie sie sich so durchschlagen«. Ich denke an Sally, der aussieht wie Will Smith und dessen größter Traum ein Mercedes ist, er schläft nachts auf dem Tisch, an dem wir gerade sitzen. An die alleinerziehende Binta, die einzige Frau in der Mama-Limbo-Truppe, die für alle kocht, putzt, die Kostüme wäscht und sich, wenn sie eine Pause braucht, auf dem Bauch liegend zwischen den Trommeln ausruht. An Carl und Ousman, die sich auf der Baustelle eine dreckige Matratze teilen. Ousman, der seiner Perspektivlosigkeit entkommen wollte und, ohne seiner Familie Bescheid zu sagen, Richtung Italien geflüchtet ist, sich in Libyen von Polizisten umringt wiederfand, zusammen mit anderen Schwarzafrikanern in ein Gefängnis geworfen und vier Monate lang gefoltert wurde, bis eine UN-Delegation ihn herausgeholt und zurück nach Gambia gebracht hat. An den taubstummen Mamadou, der trommeln gelernt hat und mittlerweile selbst Unterricht gibt. An Senora, der sich das Feuerspucken beigebracht hat und daran festhält, obwohl seine Lippen, seine Haut, seine Augen und seine Kehle längst kaputt sind, »weil es das Einzige ist, was ich kann, was mich besonders macht und womit ich ab und zu ein bisschen Geld verdiene«.

Ich bin immer wieder fasziniert davon, welche Energie entsteht, wenn sie alle morgens zusammenkommen und Sally den ersten Ton auf der Basstrommel anspielt. So müde er und Ousman auch zunächst auf ihre Samba und Dumdum hauen, sobald Ibrahim anfängt zu singen und zu klatschen und Master Carl sich der Djembe hingibt, entwickelt sich eine atemberaubende Magie.

»Bade yah Mbeh ye Badeee Yah, Badee Yah, mbeh ye Bade yahh Molou« (Wir sind alle zusammen), dröhnt Ibrahim, und wir anderen antworten ihm: »Africa, Mbeh ye badeya, Europe, Mbeh ye badeya ...«

Auch Ibrahim ist von Anfang an bei Mama Limbo dabei. Er ist kein Mann vieler Worte und auch nicht gut im Erklären. Aber als er verstanden hat, wie ernst es mir damit ist, ganz viel von ihm über den traditionellen Tanz zu lernen, gibt er sich größte Mühe, mich an seiner Liebe teilhaben zu lassen.

»Die meisten Kinder Gambias kennen die Rhythmen, sind damit aufgewachsen, wissen aber weder, wie sie heißen, noch, was dahintersteckt«, erzählt er in der Pause, während er ein Eier-Sandwich isst. »Jeder Tanz hat seinen Platz, jeder Rhythmus seine Geschichte, die Texte eine Bedeutung. Der Kokou wurde angestimmt, wenn die Frauen vom Fischen kamen. Im Worrosodong erzählen wir von Sklaven, denen es gelungen ist zu fliehen. Heute ist es eher ein Dialog zwischen einer Mutter und ihrem Kind, das sich auf den Weg in eine unsichere Zukunft gemacht hat.«

Ibrahim schluckt den letzten Bissen herunter und fängt an, laut zu singen, wobei er rhythmisch mit dem rechten Fuß auf den Boden stampft, mit einer ausladenden Geste beider Arme die Energie aus der Erde emporhebt und gen Himmel schickt.

Ich schaue zu Ousman, der seine Augen oft hinter einer coolen Sonnenbrille verbirgt, die Augen eines jungen Mannes, der lange nicht wusste, ob er jemals das Tageslicht, jemals seine Mutter wiedersehen wird. Er und ich verbringen viel Zeit miteinander. Mein kleiner Bruder, der so viele Fragen übers Leben und die Liebe hat.

»Komm, Lena, wir machen einen Strandspaziergang, es gibt nichts Schöneres als den Strand. Ich zeig dir meine Lieblingsecke«, ruft er, und wir laufen los.

Die Küste Gambias ist gelb. Gelber Sand, so weit das Auge reicht. Und sobald man die Touristengegenden hinter sich lässt, ist alles wunderschön wild. Was mich aber verstört: Immer mehr tote Fische liegen im Sand.

»Weißt du, was hier los ist?«, frage ich.

»Das ist total bitter. Diese Art war bislang der günstigste Fisch auf dem Markt. Jetzt gibt es in Gambia etliche chinesische Fischfabriken, die die Fischer dafür bezahlen, ihnen genau diese Art kistenweise zu verkaufen. Die Fabriken verarbeiten den Fisch zu Futter für ihre Fischfarmen in China, und wir können die hohen Preise kaum noch bezahlen. Was du hier siehst, ist der Fang, den die Fischer jeden Abend ins Meer zurückschmeißen, wenn die Fabriken voll sind und nichts mehr annehmen.«

Schweigend klettern wir über schwarze Felsen, kommen in entlegene Buchten. Als ich Kaktussträucher samt Früchten entdecke, jubele ich: »Die sollen megalecker sein!«

»Was?«, sagt Ousman erstaunt. »Die kann man essen?«

»Ja, ich habe sie aber auch noch nie probiert. Na los, wir testen sie.«

Eine Stunde später wissen wir beide, wie köstlich die Früchte tatsächlich schmecken, sind allerdings damit beschäftigt, uns all die winzigen Stacheln aus Fingern, Lippen und Zunge zu pulen.

»Da muss es einen Trick geben«, sage ich mit herausgestreckter Zunge.

»Bis wir den rausgefunden haben, brauche ich keine weiteren Kaktusfrüchte«, lacht Ousman.

Den Nachmittag über sind die Jungs damit beschäftigt, die Trommeln mit neuen Fellen zu bespannen, denn heute Abend wird Mama Limbo auf dem traditionellen Maskenfest in Kartong spielen. Stämme aus Gambia und dem Senegal stellen sich und ihre Masken vor. Es ist jedes Mal ein aufregender Moment, wenn der alte Transporter vorfährt, um die Jungs zu ihren Auftritten zu bringen. Diese besondere Stimmung, wenn alle gemeinsam die Trommeln aufs Dach laden. Inzwischen fühlt es sich schon an, als würde ich dazugehören, obwohl ich nicht trommele. Dafür sind Binta und ich so was wie die Cheerleader. Wir klatschen und tanzen am Rand und motivieren die Band.

»Ich freue mich total auf das Fest«, sage ich zu Checkie, der dieses Event genauso wenig verpassen will wie alle anderen.

»Du wirst es lieben. Es ist ein großes Spektakel, unter anderem mit einer 25-köpfigen Gruppe aus dem Senegal, die jedes Mal eine Wahnsinnsshow macht.«

Als wir durch Kartong fahren, den letzten gambischen Ort vor der Grenze zum Senegal, kommen viele Erinnerungen hoch. Doch der zu einem Festivalgelände umfunktionierte Dorfplatz ist nicht wiederzuerkennen. Von einem großen Zaun umgeben, stehen Stände mit Essen und Getränken dicht an dicht. Kebba begrüßt einen großen schlanken Mann am Eingang, der uns allen ein »Crew«- Bändchen reicht. Auf dem sandigen Platz tritt bereits eine Gruppe nach der anderen auf. Und in den Umbaupausen geben zwei Moderatoren ihr Bestes, um das Publikum zu unterhalten. Ich hebe mir ein kleines Mädchen auf die Schulter, das zwischen all den Erwachsenen nichts sehen konnte, und so verfolgen wir gemeinsam, wie eine rote, fusselige Maske hin- und herrennt, Flickflacks macht, während die Musiker um sie herum versuchen, ihr nicht in die Quere zu kommen.

»Masken sind in unserer Kultur dazu da, zu erziehen und Respekt einzuflößen. Wenn sie irgendwo aufkreuzen, bedeutet das meistens, dass etwas nicht so läuft, wie es soll. Niemand weiß, wer hinter den Masken steckt«, erzählt Checkie, der mir eine Flasche Wasser in die Hand drückt. Derweil beobachte ich, wie eine Akrobatentruppe einen Menschenturm baut, von dem schließlich einer mit einem Doppelsalto abspringt und gekonnt auf den Füßen landet. »Das ist sie, die Gruppe aus dem Senegal!« Checkie strahlt. Schon rennt eine blaue Maske mit einer Art Säbel auf den Platz und springt wie ein wütender Irrwisch umher.

»Lena! Ibrahim fragt nach dir«, kommt Binta angelaufen.

Ich setze das Kind ab, Binta nimmt meine Hand, und ich lasse mich von ihr ans hintere Ende des Geländes ziehen, wo eine kleine Hütte den Künstlern als Umkleidekabine dient. Die Jungs haben heute erstmals ihre von Kebbas Schwester genähten Kostüme an. Knallgelb mit lilaschwarzen Mustern. Sie sehen grandios aus.

»Hier ist dein Kostüm«, sagt Ibrahim und hält mir eine Hose und ein weites ärmelloses Shirt hin.

»Mein was?«, stottere ich.

»Du trittst mit uns auf.«

»No way«, rebelliere ich, mir wird ganz schlecht bei dem Gedanken.

»Los, Lena, du kannst das«, redet Carl auf mich ein.

»Ja, wir alle wollen dich tanzen sehen«, sagt Ousman und knufft mich ermutigend.

Binta stülpt mir bereits das weite Hemd über den Kopf. Dann steige ich zitternd in die Hose und binde sie mit einem Band um die Hüften. Ich komme mir vor wie eine Harzer Biene, die auf gambischem Boden gelandet ist. Als Binta mich hinter den Jungs her gen Bühne schiebt, rauscht es in meinen Ohren, mein Herz pocht.

»Und du?«, flüstere ich ihr zu.

»Ich kenne die Tänze nicht, ich steh immer in der Küche, wenn ihr übt«, redet sich Binta heraus, denn sie könnte jederzeit mit uns die Choreografie üben, traut sich aber nicht. »Mensch, Binta, ich mach das auch gerade mal seit ein paar Tagen.«

Sie lacht, und schon schubst sie mich ins Scheinwerferlicht. Ibrahim fängt an zu singen, während die Jungs einmarschieren, der Boden vibriert, und kurz darauf hat die Magie der Gruppe den gesamten Platz erfasst. Auch ich vergesse auf einmal die 2000 Menschen um mich herum. Das ist sie also, meine volle Gambia-Erfahrung. Ich lasse mich von den Trommeln tragen und fliege neben Ibrahim über den Platz, schmeiße Arme und Beine in die Luft, springe, so hoch ich kann. Die Jungs scheinen um ihr Leben zu trommeln, und meine Kehle zerreißt fast vor Anstrengung, aber die Erde erfüllt meine nackten Füße immer wieder mit neuer Energie, die erst meinen Körper durchflutet und dann mit meinen Bewegungen herausbricht. Als Tänzer, habe ich von Ibrahim gelernt, hast du so lange in einer Bewegungsabfolge zu bleiben, bis die Djembe dich dazu auffordert, sie zu wechseln. Wann sie das macht, ist ihr, in unserem Fall Carl, überlassen. Als er das Stück nach einer gefühlten Ewigkeit zu Ende kommen lässt, schlägt Ibrahim übermütig mit mir ein, Carl wirft mir einen Kusshand zu, und die Jungs grölen, während ich so schnell wie möglich von der Bühne verschwinde.

Nun hat Senora seinen großen Auftritt. Mit einem brennenden Kronleuchter auf dem Kopf rennt er in die Mitte des Platzes, speit Feuer, steckt sich einen brennenden Stab in die Hose. Anschließend hält er diesen seitwärts in die Luft; Carl, der sich völlig in Rage gespielt hat, legt sich, weiter auf die Djembe einschlagend, unter das Feuer, als Ibrahim Anlauf nimmt, um dann mit einem Überschlag durch die Flammen zu springen.

Jetzt weiß ich, warum Kebba meint, Ibrahim sei der Beste, und schaue in die Gesichter der Musiker, sehe den Stolz und die Freude bei jedem Einzelnen, spüre die von der Musik kreierte Verbindung zwischen ihnen. Einmal mehr fühle ich mich daran erinnert, wie wichtig es ist, jeden Moment so intensiv zu leben, als wäre es mein letzter, zu tanzen, wenn mir nach tanzen zumute ist, und nicht zu denken: nächstes Mal. Denn das nächste Mal kommt vielleicht ganz lange nicht oder nie …

Drei Tage nach dem Festival ist es mit der Musik erst mal schlagartig vorbei. Der große schlanke Mann am Eingang, einer von Kebbas besten Freunden, ist beim Wasserholen in einen Brunnen gefallen.

»Als er gefunden wurde, war es zu spät«, schluchzt Kebba. »Mama Limbo wird in nächster Zeit keine Konzerte spielen.«

An meinem letzten Abend sitze ich mit Binta und den Jungs am Feuer, das heißt, eigentlich liegt Binta, und zwar in der Schubkarre, die sie als Bett nutzt. Es ist das erste Mal seit dem Tod des Freundes, dass Carl wieder die Gitarre in die Hand nimmt, während Kebba auf der Djembe sitzend trommelt und Sally mit einem Stock auf ein selbst gebasteltes Instrument klopft, das verdächtig nach Blechdose klingt.

»Du gehörst zu uns«, sagt Ousman zum Abschied, umarmt mich und hängt mir seine Lieblingskette mit einer Miniaturpistole um den Hals.

Checkie hat mir eine Muschelkette gebastelt und hält mich nun an beiden Händen. »Sister I will miss you, man. Come back soon.«

Binta schenkt mir ein großes Tuch mit Leopardenflecken, was mich zu Tränen rührt, und Carl, der Master, sagt:

»Ich wollte dir erst Schuhe kaufen, aber hier sind Ketten für deine Familie und Freunde.«

»Kannst du mir ein Saxofon besorgen, Lena?«, fragt Senora, als ich ihn fest drücke. »Ich glaube, ich muss das Feuerspucken an den Nagel hängen, aber ich will nicht trommeln, damit werde ich nie Geld verdienen, das macht ja jeder.«

»Ich geb mein Bestes«, sage ich, nicht ahnend, dass ich in Marokko stranden werde.

»Du warst 'ne gute Schülerin«, lobt mich Ibrahim.

»Danke. Und du ein super Lehrer«, antworte ich.

»Lena, wir bringen Gambia nach Deutschland«, sagt Kebba. »Wir gehen auf Festivals, geben Workshops. Du tanzt, die Mama Limbo Boys vor Ort und ich trommeln.«

»Und im Winter veranstalten wir hier Tanz-, Trommel- und Yogakurse.«

Mir steckt ein dicker Kloß im Hals, als ich allen winke und mich auf den Weg mache, um meinen Rucksack zu holen. Kebba und Stefan wollen mich zum Flughafen fahren, zusammen mit Carl, Ousman und Mamadou, dem schon die ganze Zeit Tränen in den Augen stehen. Mehr passen nicht in den Mercedes.

Die kleine Maimouna schaut mir aufmerksam und ungewohnt still zu, während ich die letzten Dinge einpacke. Alles, von dem ich meine, dass sie es gebrauchen kann, lasse ich hier, unter anderem meine Socken, die sie sofort übereinander anzieht, und meinen Kugelschreiber, den sie so liebt. Auf mein Flugticket schreibt sie: *Pa Bojang, Ma Nyima Bojang, Emily Bojang, Pabi Bojang, Fatou Bojang, Bob Bojang, Sana Bojang, Maimouna Bojang, Lena Bojang.*

22

AOURIR

Verheiratet und mit Hund in Marokko, wer hätte das gedacht

Love

»Schön, euch kennenzulernen. Mr Heiner, Mrs Monika ... Ich möchte um die Hand eurer Tochter bitten.«

Ich halte die Luft an. Hat er das gerade wirklich gesagt? Ich merke, wie ich rot werde, und fange an zu kichern. Nie hätte ich gedacht, dass er das bringt, meinen Eltern beim ersten Kennenlernen über Videotelefonie diese Frage zu stellen. Um mich zu vergewissern, dass ich nicht träume, nehme ich ihn in den Arm, er drückt mich fest. Stark und entschieden.

Der Übertragungsweg von hier bis ins Haus meiner Eltern scheint heute besonders lang zu sein. Vielleicht liegt es aber auch schlicht und ergreifend daran, dass sie im Leben nicht mit dieser Frage gerechnet hätten. Nicht bei mir. Schon eher bei meiner jüngeren Schwester Nora, die gerade bei unseren Eltern zu Besuch ist und neben den beiden am Küchentisch sitzt. Hinter ihnen die grüne Tapete mit Familienfotos, zu ihrer Linken ein silbernes Rehkitz. Meine Mama liebt Deko. Angespannt versuche ich, in ihren Gesichtern zu lesen. Es sind sicher erst zehn Sekunden vergangen, aber es fühlt sich an wie zehn Minuten. Dann bricht meine Schwester in lautes Lachen aus. Der Mund meiner Mutter steht weit offen, ebenso ihre Augen. Mit beiden Händen hält sie sich am Stuhl fest, sieht meine Schwester an à la: »Hab ich das richtig verstanden?« Mein Vater grinst, lehnt sich zufrieden zurück, verschränkt die Arme vor der Brust. Dann sagt er trocken:

»Na endlich.«

»Dein Leben gibt es gar nicht«, stellt Micha fest, als ich ihm ein Update liefere.

Die Sonne versinkt langsam im Meer, während ich auf dem Bett meiner neuen Wohnung liege, in der ich bis zum Sommer bleiben darf. Immer noch in derselben Straße, aber diesmal in möbliert und mit Blick direkt auf die Wellen. Glücklich schlage ich meine Beine übereinander.

»Wie kann es mein Leben nicht geben? Ich lebe es doch«, erwidere ich.

Micha, den ich in Togo kennengelernt habe und der all die Corona-Monate mit mir in Kontakt geblieben ist, ob nun von Togo oder Deutschland aus, ist mittlerweile so etwas wie ein großer Bruder für mich.

»Und wieso musst du deine Freiheit jetzt aufgeben und heiraten?«

»Ich habe nie übers Heiraten nachgedacht. Aber wenn es mir ernst ist mit Mohamed, dann gehört eine Hochzeit in seiner Kultur und vor allem in seiner Religion dazu. Hier heiratest du, um freier zu sein.«

»Wenn du auch nur einen winzigen Funken Zweifel hast, dann lass es. Ich weiß, du stehst auf Abenteuer, aber eine Ehe ist kein Spiel, da steckst du dann erst mal drin.«

»Ich habe null Zweifel. Im Gegenteil. Jeden Tag bin ich dankbar, dass Mohamed Teil meines Lebens ist.« Ich sprudele regelrecht über, sobald ich von uns erzähle. »Wir hören, sehen und unterstützen einander, ohne den anderen verändern zu wollen. Ehrlich gesagt kann ich mir kein besseres Fundament für eine gemeinsame Zukunft vorstellen. Und warum es nicht ›Abenteuer Ehe‹ nennen?«

»Ich wünsche euch beiden alles Glück der Welt. Wenn Mohamed tatsächlich versteht, dass er dich ziehen lassen muss und du dann wiederkommst, um dir deine Nähe abzuholen, dann läuft das. Denn ja ... Jeder muss den anderen so sein lassen, wie er ist. Er dich und du ihn.«

»Lena!«, ruft es in dem Augenblick vor der Tür.

»Ich komme sofort«, rufe ich zurück. »Micha, ich muss Schluss machen, Mohamed ist da. Wir sind zu einem Geburtstag eingeladen.«

»Alles klar, du machst das schon, Kleine, pass auf dich auf. Und sag ihm, er muss dir noch einen richtigen Antrag machen. Wenn schon, denn schon.«

»Ich werde es ihm ausrichten«, sage ich lachend.

Ich will schon aufstehen, um Mohamed die Tür zu öffnen, muss dann aber doch noch eine Minute lang den Sonnenuntergang bewundern. Die Wolken werden lila, der Himmel leuchtet rosa, der Ozean liegt unter einem glitzernden, von der orangeroten Sonne ausgebreiteten Strahlenteppich. Was für ein Naturschauspiel – und das allabendlich vom Bett aus.

Vielleicht ist mein Leben doch zu schön, um wahr zu sein, geht es mir durch den Sinn, als plötzlich ein lockiger Wuschelkopf über der Terrassenbrüstung auftaucht.

»Jesus [englisch ausgesprochen ☺], wozu habe ich denn eine Tür?«, scherze ich durchs offene Fenster zu ihm hinaus.

»Jesus gibt es nicht in Marokko«, lacht Mohamed. »Ich wollte das schon die ganze Zeit mal machen, aber lieber nicht zu oft. Sonst machen es die Nachbarn noch nach. Apropos Nachbarn:

Rosa wohnt jetzt unten vor deiner Tür.«

»Ja, sie hat auch schon mehrfach probiert, im Innenhof einzuziehen. Noch nie habe ich einen derart dickköpfigen Hund erlebt.«

Wenige Wochen nach Mourads Tod tauchten Rosa und Kenza, beide läufig, am Strand auf, und Renata hat sie schnellstmöglich sterilisieren lassen, wie Mourad es sich gewünscht hatte. Keine der Hündinnen hat allerdings Lust, auf die Farm zurückzugehen. Also ist Kenza wieder bei Renata eingezogen, und Rosa folgt mir wie ein Schatten.

Ich verlasse meinen Aussichtsplatz und gehe zu Mohamed auf die Terrasse. Er schaut mir tief in die Augen, dreht sich kurz nach allen Seiten um und küsst mich dann mit seinen vollen weichen Lippen, als wäre es das erste und letzte Mal.

Da kratzt es unten an der Tür. Mühsam lösen wir uns voneinander, und Mohamed ruft:

»Rosa, baraka!« (Schluss!) Das Kratzen hört auf. Als wir hinunterschauen, guckt sie uns erwartungsvoll an. »Was machen wir bloß mit ihr?«

Ich liebe Rosa, sehe in ihr auch meinen Freund Mourad sowie Ali Baba, Luna und Mbrok. Aber einen zweiten Hund neben Milo kann ich nicht halten.

»Nichts. Die anderen Straßenhunde haben sie mittlerweile akzeptiert, Graham und Karen füttern sie, und bei uns bekommt sie Liebe. Mehr geht einfach nicht. Und vielleicht gibt ihr ja irgendwann jemand das Zuhause, das sie verdient.« Oder sie wird überfahren, vergiftet, erschossen ... Mein Herz wird schwer angesichts der Wahrheit.

»Jetzt aber los!«, sage ich schnell, um mich abzulenken.

»Ich wollte Mehdi ein Geschenk machen.« Mohamed zieht eine der ersten Taschen aus seinem Rucksack, die er selbst entworfen und die sein Cousin genäht hat. »Meinst du, es gefällt ihm?« Ich nehme die Bauchtasche in die Hand. Sie ist perfekt verarbeitet, schön geschnitten, hat innen zwei Fächer und ein drittes mit kleinem Reißverschluss. »He, ihr zwei habt es echt drauf. Und ob die ihm gefallen wird ... Aber die hast du doch gemacht, um sie zu verkaufen.« Mohamed hatte sein letztes Geld in die Hand genommen, um genau drei Taschen anfertigen zu lassen, die ihn, wenn es ihm gelingt, sie zu verkaufen, nicht nur finanziell über die nächsten Wochen retten, sondern es ihm auch ermöglichen sollten, weitere Taschen herzustellen und so – Inschallah – nach und nach ein Online-Business aufzubauen.

»Schon okay, ich mach einfach eine neue Tasche. Ich hab übrigens auch endlich einen Namen für meinen Shop. Ibzirr. Das bedeutet Flügel auf Tamazight.«

»Der ist mega! Aber auf welcher Plattform willst du verkaufen?«

»Keine Ahnung, Etsy, Pinterest, Ebay und Amazon haben meinen Shop eine Minute nach Eröffnung wieder geschlossen. Die gleiche Begründung wie bei Dihiya Inspired: Ich verstoße gegen die Richtlinien.«

»Weißt du, dass Etsy auf ihrer Seite schreiben, sie seien gegen Rassismus? Und dann grenzen sie ein ganzes Land aus ... Also wenn das kein Rassismus ist, was dann?«

Mohamed zuckt mit den Schultern. »Aus ihrer Sicht haben sie bestimmt schon viel Geld mit dem Betrug einiger Marokkaner verloren. Und manche haben ja trotzdem einen Shop. Auch wenn sie befürchten müssen, dass dieser ebenfalls jeden Moment ohne Vorwarnung geschlossen wird.«

Bewundernd schaue ich ihn an. Immer bleibt er stark und positiv, egal wie riesig die Steine sind, die angerollt kommen.

»Hast recht! Kommt schon immer alles, so wie es soll«, rufe ich laut, um uns beide aufzumuntern, gebe Mohamed einen Schubs, und wenig später rennen wir ausgelassen durch das trockene Flussbett und über frisch abgeladenen Bauschutt. Der Staub wirbelt durch das letzte Licht des Tages, als wir den Berg hinauf Richtung Tamraght spazieren. Das leer stehende Surfcamp, in dem Mehdi und seine Freundin Olga untergekommen sind, liegt fast am Ende der Ortschaft.

Es duftet bereits nach selbst gemachter Pizza, als wir vor dem Surfcamp eintreffen.

»Rate mal, Lena, wer da im Schatten der Hauswand hinter uns steht«, lacht Mohamed.

»Na, Rosa natürlich«, sage ich und drehe mich zu ihr um. »Rosi, das kann dauern. Wenn du nicht hier warten willst, lauf wieder heim.« Kurz nehme ich ihren Fellkopf in den Arm, was vermutlich genügt hat, um mir mal wieder mindestens einen der dort Tango tanzenden Flöhe einzufangen, bevor ich Mohamed in den Hauseingang folge.

»Danke, dass ihr gekommen seid«, freut sich Mehdi.

Olga umarmt ihn von hinten und guckt ihm keck über die Schulter. »Der Gute hat den ganzen Nachmittag in der Küche gestanden und gekocht.«

Mehdi strahlt. »Ein Drei-Gänge-Menü ... Ich hoffe, ihr habt Hunger.«

»Und wie!«, rufen Mohamed und ich wie aus einem Mund.

Mohameds Tasche kommt super an. Messer, Stifte, Pinsel, Surfwachs, Schmirgelpapier, Zigaretten und das Plektron passen hinein, sprich Mehdis gesamte Grundausstattung. Es ist sein einziges Geschenk. Geburtstage zu feiern kommt in Marokko erst allmählich in Mode.

»Wo ist eigentlich Youssef?«, will ich wissen, als ich Mehdi in der Küche helfe, die Gläser mit der Mousse au Chocolat aufs Tablett zu stellen.

»Mein Bruder hat sich total zurückgezogen. Ich habe ihn eingeladen, aber ich glaube nicht, dass er noch kommt. Ich mache mir echt Sorgen um ihn. Neuerdings hängt er viel mit Bali ab. Und du weißt ja, wie verrückt der ist. Ach, Scheißcorona! Allen hier fehlt die Perspektive ...«

»Mehdi, ich weiß, Youssef hat immer gesagt, dass Europa ihn nicht interessiert, aber Bali will rüberpaddeln und das vielleicht nicht allein. Ich habe es nicht ernst genommen. Bis jetzt ... Das von Hafid und Hamza hast du gehört, oder?«, frage ich.

»Klar, alle reden darüber. Hafid hat sich per Handy bei seiner Familie und ein paar Freunden gemeldet. Er sagt, er habe zwei Tage gebraucht, um mit dem Surfbrett nach Spanien zu paddeln, weil er in eine Nebelwand geraten ist und komplett die Orientierung verloren hat. Am Ende sei ihm vor Kälte sogar die Haut an den Armen aufgeplatzt.«

»Ja, es ist der Wahnsinn ... Ich habe gestern mit Hamza gesprochen. Er hat in dem Nebel Schiss bekommen und ist lieber umgedreht. Letzte Nacht hab ich von Youssef geträumt und seitdem ein richtig mieses Gefühl ...«

»Geht mir genauso. Psst, Olga kommt, ich will nicht, dass sie sich auch noch Sorgen macht«, flüstert Mehdi.

Mit unseren miesen Gefühlen sollen wir leider richtigliegen.

Während wir Geburtstag feiern, sind Youssef und Bali im Norden von Marokko, bereit, ihr Leben zu riskieren, um paddelnd die spanische Küste zu erreichen, die von dort aus zum Greifen nah aussieht. Aber es sind immer noch 13 unberechenbare Kilometer durch heftige Winde, starke Strömungen, teils meterhohe Wellen und dichten Nebel.

In der Nacht kann ich nicht schlafen, und schließlich schicke ich Bali eine Sprachnachricht. Youssefs Handy ist aus.

»Was ist los? Ist Youssef bei dir?«

Seine prompte Antwort: »Morgen Nacht ist es so weit. Ja, Youssef ist mit mir hier. Wir ziehen das zusammen durch.«

Wie sich herausstellt, haben die beiden sich wochenlang vorbereitet, YouTube-Videos von anderen Marokkanern angeschaut, die damit prahlen, wie sie es geschafft haben, und gleich die entsprechende Anleitung mitliefern.

»Bitte macht es nur, wenn euer Gefühl sagt: Jetzt los. Beim kleinsten Zweifel lasst es sein! Sag das auch Youssef.« Oh Mann, ich klinge ja fast wie Micha, denke ich. Aber hier geht es um viel, viel mehr als um eine Eheurkunde. »Ihr könnt dabei draufgehen, Bali.«

»Keine Sorge, Lena, wir schaffen das. Wir sind Surfer, wir kennen das Meer und haben die nötige Kraft zum Paddeln. Wir sehen uns in

Europa, my sweet friend. Ich schreibe dir, wenn wir angekommen sind und irgendwo Internet haben.«

Versuch Nummer eins endet auf einem Polizeiboot, nachdem sie erst mitten in der Nacht zwei Stunden lang mit den Brettern unterm Arm über Felsen geklettert sind, um eine Lücke zwischen den Wächtern mit ihren Hunden zu finden, und dann drei Kilometer auf dem Meer hinter sich hatten.

»Die Bedingungen waren super. Doch die haben uns auf ihrem Radar entdeckt«, teilt Bali mir mit. »Die Polizisten haben unsere Daten aufgenommen, und jetzt sind wir wieder auf freiem Fuß. Unsere Bretter und Wetsuits haben sie allerdings einkassiert. Wir müssen also erst mal wieder heimkommen.«

Ein paar Tage später sitzen Bali und ich bei mir zu Hause auf dem Fußboden und reden Klartext. Ich starte einen Podcast. Will mehr Fragen stellen, will mehr verstehen, will wissen, was die Leute um mich herum bewegt. *Afrimind.* Bali ist mein erster Gesprächspartner.

»Was bringt dich dazu, dein Land verlassen zu wollen, selbst unter der Gefahr, dabei umzukommen?«

»Lena, ich liebe meine Heimat, aber es ist alles so fucked up. Und jetzt mit Corona erst recht. Ich glaube nicht mehr an den Tourismus. Und auch als es noch lief ... Es sind doch immer die Reichen, die reicher werden, Europäer, die hier ihr Business aufziehen und uns Marokkanern so geringe Gehälter zahlen, dass wir niemals von allein größere Sprünge machen können. Oft melden die uns nicht mal offiziell an. Ich will hier nicht versauern. Im besten Fall kann ich in Europa Geld verdienen und dann wiederkommen. Weißt du, ich werde in Spanien Kitesurfen lernen, das wird super. Neue Erfahrungen, neue Eindrücke, ich kann Geld als Kitelehrer verdienen und bleibe fit. Ich habe allerdings auch keine Lust, dort erst fünf Jahre lang zu warten, bis ich offiziell ein Visum beantragen kann, um meine Familie und meine Mutter wiederzusehen. Ich denke, ich werde einfach nach Marokko schwimmen, wenn ich zu großes Heimweh habe, und dann zum Arbeiten wieder zurück nach Spanien.«

»Du bist verrückt.«

Versuch Nummer zwei verläuft ähnlich, doch diesmal hat das Patrouillenboot nur Bali auf dem Radar. Youssef bleibt unentdeckt und schafft es tatsächlich bis nach Spanien, wo er sich vorerst bei Hafid verstecken kann.

Bali treibt unterdessen vor Ort ein winziges Surfboard mit viel zu geringem Volumen und einen löchrigen Wetsuit auf. Versuch Nummer drei kostet ihn fast das Leben.

Kurz danach telefonieren wir; er hat sich ein Handy geborgt, um daheim Bescheid sagen zu können.

»Ich war gerade losgepaddelt, da hat mich eine Strömung erwischt und nicht mehr losgelassen. Ich bin gepaddelt wie ein Verrückter, doch nichts ging. Ich kam nicht von der Stelle. Dabei hab ich meine Wasserflasche verloren. Neun Stunden auf dem Meer ohne Trinken. Es war eiskalt. Ein Schiff nach dem anderen hätte mich fast überfahren, so nah waren die. Ich hab gerufen und gerufen, aber wahrscheinlich hat mich keiner gehört. Und dann ist ein Orca aufgetaucht, genau unter meinen Füßen, und ich hab nur noch gedacht: Ich sterbe ja sowieso, dann kann ich auch auf seinen Rücken springen. In dem Moment hat mich ein spanisches Polizeiboot entdeckt, an Bord geholt und nach Ceuta[61] gebracht.«

»Wo bist du jetzt?«

»In einem Auffangcamp. Vielleicht hab ich die Möglichkeit, mit der Fähre aufs spanische Festland zu fahren und dort mit einem Visum offiziell Arbeit zu finden. Meine Familie schickt mir Geld für den Anfang. Könntest du uns bei der Überweisung unterstützen?«

»Klar!«

»Scheiße, Lena, ich wäre fast gestorben und bin doch nur wenige Kilometer weit gekommen. Aber hey, immerhin bin ich auf spanischem Boden, und wenn alles gut läuft, helfen die mir, legal überzusetzen.«

»Mann, Bali, ich bin einfach nur froh, dass du lebst.«

---

61 Spanische Enklave an der nordafrikanischen Küste

Die Jungs fehlen mir, und es ist seltsam, einen weiteren Ramadan zu erleben, bei dem jeden Abend Familien und Freunde zum Fastenbrechen zusammenkommen, während ich meine Familie seit anderthalb Jahren nicht mehr gesehen habe. Mohamed und ich hocken bei mir auf der Terrasse. Obwohl er diese vier Wochen normalerweise allein verbringt, um Neues über Ernährung, abstrakte Kunst oder Webdesign zu lernen, ist er bisher jeden Spätnachmittag vorbeigekommen. Ich weiß jedoch nicht, ob mir die Treffen, bei denen wir uns nicht berühren können, wirklich guttun. Ich fühle mich einsam, wünsche mir seine Nähe, auch körperlich. Oder richtigen Abstand, bis der Ramadan vorbei ist.

Das Verhalten seiner Chefs macht es auch nicht besser. Im Gegenteil.

»Weißt du, was mir heute beim Skaten klar wurde?«, sage ich. »Wir verfügen alle nur über eine bestimmte Portion Energie am Tag. Und wir müssen gut aufpassen, für was wir sie raushauen. Ich frage mich, ob diese Typen deine Energie verdient haben. Ich glaube, du könntest sie viel besser in deine eigenen Projekte stecken. Aber das ist meine Meinung, und du hast nicht danach gefragt. Deswegen halte ich jetzt die Klappe. Es ist dein Leben. Ich merke allerdings, dass ich den ganzen Kram deiner Chefs nicht in meinem Leben haben will. Heißt, ich möchte bitte nur noch davon hören, wenn du ein offenes Ohr brauchst oder meine Sicht wissen willst.«

»Abgemacht. Ich sehe ja auch, wie wütend dich das macht ... Meine größte Sorge ist momentan, wie ich meine Familie unterstützen kann. Ich muss meinem Vater noch einmal so helfen, dass er sich selbst helfen kann und mich danach in Ruhe lässt. Er soll sich auch nicht an meinen Bruder hängen, sobald der eine Stelle als Lehrer hat. Außerdem ist ja bald das Eid-Fest[62]. Da wird meine Familie Geld brauchen, um ein Schaf zu kaufen.«

»Geht es nicht einmal ohne Schaf? So ein Schaf kostet doch fast 250 Euro, oder?«

62 Das Fest des Fastenbrechens beendet den Fastenmonat Ramadan.

»Das ist wieder so eine Paradoxie. Eigentlich steht hinter dem Eid der Gedanke des Teilens. Wer Geld hat, kauft ein Schaf und teilt es mit denen, die kein Geld haben. Aber keiner will arm wirken. Und jeder will seinen Kindern die Freude machen, ein eigenes Schaf zu schlachten. Oft hat jede Familie in einem Mehrfamilienhaus ihr eigenes Tier. So war das nie gedacht. Und was meinst du, wie viele sich dafür verschulden …«

»Und was willst du tun, damit dein Vater wieder auf eigenen Beinen steht?«

»Ihm dabei helfen, eine Arbeit zu finden. Wir haben letzte Woche alle zusammengesessen und überlegt, welche Möglichkeiten es gibt. Meine Mutter hat ein bisschen von dem Geld sparen können, das sie mit Putzen verdient. Sie hat vorgeschlagen, einen Transporter zu kaufen. Dann hat mein Vater keine Ausreden mehr. Transporter werden immer gebraucht. Ich glaube, ich werde ein Crowdfunding starten, und dann kann er mit dem Geld und Mamas Ersparnissen ein Fahrzeug kaufen.«

Ich bin stolz auf Mohamed, denn ich weiß, wie schwer es ihm fällt, andere um Unterstützung zu bitten.

»Und was kann ich für euch tun?«

»Pass einfach gut auf dich selbst auf.«

Es ist großartig zu sehen, wie viele seiner Freunde überall auf der Welt an der Kampagne teilnehmen. Auch meine Familie, deren Herzen Mohamed im Sturm erobert hat. Inzwischen hat Mohameds Vater einen Transporter und auch bereits einige Kunden.

Ein paar Tage später telefoniere ich mit meiner Oma, was mich komplett runterzieht. Tagsüber war ich surfen, habe Tanzunterricht und ein Online-Coaching gegeben, mit Milo getobt, fürs *Dihiya*-Projekt gearbeitet, die Sonne schien, ich bin am Meer und gesund. Alles ist gut. Nicht ganz, denn seit ich reise, haben meine Oma und ich aufgehört, wirklich miteinander zu reden. Ein Gespräch am Telefon dauert höchstens zehn Minuten. Ich verstehe, dass sie mein Leben nicht gutheißt und dass sie nicht nachvollziehen kann, warum ich in einem Land lebe, dem Demokratie so fremd ist wie Schweineschnitzel. Aber trotzdem bleiben wir doch eine Familie. Ich habe sie gefragt, warum wir eigentlich so selten Kontakt haben, obwohl es übers Internet kostenlos ist.

»Um ehrlich zu sein, habe ich keine Zeit.«

Es ist wie ein Tritt in den Magen. Ich habe meine Familie lieb und wünsche mir so sehr, von ihnen so akzeptiert und geliebt zu werden, wie ich bin ...

Völlig aufgelöst starre ich aufs Meer, ohne indes etwas wahrzunehmen, als Mohamed vorbeikommt, um Milo und mich zu einem Strandspaziergang abzuholen. Überglücklich, dass es ihn in meinem Leben gibt, werfe ich meinen Plan, ihn bis nach Ramadan nicht mehr zu sehen, über Bord.

Nachdem wir minutenlang schweigend nebeneinanderher gegangen sind, wendet sich Mohamed mir zu und sagt: »Deine Oma liebt dich, Lena. Das muss aber nicht heißen, dass sie dich auch versteht.«

»Egal. Vielleicht bin ich zurzeit einfach eifersüchtig auf das Familiesein. Und ich habe ein bisschen Angst, dass ich sie nie wiedersehen werde. Sie ist ja schon ziemlich alt.«

»Du weißt nie, wann das Leben vorbei ist. Wir könnten selbst morgen tot sein. Das müssen wir akzeptieren und entsprechend bewusst leben.«

»Stimmt. Lass uns bitte ganz bald deine Familie besuchen. Sie fehlt mir.«

Mohamed wischt mir die Tränen aus dem Gesicht, schaut mir tief in die Augen und fragt: »Willst du meine Familie sein?«, er fällt vor mir auf die Knie.

»Was?«, sage ich leise.

»Willst du mich heiraten?«

Meine Knie werden weich, und ich sinke ebenfalls in den Sand. Wieder fließen die Tränen. Diesmal jedoch vor Rührung, Glück und grenzenloser Dankbarkeit. »Ja.«

Mohamed nimmt mich ganz fest in den Arm und gibt mir einen zarten Kuss auf die Stirn. Auf die Lippen geht noch nicht, denn das Fasten wird erst nach Sonnenuntergang gebrochen.

Da wir nicht verheiratet sind, verbringen wir auch diesen besonderen Abend getrennt. Wenn auch nur körperlich. Auf dem Rückweg sammele ich etwas Holz am Strand, um später ein kleines Feuer auf der Terrasse zu machen. Nur für mich.

Als die Flammen in der Grillschale wild tanzen, schreibe ich all meine Ängste auf einen Zettel und verbrenne sie. Danach kommen meine Wünsche an die Reihe; und mit dem Rauch schicke ich sie ins Universum.

Mohamed:
Ich liebe dich. Und ich möchte ein langes Leben mit dir leben. Voller Liebe, Freundlichkeit, Fürsorge und Glück. Ich werde immer mein Bestes tun, um bei dir zu sein, wenn du mich brauchst. Und ich wünsche mir, dass es mir gelingen wird, dein Herz voller Liebe warmzuhalten.

Lena:
Ich liebe dich von ganzem Herzen. Und ich verspreche dir, mein Bestes zu geben, dich stets als das Licht zu sehen, das du bist. Ich wünsche mir, dass wir uns immer den Raum und die Freiheit geben können, getrennt und gemeinsam zu wachsen. Lass uns aus jedem Tag etwas Magisches machen. In den schweren Zeiten finden wir Lösungen, in den leichten Zeiten fließen wir.

DANKE!

Verstehen kommt einzig durch Erfahren. Und erfahren kann ich nur, wenn ich mich auf den Weg mache.

Aourir, Marokko, 4. November 2021

Danke, Afrika, für deine wertvollen Geschenke, für jede Begegnung, aus der einige dicke Freundschaften geworden sind, fürs Teilen, die Gemeinschaft, dein Herz, deine Rhythmen, unglaubliche Momente in der Natur, jede Herausforderung, jedes Abenteuer, jede Enttäuschung, jede Träne und jeden Schrecken, woran ich weiter wachsen durfte. Danke für Milo und die Erweiterung meiner Familie. Danke dir, Mohamed, für deine bedingungslose Liebe, Gelassenheit, Unterstützung und Präsenz zu jeder Zeit.

Danke meiner Familie in Deutschland sowie meinen engsten Freunden überall auf der Welt; danke, dass ihr für mich da seid, wo auch immer ich bin.

Danke dir, Swantje, dass du an dieses Buch geglaubt hast, und an deine unfassbare Geduld mit mir und meinem Manuskript. Ohne dich würde *Danke, Afrika!* schlicht nicht existieren.

Danke dir, Melanie, und deinem Team für die wunderbar offene und kreative Zusammenarbeit. Es macht großen Spaß.

Danke dir, liebe Leserin, lieber Leser, fürs Eintauchen in meine Geschichte und in die Geschichten der Menschen auf meinem Lieblingskontinent.

Pass gut auf dich auf, und sei liebevoll mit dir selbst. Das ist das größte Geschenk für jeden von uns. Anunu!

Eure
Lena

www.lena-wendt.com
@lenalovesafrica